◆ 作者长兄，"一二·九"运动领导人
之一彭涛（1913—1961）遗像

辽宁省哲学社会科学成就奖

证 书

辽宁省人民政府

◆ 辽宁省哲学社会科学成就奖
证书

◆ 莫斯科红场雕像旁
留影（2002 年）

◆ 蒲公英（1995 年，本溪关门山）

◆ 应邀为俄罗斯中学生签名（2002年）

◆ 在普希金城（皇村）人面拱桥前留影（2002年，俄罗斯）

14

社会与文化转型论

彭定安文集

彭定安/著

东北大学出版社

·沈 阳·

图书在版编目（CIP）数据

彭定安文集.14, 社会与文化转型论 / 彭定安著
. 一沈阳：东北大学出版社，2021.8
ISBN 978-7-5517-2355-8

Ⅰ. ①彭... Ⅱ. ①彭... Ⅲ. ①社会科学—文集　②中华
文化—文集　Ⅳ. ①C53　②K203-53

中国版本图书馆CIP数据核字（2021）第124917号

出 版 者：东北大学出版社
　　　　　地址：沈阳市和平区文化路三号巷11号
　　　　　邮编：110819
　　　　　电话：024-83680267（社务部）　83687331（营销部）
　　　　　传真：024-83683655（总编室）　83680180（营销部）
　　　　　网址：http://www.neupress.com
　　　　　E-mail:neuph@neupress.com
印 刷 者：辽宁一诺广告印务有限公司
发 行 者：东北大学出版社
幅面尺寸：170 mm × 240 mm
插　　页：4
印　　张：21.5
字　　数：342千字
出版时间：2021年8月第1版
印刷时间：2021年8月第1次印刷
责任编辑：吕　翀
责任校对：周　朦
封面设计：潘正一
责任出版：唐敏志

ISBN 978-7-5517-2355-8　　　　　　　　　　　　　定价：96.00元

出版说明

本文集原为《辽宁社会科学院学者文库》中的一部，由社会科学文献出版社于2015年4月出版。如今再次收入本文集时，部分篇目有所调整，主要有：

1. 原书中的"马克思主义理论问题五题"，现增加六篇而成"马克思主义理论问题十一题"；

2. "文化十论"部分的文章变动较大，原来收入的大部分文章依其内容性质收入文化学专题文集里，另行选择若干篇有关文化的文章递补；

3. 原书中"鲁迅学五题"的大部分文章也依其内容性质而收入鲁迅学专题文集里，另行选择若干篇有关鲁迅研究的文章递补；

4. 原书中的"人间四忆"，现增加两篇而成"人间六忆"；

5. 原书中"学术随笔五篇"，现增加了几篇相关文章而成"学术随笔十篇"。

这样，既集中了同样的论文进入专题论文集，又不影响原著的内容。

特此说明。

彭定安

2021年8月

关于建立江西省
"青山湖科技园区"的建议

李定安

前　言：一个梦想的产生

我曾漫步走美国加利福尼亚州的硅谷，面对它如峡谷的山谷中公路两边的现代建筑，不见大团团的声音，只见炊烟的袅袅，感受到山谷的幽静，自然和人文环境的高雅，想起它的纯情，科技科育方面的盛名，世界闻名的科技园区的声誉，我保持它的"文静雅观"的城市风貌。几时我们才有自己的硅谷呢？

我也曾漫步走南昌青山湖的宽阔

辽宁社会科学院稿纸　　20×10＝200　　　第　页

《关于建立江西省"青山湖科技园区"的建议》手迹

荒原上一株蒲公英[*]（代序）

在我的眼前和心里，常常会有一株蒲公英的形象在摇曳，每当它出现时，总有一种心绪萌动，时而轻松、时而宽慰、时而激越、时而凄楚、时而悲怆……

一

一望无际的荒原，辽阔而苍凉，风吹过，衰草凄迷；草丛中有一株蒲公英，柔弱却挺拔，开着黄色的花，在扫过原野的风里抖擞。——在我的眼前，在我的思想和情感的、理性和感性的世界里，常常出现这个景象和这种形象。

我曾在内蒙古半沙漠地带真正的荒原上见到过、欣赏过，甚至礼赞过这样的蒲公英。细细盯视它、注目它、想象它、亲近它，看它的挺拔的茎、小小的叶片和黄色的花。荒原上秋风是遒劲的、暴烈的，横扫而又翻卷，蒲公英则随风而震颤，甚至弯曲、低首。但这不是害怕，更非屈服，这是挣扎吧，是委屈的斗争吧，是顽强地求生存吧。我久久凝视那蒲公英。

那是20世纪70年代初，我们全家四口人，在一个蜷缩于深山沟里只有12户人家的贫困山村

---

* 原载《海燕·都市美文》2004年第3期；收入《彭定安文集》第6卷，辽宁人民出版社，2005，第1144—1156页。

里插队落户。其时，我们一面是已经沉入社会的最底层，一面却虚悬在社会的半空中。我们曾经是革命者，一切献给人民、献给革命，因而也是一切依靠人民、依靠革命、依靠我们所在的单位；但是，我们被宣布"与原单位脱钩"了，而且是"五带"（即带工资、带党员关系、带团员关系、带粮食关系、带户口关系）下乡，下到边远地区。我们在当地是外来户，没有任何亲戚朋友和一点点社会关系，完全悬在半空中！我们挤住在一个半山坡上的废旧颓圮的马架子里，大约4平方米，而一个大灶台就占去了一半的空间。我们的命运被确定就在这荒原上长期扎根，就地消化。我每天同农民一起上山干活，低头"接受贫下中农再教育"。我时常望着荒原的蒲公英而思索、而同情、而礼赞！蒲公英！我的人生，我的命运，我所应该具有的性格与品格的象征！我心灵的、心理的、生存意义追求的启迪与勉励！让我像你一样生存！让我同你一样度过自己可怜而追求意义的人生！我这样亲近、注目、思索蒲公英，在真正的荒原上，有整整十个年头。蒲公英，我怎能忘记在塞外荒原上你的倩影、你的英姿！

我也曾在西半球的异国的碧绿而纯粹的草坪上，不见任何杂草，却能够见到我的异国的小草朋友——蒲公英！它在碧绿、平坦如毯的草坪里，这儿、那儿出现，你不注意时，似乎是清一色的没有杂草，但一仔细看就会发现，有一株蒲公英在那里微笑，好像在说："还有我呢！"等再一看，不远处又发现一株，等你细搜索，哦，这里、那里，散布着众多的蒲公英！蒲公英战胜了任何的除草剂。这就是蒲公英！现在，我不再是被弃置的"牛鬼蛇神"，不再是穷乡僻壤蜷缩待毙而仍然追求生之意义的求生者，我以访问学者的身份在高级学府——美国的哈佛大学、加州大学伯克利分校、斯坦福大学和德国的慕尼黑大学、波恩大学——访问、讲学、开会，住在教授宾馆或者教授朋友的家里，或者住在诺贝尔文学奖获得者生前的乡村写作别墅里。多么遥远啊，那深山沟里的小山村、那破旧的马架子、那荒原，以及那时的生活，那时的生存境遇，那时的震颤不安的心灵！然而，当我看到蒲公英时，我仍然震悚、惊喜、感叹，仍然亲近、欣赏，仍然礼赞而思索。

我还曾在人家门前的路上和车库前的水泥地的缝隙里遇见过蒲公英。记得曾读过一篇文章，说到蒲公英顽强的生命力，它能在经常遍洒

彭定安文集 14

社会与文化转型论

除草剂的地方生存。果然，我在斯坦福大学的一位教授家暂住时，真的在车库门前的水泥地面的缝隙间，见到那孤零零但却顽强地生存着的蒲公英。除草剂遍洒，车压、人踩，蒲公英都能够挺过去，让种子随着柳絮似的纤细绒毛纷飞世间，落在到处的土地缝隙里，然后发芽、生长、开花，结出白色的绒毛球。等风吹来，绒毛就飞翔，把种子带到随便一个地方，于是它继续生存、开花、结果，繁衍下去。

我读着蒲公英的生长史、生存史，读着它顽强的意志力、生命力和随遇而安的精神篇章。蒲公英很普通、很微末、很渺小，在花花草草的世界里，没有一点惹人注意的荣华，它没有地位、不被注意，但它顽强地生存，贡献它的生命与存在的价值，哪怕是那么微末、那么渺小、那么无人理睬。

帕乌斯托夫斯基在他的名著《面向秋野》中说："每一片小小的白杨树叶，都有它自己的理性世界。"爱默生在《自然沉思录》中说："玫瑰说出了天地间全部的语言。"白杨树叶、玫瑰，各自有它的理性世界，各自用自己的"生平"说出了"天地间全部的语言"。蒲公英，也是如此。它有它的理性世界，它以它平凡的一生，说出了天地间全部的语言——它的理性、它的话语、它的意义。我以对自己平凡而坎坷的人生经历的感悟，作前面所说的感受和诠释。

二

那是20世纪50年代的事。我国第一次，也是最后一次招收副博士（即硕士）研究生。我时任《辽宁日报》编辑，对学术研究和文艺理论研究都有着浓厚的兴趣，这是我对生活和生命的冀望。我的学历不完全够资格报考，但我将我的新闻与文艺理论的作品寄给教育部有关部门，申请以同等学力报考，居然获得特许，并通知我准备撰写论文。但临到向领导提出时，一句"你是审干对象，不能报考"，我的"副博梦"就这样轻易地被"一语否决"。向学的道路被阻断，只能"另辟蹊径"。如果仍以蒲公英比之，一枝由江南水乡"移植"北国冻土的柔弱的蒲公英，已经在政治和社会生活的"土地"上，被置于某种程度的荒原之上了。紧接着就是1957年，遭受批斗、停职、劳动、降职降级、劳动改造的我，已经完全进入"荒原状态"了。

以后数年间，我也曾回过编辑部，隐姓埋名做工作、写文章。在业余时间，则读太平天国历史及清史有关部分，读美学著作，当然，还读鲁迅作品，写了美学方面的论文，写过研究鲁迅的文章，还用了业余时间和力量写电影文学剧本《忠王传》。这勉强算是我的学术研究吧，算是我的创作吧。其成果，成于20世纪60年代，部分发表于20世纪80年代，美学方面的如《论形象思维早于逻辑思维》，鲁迅研究方面的如《鲁迅的少年时代》《中国革命的发展与鲁迅思想的演变》等。只有花力气最多的电影文学剧本《忠王传》，因时代变迁而一直沉埋箱箧，如马克思所说，"让耗子去批判"了。——我姑且把这些文字比作蒲公英，它们是在心之荒原的培植下，生长于个体思想文艺荒原上贫瘠的花朵。

再以后就是如我自己所吟咏的："十年荒原弃置身，边陲深寨服沉沦"了，无论是生活、处境、心境，还是读书、"研究"和思索，统统都存在于现实的荒原上。那本被我自称为"春天的第一只燕子"的"研究成果"——《鲁迅诗选释》，是在颠簸的敞篷汽车上，是在风雨道途中，用心默读、冥想，是到驻地后在农村昏黄的电灯甚至油灯下记录下来，集而成文的。那时，我在敖汉旗农业局工作，以"干事"（这是我自封的"官"，当时却是什么名分也没有的）之身，参加每年春夏秋冬走遍全旗24个公社的四季大"拉练"，故有此"风雨汽车路，默读写心储"的经历。在同一个荒原上，在同样的境遇和心境中，为撰写《鲁迅杂文读本》做准备，积累了大批系统的有关资料，这为后来撰写《鲁迅评传》奠定了思想与资料的基础。后来《鲁迅杂文读本》未写成，《鲁迅评传》却用上了这些资料，勉强可谓"失之东隅，收之桑榆"。也是在这个时期，在深山荒原土坡上的小马架里，在人称"鸡窝"的小泥土屋里，在农村大队部，站着或者头戴大狗皮帽、拥被躺卧炕上，读书、记笔记，"研究"！这十年时光，是我的人生40岁到50岁的大好壮年时期，却如此度过。

确如一株茌弱的蒲公英，被弃置荒原任凭风吹雨浇狂沙埋、狂风暴雪予摧残。但它却顽强地生存、挣扎，谋求生之意义和生命的价值。如斯直到1978年秋天，那个久久盼望却又以为此生无望得到的收获季节、解放的时代，终于由天而降！

当然，蒲公英还是蒲公英，只是荒原隐退，境遇改变，它可以正常地生长、开花、结果。虽然仍然是那种不会引人注意的小小的黄花。

三

1978年回到沈阳，我离开了服务20年的新闻界，转到辽宁社会科学院工作。条件，一切的条件都变化了。生活样式与方式，生命存在的状态，工作与学习、研究的境况，整个社会环境都变化了。我的学习和学术研究这才步入正轨。不仅不会再因此受到批判，而且受到了鼓励与支持；不仅不会被视为不正当行为，而且被看作社会发展急需的重要工作。至今记忆犹新，1979年5月去北京参加纪念五四运动六十周年学术研讨会。撰写论文，院领导支持鼓励、亲自审查论文；报送中国社会科学院审查，获得通过，发来正式邀请……一切过程，都是热情的、积极的、受到鼓励的，也是认真的、严肃的、要求规范性的。第一次出席国家级学术研讨会，都是刚刚"出土"的众多的名流大家，中国当代著名学者教授、学界泰斗，济济一堂。我作为一个后进学人，刚刚从荒原中走出，还没有来得及脱尽身上的泥土气，还没有来得及准备好吸纳的神经，便置身其间，感到无比的兴奋、激动，而整个会议过程中，听到了各种内涵丰富、理论精粹、思想活跃的言谈，振聋发聩，惊醒了沉睡的思想机制，激起了求真理的热情，触发了学术精进的雄心。这是一株在荒原上历经风霜雨雪、摧折零落的蒲公英，仿佛一夕之间被移置于沃土肥田，阳光高照，雨露滋润，春风和煦，八方营养。它终于能够得到正常的生长，并且得到阳光雨露的滋养——但依然只是一株普通平凡、只能开着黄色小花的蒲公英。

各种新鲜的、时代的、现代的、历史的、社会的、文化的、学术的信息与文化学术资源铺天盖地，各种思想、理论、观念扑面而来，可以在书斋里，面对全国，面向世界。我得以走向全国，走向世界。多种学科的全国性学术研讨会、国际学术会议，一次次地参与，接受来自国内与国际的学术-文化信息，聆听众多学界前辈、中年锐进和青年先锋的各种宏论高见，从思想到理论、从方法到资料，启迪激发，都多所获益。自己参与其间，或发言，或论辩，或为组织者，或为与会者，眼

界、心胸、襟怀都空前地开阔了，研究的路径和视野都变化了。这一切都是新的资源、新的空间、新的世界。但是，旧的一切，从"旧生活"中获得的知识，特别是感受和体验，——那些对于中国历史、中国社会、中国文化乃至中国人的知识、感受和体验，与新的一切时常冲突，也时常对接，又时常整合。在新的、现代的、时代的、国际的思想文化的信息与资源的引领下，在这种新旧资源整合的基础上，我从事自己学术的、文化的、思想的研习，并从事学术论文与专著的撰写。在这种思想、理念、情境中，我所撰写的多种学科方面的论著，无论所论何所在、何所指、何所之，都沉浸在这种思想、文化、情感的氤氲中，在论述对象上，在论述的进程中，在叙事的情状中，都有意无意地渗透着、寄托着、宣泄着那种浸泡着历史与现实、过去与未来、自身与社会、国内与国际交汇熔融的"心灵与魂魄"。这就是论者所说的我的"自身情怀"吧。我在下笔行文时，情感激荡，不能自已，自然地"笔锋含情"，论者则每以"诗人气质""诗人与学者的结合""诗情与学术的交融"的评论给予鼓励。

这种状况，人们常以"过去吃了苦头，也有好处，也有收获"论之；我则以"不正常的播种，正常的收获""种下的是跳蚤，收获的却是龙种"①形容之。不过这都是"事后之论"，是对已经发生、不可逆转、既成事实的事后评论。这不是历史天平上的真实的砝码，而是精神的光圈。从整体历史观来立论，我们也许需要从另一种角度来思考问题。

四

我时常想起恩格斯论费尔巴哈的一段话，大意是说，费尔巴哈后期的思想停滞，与他晚年的乡居生活有关，因为，他远离了城市，也离开了"与他才智相当或不相当的论敌"的论争，不能从这中间来发展自己的思想。恩格斯的这一思想是很深刻的。人的思想，尤其是学者、思想

---

① 原为德国诗人海涅的名句："我播下的是龙种，收获的却是跳蚤。"此处反取其意而用之。

家的思想，是不可能孤立发展的，他要在切磋和斗争中前进。海德格尔是另一种情形。他在"二战"后，孤居山上的林中小木屋里，几与世隔绝。但他仍然发展着、进一步阐释着自己深邃的哲思，这是因为他虽身在林间木屋中，但他保持了与附近山民的联系，也时而"下山""入世"，做讲演，参加会议，保持了与外界的必要联系。费尔巴哈和海德格尔从正反两方面证明了思想者、学术研究者保持同外界的信息沟通和思想交流的决定性作用。从这一点上说，是不存在"纯学术"的。这里也不关乎是否存在"功利目的"的问题，因为这里没有涉及"功利"这个范畴，它只在"学者/研究—社会现实""个体思索/研究—群体切磋/争论/斗争"这个范畴和命题的界域里。从这一视点出发，我想，我长时期被封闭甚至是禁闭，长时期身处荒僻农村，而且过着别人规避你、自己则遵守"只许老老实实，不准乱说乱动"的严规生活，同时，更不可能参与任何思想的、文化的与学术的交流和论争，始终处在正接受批斗或准备接受或预先恐惧着哪一天要被批斗的心理状态中，这样的主客观生存状态，对于学术研究，其阻滞、妨碍、促退的作用，是很明显也很巨大的。我在这里，丝毫没有拿客观原因来为自己的学术研究成果不理想做辩护的意思，只是从学术-文化的发展上来总结经验教训和探寻其中的规律而已。总之，一株柔弱又长期被弃置荒原的蒲公英，是难得正常、顺当地生长、开花和结果的。而那些"果实"中，除了"实际社会生活酿就的甜汁"，也就是"生活经历与体验"对于学术研究和思想、文化的积极作用之外，也还有"苦难酶化出的苦液"，即风雨历程所留下的消极影响所造成的思想、文化上的某种程度的迟滞与贫瘠。我常常为自己最近二十多年中的学术研究与论著思想上的不够开豁、文化底蕴的不够深厚和整体水平没有达到应有的高度而既感愧赧，又觉遗憾。

　　杜甫有句"文章憎命达，魑魅喜人过"。古往今来的许多事实证明，苦难的经历、缱绻的人生、不幸的遭遇，往往会成就杰出的作家、学者、哲人、思想家。这是"生活的苦酒酿出了思想-艺术的琼浆"。这是符合创作与著述规律的。但是，这主要的意思我以为却是在讲命途多舛则能体察社情民心，能累积社会生活的素材，足供提炼酿造思想、文化、艺术的成果，而不是指物质生活、物质条件的匮乏与低下。鲁迅曾经讲过，"文艺是余裕的产物"，真正食不果腹、衣不蔽体、生活无着，是很难创作的，至于学术研究与论著撰述，更要在图书、资料方面有一定的保证，生活要安定，最好有比较安稳、清静的环境。这又是学术研究与写作，同文艺创作不同的地方。而且，重要的是，要有比较宽松的环境和文化氛围，才能使文艺创作和学术研究得以展开，作家、学者的才能得以发挥。至今仍然是我国文坛领军人物的"'五七'作家"——1957年被错划为"右派"、曾经多年沉在底层的作家们——当年在基层生活，在劳教所甚至监狱劳动改造时，无论是物质生活还是政治环境、文化气候，都使他们无法思考、创作；他们的才能都是在新时期的环境和生活条件改变以后，才得以发挥。回顾最近二十多年的研究与写作生涯，我深深感到，没有改革开放以来的社会稳定、经济发展，没有这些年来的学术艺文的发展大环境，就没有我自己的政治、社会文化生活、物质生活等方面的变化，想要取得现在的成果，那是绝不可想象的。

说起这些，无意纠结于往昔的坎坷，只是从宏观视野和长时段历史观出发，研讨"历史的脚步与规律"。主要有三点：第一，贫穷困厄固然有"造就人才"的一面，但也有"耽误人才"的一面；第二，一定的物质条件包括生活条件和体现在"文化设备-文化资讯-文化环境"方面的物质条件，对于作家、艺术家、学者、文人等文化思索者与创造者来说，是必备的、基础性的、不可或缺的；第三，相对宽松的政治环境和适宜的文化气候，对于解除闭锁、开发智能、激扬思想才华尤为重要。联系到我自身的命运与经历，我既有"往昔的遗憾与惆怅"，也有近二十多年，特别是晚年的"今朝的欣慰与企盼"。1998年《彭定安文集》第一至四卷的出版，以及2005年《彭定安文集》第五、六两卷的出版，以郑重的事实反映了这样两个方面：文集能够出版，文集所有论著的内涵，既反映了蚌病成珠、"缱绻困厄培养成全人"的一面，也因其思想内容、文化内蕴不够理想，而透露了"个人才学"的不足和欠缺，以及因艰困生活和不幸遭际所造成的"闭锁与迟滞、虚度与压抑"的消极影响。

五

"为学不愿做冬烘"，这是我学思的基本态度。我的经历和青年时代所受的教育，都使我不可能抱着"为学问而学问""为艺术而艺术"的态度来从事写作，倒是一直坚决反对而且嘲笑这种态度。"理论联系实际"从青年时代起就是我心中根深蒂固的观念。我在辽宁社会科学院工作期间，一直坚持"是否联系实际和为社会实践服务，是社会科学院生死存亡的问题"这个提法。不过，对这一问题，我也逐渐有了进一步的认识和体会。这就是不能急功近利、狭隘地理解学术-文化为实际服务的问题。其实，强调理论为实践服务，本质上不仅强调了理论"要服务于实践"的"实践"的观念、要求，同时也强调了理论的意义、价值，强调了"理论"的观念。因为，不是什么别的事物去为"实践"服务，而是"理论"去为"实践"服务，所以，不仅"实践""服务"很重要，而且"理论"也同等重要。因为没有理论，拿什么去服务？理论不高、不深，又怎能服务得好？所以，为了为实践服务，就要学习理论，提高理论水平，真正懂得理论、通晓理论、掌握理论的精神实质。这就出现了一系列的连锁要求和活动。费希特曾经说过："学者的使命主要是为社会服务，因为他是学者，所以他比任何一个阶层更能通过社会而存在，为社会而存在。"这是一个学者的命运，也是，或者说应该是学者的自觉的"命运感"和责任感。也许可以将这称为"学者的社会觉悟"。

六

据我自己体察，在我的所有著述中，都贯穿着一种个人情怀，其中又贯穿着总体的人文精神-人文关怀，一种对于历史、社会、生命、人生的思索与求索。这同我的坎坷经历有着紧密的关系，也许可以说就是我的风雨载途生命历程与人生际遇的反映。当然，我这样说，只是想说自身作品的一种品性和气质，但"具有"，却不等于"有水平"。我曾经长期处在社会最底层，这还是说所处的"社会所在"，是说"同什么人生活在一起""过一种什么样的生活";如果从社会身份来说,则连所谓"底层"也谈不上,那是"牛鬼蛇神",是"黑五类",实际更像印度的"不可接触的人",是处在社会之外即"入了另册",连底层的人们也远远不如。这种人谁接触了,更不要说关心了,谁就要倒霉。曾经处于这种"非社会位置-无社会地位"的人,往往产生两种截然不同的思想和心理,一种是对于社会的怨愤与仇恨,甚至仇恨人乃至人类,因此,他们有的愤恨终身,郁郁以死,这是多数;少数人甚至报复社会,走上破坏社会的道路,那就是害人、害己、害社会,不但是他个人的悲剧,而且是社会的祸害。但也有另一种人,他们从自我同情,到同情同类,以至扩而大之,萌生阔大深厚的人道主义思想——一种深深的、怀着自身血泪的人文关怀。无论何人受到社会的蔑弃、欺压,他都感同身受。我想,这也是一种"种下的是跳蚤,收获的却是龙种"。

这也是一株荒原上的蒲公英的心意与心愿,一株蒲公英式的奉献,微末、渺小,但是真诚、深挚。

我的这点感想,只是一种蒲公英式的倾诉,一种蒲公英情结的宣泄,一种蒲公英式的告白。

哦,蒲公英!

续 记

以上,是旧作,主要记叙我的艰难曲折的生活与学习-治学过程。在此文简叙的生活状况和年代之后,则是条件改变,环境和自身处境均"天翻地覆",我得以比较净心尽力做研究的时期。这个时期,正是中国改革开放的初、中期,历经"经济繁荣,哲学贫困"——文化热——学术上升而思想下滑——要"有思想的学术和有学术的思想"等阶段。我的学术生涯,就是在这样的时代背景、社会状态及文化语境中走过来的。这期间,我除了担负一定的行政工作、在高校兼课外,还撰写、出版了多部学术专著,发表了相当数量、涉及诸多学科的论文。这些著作都收集在1989年和2005年先后出版的第一至六卷《彭定安文集》中了。其收集论著的截止期为2005年。

这以后,又过去了将近十年。这是从工作岗位上退下来以后的十个年头。在这将近十年里，我除了参加必要的社会活动和各种学术会议、研讨会之外，仍然进行学术研究，先后承担并支持了国家级、省级和市级的研究课题；主编学术专著，发表了一批论文，还有一些学术随笔式的短论，以及散文作品。特别是"角色转换"，集中三年多的时间，"全神贯注"，创作了160万字、三卷本的长篇小说《离离原上草》，它获得了辽宁曹雪芹长篇小说奖。

现在出版的这部文集，主要收集了近年来——除去集中精力与时间、心无旁骛创作小说的三年多之外的时期，六七年时间，所撰写、发表的主要文章，还补充了已收进2005年版的《彭定安文集》第四卷和第六卷中的五篇文章。它们是关于文化问题的长篇论文三篇和鲁迅学论文两篇。把它们收进的理由是：这几篇文章，是我已出文集中比较重要且能够代表自己的论著状貌的文章，而且，将它们分别纳入本文集的"文化十论"和"鲁迅学五题"的专题中，正好构成一个论述系列，足可全面、系统地反映我在这两个学术领域中的基本观点和体系性见解；当然，也还因为这几篇文章，今天看来，具有一定的现实价值。

这本文集共有九个专题。其中，第一个专题是关于马克思主义理论问题的五篇文章；它们实际上是一个整体，也可以说是一篇文章，只是由于报纸的篇幅限制，才分成五篇发表。它们都是针对现实情况来写的；也可以说是我有感于现实生活中和人们思想中的一些问题，以自己对马克思主义理论的理解和体会，来有针对性地对其加以诠释和解析。比如，关于"经济只是拥有最终决定权"的阐述，就是针对"GDP崇拜""以GDP论英雄"的社会现象而作的；又比如关于"马克思是怎样看待金钱的"，就是对于现在生活中盛行的拜金主义思潮的批判性阐发。

第二个专题是关于文化问题的十篇专论。它们成体系地对当代人类文化发展的大趋势和发展前沿的重大问题，以及对于中国传统文化和它向现代转换的问题，作了前后连续的阐述和探讨。

第七个专题是"'我与雷锋'三篇"。这个专题之确立，需要略作说明。"我与雷锋"，有什么特别可以加以申说的吗？事实确实如此。1963年末，我接受撰写长篇通讯以报道刚刚不幸牺牲的先进战士雷锋的任务。我以"急行军"的态势，用五天时间完成了长篇报告文学《永生的战士》。这是在雷锋牺牲之后，第一篇全面、完整、系统且以拟传记的形式撰写的雷锋光荣一生的报道。它第一次提炼、概括并阐述了雷锋精神的实质和它的时代意义与现实价值，让"助人为乐"成为雷锋精神的一个文化符号。但是，由于我当时的特殊身份———一个现在已经消失于历史逸尘中的政治"徽号"："摘帽右派"，所以交稿时未署名，而后有领导好意让用笔名，于是用了故乡鄱阳曾经改用过的名字"波阳"发表。这篇报道发表不久，就是领袖题词，全国掀起学雷锋热潮，而且，这个学习活动现在仍然坚持开展着。但是在"文革"期间，《永生的战士》这篇报道被定为"反毛泽东思想大毒草"，遭到严厉批判，而撰写这篇报道也被定为我反党反社会主义的"罪名"之一。当然，后来这些"罪名"，都因系"污蔑不实之词"而被否定。由于上述种种"因缘"，在新时期，不断有媒体邀约我撰写有关雷锋的文章。这就是本专题中，三篇"我与雷锋"文章的由来。今天回顾这段历史，主要的意义还在于从中窥见历史的尘影，启人思索。往事付逝水，人们都不知晓这段"新闻史"，所以收入文集中，以为历史的记录，不在"立此存照"，意在尊重历史和思索历史。我也还想趁此机会，昭示几位在这次空前大规模报道雷锋事迹中表现出卓越的新闻敏感和思想境界的领导人不可磨灭的历史功绩，他们是当时《辽宁日报》总编辑殷参、副总编辑邢真和政教部副主任霍庆双。他们都先后作古了。今天人们都不了解他们昔时的贡献，愿借此机会加以彰显。

第八个专题是学术随笔五篇。约略涉及环境保护、思想道德和读书。

第九个专题是三则决策建议。其中《关于建立江西省"青山湖科技园区"的建议》是我作为江西人，在南昌开会时，向江西省委提出的，现在江西省已经建立了名为"青山湖科技园区"的高新科技园区。据报道，这个园区每年创造的经济价值很可观。而《关于建设辽宁省"'中部城市群-辽东半岛'现代化经济-社会区域"的建议》得到了当时中共辽宁省委书记闻世震同志的批示，让省计委在制定"十五"规划时将其纳入考虑。还有一则关于"保护开封古城"的建议是以书信形式向当时的河南省委书记李长春同志提出的，无建议文本；后经其将原信批示开封市委、市政府执行，使开封古城得以完好保存。这三则决策建议是我为数不少的决策建议中，比较突出且得到实施并取得了成效的建议，故收入文集中，以反映我运用社会科学研究方法为实际服务的心意及取得的效益。

至于其他专题，就不一一述说因由了。

这些年，还写了一些其他文字，我都没有收入文集中；因为时过境迁，情随事移，我宁愿它们消逝于时间的淘洗中。

在这短短数年中，我不幸失去了两位至亲亲人。他们的相继离去，使我伤怀忧戚，无以名状。不过这些都隐匿于文字之外，而潜存于我心之深处。对他们的眷恋和思念，无时不在。眼下，当我的近年文字结集问世时，自然怀念他们，感念他们曾经为我的研究和写作付出过的关怀与辛劳。我愿以此纪念他们，奉献给他们。"思夫君兮太息，极劳心兮忡忡。"

2014年5月25日

目录
CONTENTS

文学的审美基质四论

鲁迅学五题

师友问学衡文五篇

人间六忆

"我与雷锋"三篇

学术随笔十篇

决策建议三项

马克思主义理论问题十一题

"从抽象到具体"也是认识的飞跃[*]

——马克思关于认识的"第二条道路"的论述及其对于我们当前思想理论与工作上的重要指导意义

我们一向很熟悉这种理论认识：从个别到一般、从具体到抽象、从感性到理性是认识的一种上升运动，我们称之为认识的飞跃。这不仅是正确的，而且是重要的。因为这种认识，使我们在认识论和方法论上，重视在实际工作中、在日常生活中、在调查研究中，懂得并实践着从许多具体的事实、现象、事物中，注意收集具体的、个别的事例-事实-事物，并对诸多信息-情况-现象，经过思考，总结共性的要点，提炼规律性认识，探索并抓住本质，从而达到抽象的归纳、理性的认识乃至理论的概括，使认识得以提高，实现飞跃。这是思考、总结、提炼、理论概括和理论创获的必经之路。循着这一路径，我们的认识能力、思想水平、理论修养和处事智慧都会得到提高。我们的广大干部，特别是领导干部，也包括所有从事各种工作、服务各个行业的人，都是自觉或不自觉地循着这个认识论、方法论的途径，在思想与认知能力上日积月累、集腋成裘地成长起来的。无论何人，概莫能外。"天纵之圣"是没有的。

但是，还有一种与之相连的认识论、方法论的途径，却不常被人们提起，人们不重视甚至不知道这种认识途径的存在。这是认识上和工作上的严重缺陷，应引起重视。这就是从一般到个别、从抽象到具体、从理论到实践，同样是一种认识的上升，是一种思维的飞跃。马克思把这种认识称为认识论、方法论与研究工作的"第二条道路"。

马克思是怎样论述这个认识规律的呢？

---

[*] 原载《辽宁日报》2010年7月6日。

马克思是在《〈政治经济学批判〉导言》中，论述从政治经济学方面来考察某个国家时，提到这种认识论的。他指出，这种考察，先从具体的事物开始，比如人口、民族等，收集很多资料；然后，在分析过程中"达到越来越简单的概念"，"从表象中达到越来越稀薄的抽象"，"找出一些有决定意义的抽象的一般关系"。这就是从具体到"抽象""一般""概念"以至理论的进程了。马克思称这为考察、认识、研究的"第一条道路"。他指出，"在第一条道路上，完整的表象蒸发为抽象的规定"。然后，他接着指出，还有另一条道路。他称这"第二条道路"为"从抽象上升为具体的方法"。他说："在第二条道路上，抽象的规定在思维行程中导致具体的再现。"这里，马克思明确地指出了从"抽象"到"具体"是一种认识上的上升，是一种思维的飞跃。他特别申述了这种"认识的上升"的性质，即"思维用来掌握具体并把它当作一个精神上的具体再现出来的方式"。

马克思最后这句归纳很重要，但需要加以申说。

比如拿我国的社会主义建设实践来说，马克思主义关于社会主义的基本原理、经典理论，是一种抽象的理论体系，当我们将它应用到中国社会主义建设的具体实践中时，就是一种长时段、大范围和极深刻的"从抽象到具体"。而这种"从抽象到具体"，一方面是掌握了"抽象-理论"的精华与精神实质，另一方面则是将这种理论运用到中国的社会实际和具体实践中去。这样，"中国的实际与实践"就不再是简单的、自然的、自在的客观实际和实践，而是被"抽象-理论"观照了的现实，是被用理论分析、解剖并给予了理论解释的"具体"，因而是一种"精神上的具体"了。也就是从"自在的具体"跃升为"自为的具体"了。而在这种理论联系实际、理论指导实践的过程中，认识就实现了飞跃，达到了认识的上升。这就是马克思所说的"第二条认识道路"。中国特色社会主义理论就是这样产生的。

再拿贯彻执行科学发展观来说。科学发展观是一种"抽象"，它概括了我国几十年社会主义建设的实践，也吸取了世界上发达国家和发展中国家的现代化实践的经验与教训，而且融会了当代科学技术高度发展所带来的关于经济-社会发展的理念和科学理论。在理论方面，它运用了马克思主义的发展理论。因此，这是一种综合了科学技术和人文社会科学诸多理论的宏大"抽象"，其内涵十分深邃。但是，因为是一种宏大的综合，所以，它在实现理论概括的过程中，如马克思所说，"从表象中达到越来越稀薄的抽象"，把"完整的表象蒸发为抽象的规定"。因此，它作为一种理论，不会、不可能也不应该包含所有地区的具体情况。它包含综合后的大具体，但不包含局部的、细小的、个别的具体。这就是抽象比具体深刻，但具体比抽象丰富的原因。抽象包含具体的本质部分，但不包含具体的一切部分。这样，我们在贯彻执行科学发展观时，就需要用抽象的理论，去观照具体的实际，即梳理、分析、解剖具体实际，运用科学发展观的理论，在更高的位置上，以理论的视角，运用理论的原理，来考察和"解释"具体的实际-实践，弄清楚什么条件、怎么规划、怎样行动，才既符合科学发展观的原理，又适合具体地区、具体单位、具体项目的实际。这样做，就是在完成一次从"抽象"到"具体"的认识上的上升和飞跃。而从理论上可以推断，同时实践也证明，只有实施了、完成了这种马克思称为认识的"第二条道路"的认识上的上升，才能真正贯彻执行好科学发展观。

值得注意的是，我们现在有些人在贯彻执行科学发展观时，并没有注意实施、完成这种认识的飞跃，而是一般地、从"抽象"到"抽象"地去做，忽略了甚至无视本地区的具体实际，没有把"抽象-理论"和"具体-实际"互相结合起来，使自己的那个"具体"（具体地区、具体单位、具体项目）成为"精神的具体"，使科学发展观落实到本身的"具体"之中。这就难免在实际工作中，主观上是在贯彻执行科学发展观，而实际上却产生违背它的不良结果。

经济只是拥有最终决定权*

——恩格斯关于经济作用力重要论述的启示

经济对于社会发展，对于政治、法律、哲学、文学等，具有决定性的作用。——这是我们普遍了解，而且十分尊重的规律。因此，我们都很重视经济发展，重视经济工作，重视主抓经济工作的干部，这些自然都是对的。

但经济只是拥有最终决定权，而不是一切决定权。——这却是我们并不十分了解，因而往往忽视的。而且，在有些人的眼里，只有经济而没有其他，或者轻视以至蔑视其他。这是现在需要重申经典理论的缘由。

马克思主义经典著作，尤其在恩格斯的晚年书信中，对于后者有原则的、具有十分重要意义的论述，值得我们重温并认真学习领会。

1. 恩格斯是如何论述"经济的决定作用"的

晚年的恩格斯有感于论敌的有意或无意的误解，更由于共产主义运动中，一些人——尤其是"年轻同志"——也误读经典，产生过分重视经济作用的理论倾向和实践误区，因此，多次在党内书信中，批评这种理论失误，从正面予以论述，甚至为此检讨自己和马克思此前在这个问题上论证偏颇的"失误"。

恩格斯首先指出经济的决定性作用，认为这是历史唯物主义的理论核心和基本原理。他指出："……根据唯物史观，历史过程中的决定性因素归根到底是现实生活的生产和再生产。"[《恩格斯致约·布洛赫》

---

* 原载《辽宁日报》2010年9月14日。

（1890年9月21—22日）］而"现实生活的生产和再生产"，就是恩格斯在别的论述中说到过的，人的生活资料的生产和再生产与人类自身的生产和再生产。而这样两项"人类的现实生活"的生产和再生产，其基础与决定性的条件，就是经济。因此，可以和应该说，经济是决定性因素。

在这封信的后面，恩格斯又接着指出："我们自己创造着我们的历史，但是第一，我们是在十分确定的前提和条件下进行创造的。其中经济的前提和条件归根到底是决定性的。"［《恩格斯致约·布洛赫》（1890年9月21—22日）］在另一封信中，他又指出："但是，不论在法国或是德国，哲学和那个时代的文学的普遍繁荣一样，都是经济高涨的结果。经济发展对这些领域的最终的支配作用，在我们看来是无疑的……"［《恩格斯致康·施密特》（1890年10月27日）］在这几封重要的信件中，恩格斯都着重地重申了历史唯物主义关于经济的决定性作用的论点。

不过，值得注意的是，恩格斯在重申这些论点的时候，都是从批评过分强调经济的决定性作用这一点出发的；他是为了全面论证，而首先说明"经济的决定性作用"；因此接着就阐释"经济的决定性作用"之外的问题。他在致布洛赫的信中，重申了前面引证的那段话之后，接着便着重指出：

> 无论马克思或我都从来没有肯定过比这更多的东西（即"历史过程中的决定性因素是现实生活的生产和再生产"）。如果有人在这里加以歪曲，说经济因素是唯一决定性的因素，那么他就是把这个命题变成毫无内容的、抽象的、荒诞无稽的空话。经济状况是基础，但是对历史斗争的进程发生影响并且在许多情况下主要是决定着这一斗争形式的，还有上层建筑的各种因素：阶级斗争的各种政治形式和这个斗争的结果——由胜利了的阶级在获胜以后建立的宪法等，各种法权形式以及所有这些实际斗争在参加者头脑中的反映，政治的、法律的和哲学的理论，宗教的观点以及它们向教义体系的进一步发展。这里表现出这一切因素间的交互作用，而在这种交互作用中归根到底是经济运动作为必然的东西通过无穷无尽的偶然事件（这样一些事物，它们的内部联系是如此疏远或者如此难于

确定，以至我们可以忘掉这种联系，认为这种联系并不存在）向前发展。否则把理论应用于任何时期，就会比解一个最简单的一次方程式更容易了。[《恩格斯致约·布洛赫》（1890年9月21—22日）]

在这里，恩格斯第一是强调了如果依据"经济是决定性的条件、因素"，因此就认为经济是唯一的条件、因素，那么，就是歪曲了他和马克思的理论。第二则指出，这种歪曲会使历史唯物主义变成"毫无内容、抽象、荒诞无稽的空话"。这段批评话语，是十分郑重而又沉重的。恩格斯为什么这样说呢？因为除了经济这个决定性因素之外，还有上层建筑的其他许多因素也同时在起作用；而且，经济的决定性作用，只有通过这些"其他因素"，才能发生作用。就是说，一是还有其他因素在起作用；二是即使经济起决定性作用，也只有其他因素配合并通过这些"其他因素"才能发挥作用。第三，经济的决定性作用，只是给历史的发展以内容，而"其他因素"，则赋以形式。第四，恩格斯关于"其他因素"，列举了许多项，也值得我们注意。他列举了阶级斗争、阶级斗争的各种政治形式、这个斗争的结果——获胜阶级在胜利后制定的宪法等，各种法权形式，政治、法律、哲学的理论，宗教观点，以及所有这些"向教义体系的进一步发展"，等等。这是一个多么广泛、繁复而又互相联系的体系！它们都在起作用，并发挥联系、连锁、互动的作用！

正是基于此，恩格斯才说，如果把"经济的决定性作用"歪曲成"唯一作用"，那把历史唯物主义理论运用于任何时期就简单得很，简直到比初中生解一个最简单的一次方程式还要容易了。

恩格斯在另一封信，即致瓦·博尔吉乌斯的信中，还有完整的论述。他指出：

> 政治、法律、哲学、宗教、文学、艺术的发展是以经济发展为基础的。但是，它们又都互相影响并对经济基础发生影响，并不是只有经济状况才是原因，才是积极的，而其余一切都不过是消极的结果。这是在归根到底不断为自己开辟道路的经济必然性的基础上的互相作用。[《恩格斯致瓦·博尔吉乌斯》（1894年1月25日）]

这里，恩格斯一方面强调了"经济的基础作用""经济条件归根结底的决定性意义"，对经济的决定性作用给予了充分的肯定；另一方面，恩格斯又同时强调了并不是只有经济才是原因、才是积极的，其他都是消极的，相反，它们之间互相发生作用，而且政治的、思想的因素会有很大的影响，存在反作用。

2. 恩格斯为什么检讨他和马克思的失误

基于上述的基本观念、基本理论及关于历史唯物主义的全面论述，恩格斯对于敌对方面和自己队伍中有意地歪曲和错误的理解，给予了批判并从正面加以阐释，甚至检讨自己和马克思以前在这方面的失误。

恩格斯在致约·布洛赫的信中说："青年们有时过分看重经济方面，这有一部分马克思和我应当负责任。"这句话的意思是指"青年们过分看重经济方面"是错误的，是没有完整理解他和马克思在上面引证过的关于历史唯物主义对"经济的决定性作用"的全面论述；同时，承担了他自己和马克思应当负的责任。恩格斯比较详细地说道：

> 我们在反驳我们的论敌时，常常不得不强调被他们否定的主要原则，并且不是始终都有时间、地点和机会来给其他参与交互作用的因素以应有的重视。但是，只要问题一关系到描述某个历史时期，即关系到实际应用，那情况就不同了，这里就不容许有任何错误了。可惜人们往往以为，只要掌握了主要原理——而且还并不总是掌握得正确，那就算已经充分理解了新理论并且立刻就能够应用它了。在这方面，我是可以责备许多最新的"马克思主义者"的；这的确也引起过惊人的混乱。[《恩格斯致约·布洛赫》（1890年9月21—22日）]

在这段论述中，恩格斯说明了他和马克思应负的责任何在，这就是，当年，他和马克思为了反驳论敌，不得不强调被他们否定的主要原则，即经济具有最终决定权，具有决定性意义，并且没有适当的时间、地点和机会，来弥补这个理论缺欠，补充说明其他因素的重要作用。但他接着说，如果这一点还可以原谅的话，那么，在实际应用时，就不允许只强调经济的决定性作用，被误作"唯一因素"了。他接着又指出，可惜的是，人们往往以为在实践中，只要掌握了主要原理，——而且不管掌握得是否准确，就都可以应用它了。恩格斯在此责备并讥讽了所谓"新马克思主义者"，认为他们引起了惊人的混乱。

3. 我们需要牢记恩格斯的理论遗嘱

至此，我们大体把恩格斯在19世纪90年代，就是100多年前，关于历史唯物主义的一个重要观点、主要原理的论述，作了简要的记述。这种记述，有一个现实的背景，或者说是"话语环境"，这就是当代有为数不少的人在观念和实际上，把经济作为社会发展、人类进步、思想文化、学术科学等的发展、进步的唯一动力、唯一原因、唯一积极力量。他们以为只要抓住了经济这一环，就万事大吉，就抓住了一切。至于"其他因素"，或者被认为是会"跟随着发展的"，或者在其眼里、思想中，根本就不存在这些"其他因素"。什么政治、法律、思想、文化、学术、科学（尤其是社会科学），那算什么呀？管不管、理不理，投资多少或者不用投资，任其自顾自地，都没有什么。特别值得注意的是，在这里，往往"经济"又被狭隘地认作"经济增长"，而且这种"经济增长"，又被狭隘地认作重工业、大项目、大投资的产业的发展，而且还进一步被狭隘地认作GDP的增长、GDP崇拜、以GDP论英雄，至于其他一切均不在话下！这正是恩格斯所批评的"只要掌握了主要原理"，即经济是决定性的因素，就不管掌握得准确与否，都可以、敢于去应用了。而这种应用，在理论和实践上，都违背了恩格斯在100多年前的谆谆教诲，违背了恩格斯对"青年人"的理论遗嘱。

更何况，现在有的地区的GDP增长，是存在缩水现象的，是付出了很大的环境代价的，是吃"人口红利"的，是没有兑现劳动收入的应有增长的。

当然，更重要的是，政治、法律、思想、文化、学术、科学的发展没有受到应有的重视，没有得到应有的足够投资，没有实现更符合科学发展观的增长。这不仅使社会进步、文化发展受到严重影响，而且，反过来也抑制、减缓了经济的发展，使经济发展存在种种问题，如后劲不足、缺乏竞争力等。

有鉴于此，恩格斯当年的理论遗嘱值得我们重温，要认真学习，特别是在实践中切实执行。这是建设中国特色社会主义、实施科学发展观的理论支撑与理论指导。

如何理解"贪欲的历史杠杆作用"*

——恩格斯对黑格尔一个重要命题的解释

黑格尔有一个重要的历史哲学命题,是关于贪欲的。

这个命题及其论证的辩证观念,至今保留着鲜活意义,尤其对于今天的中国更是如此。但对于黑格尔的这个命题,必须以恩格斯的解释和论述为指针。只有这样做,我们才能正确地理解和对待这个命题,来处理我们今天所面对的贪欲与反贪欲的现实课题和历史任务。

黑格尔是最早论述现代化的学者。他的这种论述,是通过现代化、资本主义、市民社会"三位一体"地进行的。他这一学术思想,正是客观的社会实际在思想–学术领域的反映。也就是说,在资本主义产生和发展的历史时期内,在实际社会生活中,现代化、资本主义和市民社会是"三位一体"地产生和发展的。在这样一个"三位一体"的历史进程中,需要面对一个绝不可绕开的问题,就是人的贪欲这个东西。因为资本主义的发展,是靠"利益驱动"的。而利益动机的背后,就是贪欲。但贪欲是恶,是反道德,是应该除去的。这在一般谈论中,几乎可以说是自然的、一致的看法。世上对于贪欲的谴责向来是很多的。但是,在历史发展的进程中,在实际社会生活中,尤其在现代化进程中,以及在理论上,这个问题可不是那么简单的。贪欲是绝对的坏吗?我们无论在什么情况下,都要反贪欲吗?贪欲在历史的进程中,有它存在的价值和必要性吗?如果是,是在什么范围内予以容忍呢?

且看黑格尔是如何论述的。他在他的名著《历史哲学》中提出,

---

* 原载《辽宁日报》2010年4月9日。

"历史"要选择工具来"自我实现"。然而什么东西是行动的动力呢？他说，人的"热情、私己的目标，以及自私的欲望的满足都是一切行动之最有效力的泉源。他们的力量就在于，他们全然不顾及道德与法律加诸他的要求"。恩格斯在《路德维希·费尔巴哈和德国古典哲学的终结》中，就这一论述指出："在黑格尔那里，恶是历史发展的动力借以表现出来的形式。……自从阶级对立产生以来，正是人的恶劣的情欲——贪欲和权势欲成了历史发展的杠杆……"可见恩格斯对黑格尔的这个命题是肯定的。

为什么"贪欲"倒成了"历史发展的杠杆"呢？它是怎样发挥它的杠杆作用的呢？这一点，黑格尔在《小逻辑》中又有另一番论述。他说："上帝放任人们纵其特殊情欲，谋其个别利益，但所达到的结果，不是完成他们的意图，而是完成他的目的，而他（上帝）的目的与他所利用的人们原来想努力追寻的目的，是大不相同的。"（在黑格尔那里，"上帝""天意""精神""理念""理性"是同一的）。黑格尔称这为"理性的机巧"（有译"狡猾""狡黠"的，此处用商务印书馆出版的《小逻辑》中贺麟的译名）。这意思是说，"理性-上帝-天意"本意是完成历史的发展，却利用了人们的贪欲来积极地行事，追逐权势、谋求利润、经营企业、积累财富。他们发财了，发达了，同时也为全民积聚了财富，为生产力的发展、社会的进步、文明的发展、历史的前进起到了推动的作用，成为"历史发展的杠杆"。这里，模仿海涅的说法而更改之，说成"种下的是跳蚤，收获的却是龙种"，是很合适的。

这是黑格尔的论述。在他那里，世界是颠倒的。他认为历史的发展，并不是社会生活的自身的发展，而是人的理念-主观-上帝的意旨的实现。

因此，必须注意的是，恩格斯是在什么条件下及如何肯定黑格尔的这个唯心主义命题的。恩格斯这样写道：

> 在黑格尔那里，恶是历史发展的动力借以表现出来的形式。这里有双重的意思，一方面，每一种新的进步都必然表现为对某一神圣事物的亵渎，表现为对陈旧的、日渐衰亡的、但为习惯所崇奉的秩序的亵渎；另一方面，自从阶级对立产生以来，正是人的恶劣的情欲——贪欲和权势欲成了历史发展的杠杆，关于这方面，例如封

建制度和资产阶级的历史就是独一无二的持续不断的证明。

在这段话里，恩格斯指出在思想观念上被视为"恶"的事物，实际上是新的、日益成长的、进步的、被旧事物反对的事物，在与陈旧、衰亡、被旧秩序肯定并崇奉的事物的斗争中，被旧事物视为"恶"了。实际上它并不是恶，相反，它是代表新事物前进中摒弃、摧毁旧事物的行动，被即将消亡者看作"恶"了。这种被视为"恶"而实际是"非恶"—"'恶'的反面"的情况，是"恶表现为历史发展的杠杆"的一种形态、一个方面。

但恩格斯同时指出，还有另一种形态、另一个方面。这就是自从阶级对立产生以来，人的恶劣情欲所表现出来的"历史发展的杠杆"作用。恩格斯特别指出，封建制度和资产阶级的发展历史，就是"独一无二的持续不断的证明"。恩格斯的这段论述，特别值得我们注意和认真领会。重要的有两点：第一，情欲的这种历史发展的杠杆作用，是在阶级对立产生以后才产生的，也就是说，恶劣情欲的"历史发展的杠杆"作用，是随着剥削的产生、私有制的产生而产生的；第二，封建制度的产生、发展和资本主义制度的产生、发展，"独一无二"地、"持续不断"地证明着"恶的历史发展的杠杆"作用，这种情况下的"恶"，则是真正的恶、实际上的恶了。正是这种剥削的恶（情欲）、追求私有财产的恶（情欲）和权力的恶（权势欲），推动了封建制度和资本主义制度的产生与发展。"恶的历史发展的杠杆"作用，也就在这方面表现出来了。这就是地主阶级、资产阶级为了私欲而发展了它的比其前一社会阶段要进步和提高的社会制度，使历史前进了、社会进步了。当然，这一切又都是同封建制度下和资产阶级社会的种种罪恶、种种不幸相联系的。因此，黑格尔所谓"理性的机巧"实际上并不存在，而是他的唯心史观想象和制造出来的。他以此来"圆"他的"恶是历史发展的杠杆"的学说。而恩格斯则以历史唯物主义观念，给予了他的"头脚倒立"的学说以"正过来"的解释。

值得注意的是，无论是黑格尔还是恩格斯，立论的基础都是现实生活和历史的事实，而不是抽象的理念。但不同的是，在黑格尔那里，正如恩格斯所指出的："形式是唯心的"——是人的理性或者说是上帝，机巧地让人们为实现他的目的服务；"内容是现实的"——黑格尔的

法、道德、伦理，包括家庭、社会、国家，人是家庭、社会、国家中的人，这却是唯物的。因此，黑格尔的理论论述，是"头"——人的主观理念、意志、"上帝"朝下，成为基础、根源；而事实——"脚"，即家庭、社会、国家这些实实在在的物质存在，却成为由"头脑"这个基础、根源派生出来的"上层建筑"，所以是倒过来的。而恩格斯所坚持的却相反，是在家庭、社会、国家这些物质存在的基础和根源上，才产生了人的主观意识、理念、理论。

在肯定黑格尔"内容是现实的"的同时，恩格斯批评了费尔巴哈浅薄的"抽象的人"的理论。

他指出，与黑格尔相反，费尔巴哈"就形式上讲，他是现实的"，也就是唯物的，因为，"他把人作为出发点"；但是，对于人生活于其中的世界，也就是黑格尔所论及的家庭、社会、国家，他这个唯物主义者，却没有提到。费尔巴哈所说到的"人"，只是宗教哲学中所说的"抽象的人"，也是"自然人"，而不是"社会人"。这样唯物主义的费尔巴哈反倒是浅薄的，而唯心主义的黑格尔却是深刻的。虽然他的辩证法是头朝下倒立着的。

恩格斯拿唯心的但却是辩证的、深刻的黑格尔同唯物的但却是机械的、浅薄的费尔巴哈做对比，探讨了"善"和"恶"的问题。结论就是上面说到的，在阶级社会中，恶可以是"历史发展的杠杆"。

按照黑格尔的说法，在历史发展的进程中，意识到历史的需求、社会的责任和民心、民情、民意者，而去从事创造、创业的人，是极少数的；绝大多数人是为私欲-贪欲所驱动，而去敛财聚物甚至发明创造的，私心只为自己，是追求私利、懵懵懂懂地被"理性-上帝-天意"利用了，去完成历史的使命。这是黑格尔在哲学的、抽象的层面上的论述，在实际生活中，这种"私欲驱动"和"被利用"，充满了巧取豪夺、血腥拼杀，是道德沦丧的，多少人间悲喜剧在社会上上演。这也许可以说是"理性的机巧"所付出的社会代价。因此，"理性"-"上帝"又在另一方面，施行了抵制、限制和遏制。这就是法律、法规、条例、道德及宗教的戒律等，这些人为的、社会的藩篱、禁区、界域、束缚，逼使、迫压人们就范，防止私欲的膨胀、贪欲的越轨。当然，还有良知的启迪、道德的规约、宗教的引导等对于贪欲的文化的"消毒"与消解。

恩格斯在肯定了黑格尔的上述命题之后，在接着批判费尔巴哈时，也"顺便"批判了黑格尔的"理性的机巧"问题。他把问题纳入历史唯物主义的范畴来加以考察和论述。他指出：

> 当一个人专为自己打算的时候，他追求幸福的欲望只有在非常罕见的情况下才能得到满足，而且绝不是对己对人都有利。他需要和外部世界来往，需要满足这种欲望的手段：食物、异性、书籍、谈话、辩论、活动、消费品和操作对象。

恩格斯的论证，既批判了费尔巴哈的"非社会人""抽象人"的浅薄，又批判了黑格尔的"私心为己、客观为社会"的"机巧"。他深刻地指出：每个人都离不开他生活于其中的社会，如果他只为自己实现"追求幸福"的欲望，也就是实现"贪欲的要求"，那他只有在"非常罕见"的情况下才能得到满足（实际上这种"罕见"也就是不可能）；他必须一面追求自己贪欲的实现，一面又要懂得他在食物、异性、书籍、消费品和一切社会活动中，都要仰仗社会，依靠社会，也就是仰仗、依靠他人。认识到这一点的人，即使不是"意识到历史任务"的人，也是清醒的人，懂得"我–社会"的不可分离的人，一个有社会觉悟的人。

综合以上的讨论，我们可以明了几点：一是不能一般地、单纯从道德观念出发，一律批判贪欲，而要看到它的"历史发展的杠杆"作用；二是贪欲这种历史杠杆作用，在发挥作用的过程中，是会产生种种负面效应的，因此，必须加以法律的、社会的、道德的约束、规范、限制、抵制、管理，以至惩罚；三是追求自己的幸福、企求满足贪欲的人，同时应该理解"社会–他人"是自己决不可离开的环境条件，是自己的依靠，因此要尊重社会、回报社会、服务社会，必要时还要牺牲私利以满足社会需要。

联系到我们今天的社会实际，恩格斯关于贪欲的既肯定又否定、肯定中有限制与遏制的论述，值得我们认真体会。

在现代化进程及市场经济发展中，这种追求个人利益的"私欲驱动"是普遍存在的。而这种驱动，正如黑格尔所说的，是会"全然不顾及道德与法律加诸他的要求"的。此时，需要看到他们的"私欲驱动"，一面是他个人发财了，另一面则是社会、经济也得到发展了。因此要承认它的"历史发展的杠杆"作用，承认"历史的机巧"。同时，

也一定要将"道德与法律加诸他",抑制、遏制、减小、消除它的负面效应和社会危害。因此,加强法制、加强税收调节、加强"财富来自社会,又需回报社会的"社会责任感,提倡社会捐助与社会救助,发展慈善事业,都是很重要的、不可或缺的。当然,还需要文化的宣教和消解:人文关怀、道德净化、为"他者"的意义、为社会的价值,以及做"历史责任的自觉承担者"的深沉幸福感等,都是非常重要的,极需强化的。

我们现在面临的问题是人们对贪欲的无限制膨胀,对金钱的无视法律、道德和人性的疯狂追逐,是纸醉金迷、感官刺激、人心丧失、人性歪曲。因此,需要极力强化两个方面:一是法制的加强、道德的规范、人性的回归、收入的调节;二是每个人内心的道德律的加强和人文情怀的建立,减弱金钱崇拜,增强道德追求。要使先富起来的人们懂得反哺社会对全社会和对自己的深重意义,让他们之中有更多的人懂得"理性的机巧"对自己的利用,并自觉去承担"历史发展的杠杆"的责任,从而也使自己的人生更有意义,灵魂更为安宁,生活也更为幸福。

马克思是怎样看待金钱的?*

马克思是怎样看待金钱的?

他在他的理论著述中,不使用"金钱"这个"世俗"的称谓,而一律用学术名词"货币"。

在《资本论》中,有"货币"一章,它的标题是"货币或商品流动"。因为商品流动和货币是不可分的,所以把两者合在一起来论述了。这一章专门论述了货币的本质、用途及其储存等。但马克思在《1844年经济学哲学手稿》这种带有笔记性质的著作中,却使用文学作

---

* 原载《辽宁日报》2010年4月8日。

品式的语言和行文方式，畅快地述说金钱的性质和作用。从中可以看出他对金钱的意义、价值的批判态度。

在《资本论》中，马克思指出了货币的本质：它是一种特殊商品，它的职能是"流动的永动机"。这就是说，货币是万能商品，是可以换取一切商品的商品，它使商品的流动永续不断地运行。因此，马克思指出，贮藏货币的欲望，就由此产生了，"自从有可能把商品当作交换价值保持，或把交换价值当作商品来保持以来，求金欲就产生了。随着商品流动的扩展，货币——财富的随时可用的绝对社会形式——的权力也日益增大"。

这样，货币作为特殊的商品，作为可以交换一切商品的商品，人们对它就产生了求索和贮藏的欲望，这种欲望，就是积累财富以致掠夺财富的欲望的具体化，即货币化。同时，这种特殊商品的权力也随着它的特殊功能而日益增大，因为它跟随着权力增长，又随权力增长实现自身增长。这就是马克思在《资本论》中所说的"商品拜物教"——商品，尤其是可以购买、换取一切商品的商品——货币，就成了一种宗教的神圣。它"充满形而上学的微妙和神学的怪诞"。

这就是马克思关于货币——金钱的理论性基本论述。

现在，且看马克思在《1844年经济学哲学手稿》（以下简称《手稿》）中，是怎样以抒情、激越的文学笔调描述，但也揭示货币即金钱的本质、魔力和诡异的。

这一节笔记，也以"货币"命名。笔记首先指出："货币，因为具有购买一切东西、占有一切对象的特性，所以是最突出的对象。货币的这种特性的普遍性是货币的本质的万能；所以它被当作万能之物。"接着，笔记摘录了歌德的《浮士德》中靡菲斯特斐勒斯的话：

> 见鬼！你的脚，你的手，
> 你的屁股，你的头，这当然是你的所有；
> 但假如我能够巧妙地使用，
> 难道不就等于是我的所有？
> 我假如出钱买了六匹马儿，
> 这马儿的力量难道不是我的？
> 我驾驭着它们真是威武堂堂，

真好像我生就二十四只脚一样。

这就是说，我能用钱买来二十四只脚，我也能使用你的脚，让你的脚为我所用，使你的手、脚等都"为我所有"。

笔记接着摘录了莎士比亚《雅典的泰门》中的精彩台词：

金子！黄黄的、发光的、宝贵的金子！
不，天神们啊，
我不是无聊的拜金客。
…………
这东西，只这一点点儿，
就可以使黑的变成白的，丑的变成美的，
错的变成对的，卑鄙变成尊贵，
老人变成少年，懦夫变成勇士。
…………
它可以使受诅咒的人得福，
使害着灰白色的癞病的人为众人所敬爱；
它可以使窃贼得到高爵显位，和元老们分庭抗礼；
它可以使鸡皮黄脸的寡妇重做新娘，
即使她的尊容会使那身染恶疮的人见了呕吐，
有了这东西也会恢复三春的娇艳。

马克思在引用之后，写道："莎士比亚把货币的本质描绘得十分出色。"又说："为了理解他，我们首先从解释歌德那几行诗句开始。"接着便详加发挥，写道：

货币的力量多大，我的力量就多大，货币的特性就是我——货币持有者的特性和本质力量。因此，我是什么和我能够做什么，这绝不是由我的个人特征决定的。我是丑的，但是我能给我买到最美的女人。可见，我并不丑，因为丑的作用，丑的吓人的力量，被货币化为乌有了。我——就我的个人特征而言——是个跛子，可是货币使我获得二十四只脚；可见，我并不是跛子。我是一个邪恶的、不诚实的、没有良心的、没有头脑的人，可是货币是受尊敬的，所以，它的持有者也受尊敬……我是没有头脑的，但货币是万物的实际的头脑，货币持有者又怎么会没有头脑呢？再加上他可以给自己买到很有头脑的人，而能够支配他们的人，不是比他们更有头脑吗？……

莎士比亚特别强调了货币的两个特性：

（1）它是有形的神明，它使一切人的和自然的特性变成它们的对立物，使事物普遍混淆和颠倒；它能使冰炭化为胶漆。

（2）它是人尽可夫的娼妇，是人们和各民族的普遍牵线人。

……货币也是作为颠倒黑白的力量出现的。它把坚贞变成背叛，把背叛变成坚贞；把爱变成恨，把恨变成爱；把德行变成恶行，把恶行变成德行；把奴隶变成主人，把主人变成奴隶；把愚蠢变成明智，把明智变成愚蠢。

作为著作的预备材料，《手稿》到此戛然而止，没有做进一步的理论的分析与发挥，下一章即转入对黑格尔的辩证法和法哲学的批判，而与货币没有直接联系。但是，《手稿》中的这段笔记，却详细、深刻、形象地揭示了货币即金钱的本质——那种颠倒黑白、混淆是非、化美为丑、化丑为美、化愚蠢为聪明、化聪明为愚蠢、化丑恶为德行的种种本质表现。它是人间的祸祟。

但是，货币——金钱的作用和对人的意义及价值，我们是十分清楚且深刻理解的。它是一切价值的等价物。我们有了钱，才能生活得美好幸福。但是，事实上，有了钱并不等于就拥有了幸福，用钱买不来幸福。因此，对于金钱，既不能忽视，又不能视之如命；既要看重，又要清醒。看到它是人生必需之物，又要理解它是人的身外之物。绝不能如马克思所指出的，产生"商品拜物教"，产生"金钱拜物教"，视金钱为神明，成为守财奴。

不过，现实情况却告知人们，许多人心中正有着一个金钱的神明，信奉了"货币拜物教"。这方面，只要看看那些贪污的案例就明白了：他们都是心中有一个金钱的神明，信奉"货币拜物教"的。许多贪污者收入很高，"灰色收入"更高，甚至他们手中积累的财富已经很多很多，或其拥有量大到自己都不十分清楚了。但是，他们仍然还要贪污。从常理来说，是很难理解的。他们用不了那么多的金钱；金钱在他们那里，已经没有实际的价值和意义，只是一个"形而上学的微妙和神学的怪诞"，最后他们倒在了这个微妙怪诞的深坑之中，也倒在了幸福之门的外面；有的人更走进了地狱之门。

从现世的人生来说，似乎需要一种"金钱的觉悟"，即破除对它的"拜物教"心态，而以平常心、正常心对之。

但我以为，这实际上是一种文化心态、一种哲学心态，它足可驱除"贪腐之鬼"。

马克思关于货币——金钱的论述，不仅是一种理论，而且是一种道德修养，一种高尚文化心理结构的奠基石。我们抵制道德滑坡、建设精神文明，都可以此为圭臬。

中国当代马克思主义者的历史责任*

我们正在从事前人从未做过的伟大事业。"建设有中国特色的社会主义"这一伟大历史课题，我们的先人不但没有做过，而且从未想过。我们党的先辈，则是一直为实现社会主义、共产主义而斗争、服务和献身的。但是，不同时期的中国共产党人，由于历史的局限，以及其他种种原因，包括某些理论上和实践上的失误，也没有能够从理论上正确地提出我们今天提出的这个历史课题，更没有在实践中始终如一地从事这种伟大的创造。

党的十一届三中全会以来，我们党不仅表现出理论上的勇气和创造性，实践上也卓有成效地在建设具有中国特色的社会主义。

列宁在"十月革命"取得胜利后不久的1919年，就曾郑重地提出东方各民族的共产党人面临着一个特殊任务，这就是"必须以一般共产主义的理论和实践为依据，适应欧洲各国所没有的特殊条件"，把这种

*　原载《理论界》1986年第1期；《人民日报》1986年3月7日转载。

理论和实践"运用于主要群众是农民"的民族条件下，来建设社会主义，实现共产主义理想。时至今日，我们在"建设有中国特色的社会主义"这一总题下进行的工作，所要解决的，也依然是列宁提出过的那个"古老的"课题。不过，我们确实前进了、发展了。我们使这个命题具有了更为实际、更为丰富、更为具体的内容。这个内容，不仅带着中国民族的、历史的、地理的、经济的、政治的、文化的特点，带有新的科技革命来到了的时代特点，还具有东方各民族的共同特点。更重要的是，我们使这个命题同中国民族的特点、同十几亿人民创造历史的主动精神和伟大实践结合起来了；我们使这个理论命题变成了具体的实践和群众的行动了。不仅如此，我们"建设有中国特色的社会主义"的伟大实践，对于国际政治，对于世界命运和全人类命运，正在发生更大、更深、更广泛的影响和作用。

由此可见，我们今天"建设有中国特色的社会主义"的实践，具有何等广泛而重大的意义。中国当代马克思主义者的历史责任是艰巨的、伟大的，也是光荣的。

为了实现这个艰巨、伟大而光荣的历史课题，中国当代马克思主义者当然要进行自己独立的、创造性的工作。这种创造性的实践，自然应该在马克思列宁主义的基本原理指导下进行。只有这样，我们的实践才具有正确的方向，才能得到最正确的方法，而且只有如此，才能使我们的实践具有理论觉悟，而这种理论意识与悟性，又会反过来推动我们的实践。因此，这里便有一个"从抽象上升到具体"的重要理论，它同时又是实践的过程。我们一向非常重视从感性到理性、从具体到抽象的认识过程，把它看作是认识的上升运动，是对实践的总结，具有指导意义，这是正确的。但是，另一方面，我们却未免怠慢了甚至没有自觉意识到从抽象到具体，也是一个认识上和实践上的上升运动，是把理论付诸实践，同时又受实践指导的运动。我们忽视了这个认识上的上升，甚至认为这是"认识的下降"，那就不免既轻视了实践的理论意义，又轻视了理论的实践品性。马克思在《〈政治经济学批判〉导言》中，对"从抽象上升到具体的方法"给予了很高的评价。他指出，"具体"是"许多规定的综合"，是"多样性的统一"，它在思维中"表现为综合的过程"，因此在理论上，它"表现为结果，而不是表现为起点"，它是"抽象的规定在思维行程中导致具体的再现"。从马克思的这些论述中，我们可以深刻地感受到，从抽象到具体，从理论到实践，既是一个认识上升的过程，也是思想具体化和深化的过程。中国当代马克思主义者要完成前述的重大历史课题，就必须循着这个"从抽象到具体"的理论-实践过程去开展工作：进行社会主义建设的实践和理论总结的工作。

这里，我们又进入一个新的领域，接触到新的课题了。这就是，我们首先要掌握马克思列宁主义的基本原理和理论体系，要在自己的思想中形成马克思主义的理论概念体系，而后才能使自己的思维进入"从抽象向具体上升"的运动过程。为了这个目的，我们就需要学习，要在新的条件下，用新的方法、新的理论要求，去学习马克思列宁主义的基本著作，要有计划、有组织、有系统、有恒心地去学习。

接着，我们还要进入一个更高的层次，就是要在实践的基础上，用新的事实、新的成果和新的观点、概念、理论，去丰富马克思主义的理论宝库，使它得到发展，使它由于新的历史事实与实践经验的增加而更充实。当然，必须看到，这种发展过程不是一次性的，也并不体现在最后阶段、表现为终结形态，相反，它表现为阶段性的、递进性的、层累式的积淀形态。我们需要在不同的空间和连续的时间中，不断做出阶段性的总结，做出断层式的理论概括。如此分阶段递进，逐段形成理论的总结，不断发展、丰富、提高，便能形成连锁式的理论体系，既表现为发展的流程，又体现了总体性的理论发展。这是一个实践的运动过程，也是一个理论的运动过程。在这个过程中，我们的理论意识是很重要的。一方面，我们要自觉地以理论为指导，自觉地在实践中运用理论；另一方面，我们又要在实践中经常进行理论的思考、概括、总结，形成见解、观点、理论，在"理论与实践结合"的基础上，逐步形成理论上的新观点、新概括和新见解。这就是理论的发展和提高。只有这样，我们才既是具有理论武装的实践家，又是具有实践经验的理论家。这样的理论-实践家，才能担当伟大的历史责任，完成历史赋予的任务。

从我们当前的和今后的实践来说，我们每一个重大的步骤，我们广泛的、日常的实践中，还可能产生一定时期、一些问题上的错误，有时可能还是比较大的失误。这种一时间的局部的失误，其实也是一种经验。对于这种"失误性的经验"，我们也需要进行总结，这也是一种学习和提高，也是一个从具体到抽象、从实践到理论的过程。就其内涵和归宿来说，实质上也是一个坚持和发展马克思主义理论的过程。

这个过程，同我们前面所说的"从抽象到具体"的认识上和理论上的上升过程，在总体上，在整个"认识和实践的结合"进行的运动过程中，是互相衔接的。这是一个实践-理论的螺旋式上升的循环圈。正是在这种实践-理论的"循环圈"中，我们一方面完成所从事的伟大的社会主义现代化事业，另一方面又发展了马克思主义理论。

这样两个方面，都是我们的历史责任，也都是我们对于民族和世界的伟大贡献。

中国当代马克思主义者的构成[*]

当前，在思想理论领域，有两个问题应当引起我们的注意。它们是"中国当代马克思主义者的构成"和"全社会普泛的理论意识的培养"。

首先，谈一谈关于中国当代马克思主义者的构成问题。

中国当代马克思主义者——这是一个人数众多的、多维的、多层次结构的群体，绝不仅限于专业的理论工作者。这样一个概念和范围的确定，对于我们的实践和理论都至关重要。我们不仅不应该排除，而且应该特别看重那些"实践着的人们"——在今天，就是那些领导我们从事现代化建设事业的各级负责人员，包括各行各业的企事业单位的领导者。他们应该既是实践者，同时又是理论工作者；既是实践着的理论家，又是把理论付诸实践和以理论指导实践的实行家。马克思主义发展史证明，实践着的理论家，无论在理论上还是实践上，都处于十分重要的地位，他们不仅对实际运动，而且能够对理论做出自己的贡献。马克思、恩格斯不仅是马克思主义的创始人，同时也是国际工人运动、共产主义运动的领袖与导师，他们的理论也是他们革命实践经验的总结。列

---

* 原载《辽宁日报》1986年1月23日。

宁是俄国革命和世界革命的导师，他正是在领导革命的过程中，发展了马克思主义。毛泽东，以及周恩来、刘少奇等也是如此。"纯粹"的或专业的理论工作者，如果是真正的理论家，虽然在某些理论问题上能做出贡献，但是，比之那些实践着的理论家，总不免略有逊色。而且，似乎越是专业化，越是"纯粹"地搞理论，倒越容易在理论上出纰漏，历史上不乏这种理论家。这种情况，是符合马克思主义关于实践是第一性的认识论的。马克思和列宁都曾引证过德国著名诗人歌德的诗句："理论是灰色的，而生活之树常青。"我们不妨这样理解：理论如果离开或疏远了实际，就不免成为灰色的；而一旦与生活结合，植根于实践的泥土之中，那就同生活一起，是常青之树了。

明确这个问题，意义不仅在于理论工作者应该重视与实际结合，重视别人的实践，并且自己也应该有一定的实践经验，做一些实际工作。更重要的是，应当明确，那些书记、厂长或更高层的领导干部，尤其是那些身居决策地位或执掌使政策付诸实施之权的主要领导者，都应该是马克思主义理论工作者，是马克思主义者。如果在"中国当代马克思主义者"的行列中除去他们，那么，我们的理论就有可能成为灰色的东西。这还在其次，更重要的是，那些在不同程度上和不同范围里，执掌民族、国家、人民命运和事业发展方向的领导者，如果不是马克思主义者，如果缺乏理论的武装，缺乏理论家意识，那么，由他们掌舵的航船或船队，将循着什么航线前进？我们的实践不就有可能成为盲目的实践，我们的航船不就有可能偏离正确的航向吗？

他们，只有他们，才是中国当代马克思主义的主体。

值得注意的是，这个主体的广大的成员，在领导观念和行为意识中、在智力结构中、在政治与社会观念中，"理论"处在什么位置上？在现在的领导思想和领导行为中，理论处在何种地位？

没有革命的理论，就没有革命的运动。要建设有中国特色的社会主义，对于广大的建设者，首先是领导者，加强马克思主义的修养，学习、掌握、实行和发展作为社会主义建设理论的马克思主义，是根本性的要求和基本的建设。

其次，谈一谈全社会普泛的理论意识的培养问题。

解决了对前一个问题的认识，便要涉及全社会的普泛的理论意识培养问题。一个民族的理论思维能力，对该民族的兴旺发达至关重要。马克思、恩格斯曾经自豪地说过，德意志民族是理论思维能力很高的民族。我们中华民族，应该说也同样具有这种智能，否则，不可能给世界奉献至今具有生命力的东方文化体系中的主干之一——中国文化。但是，我国曾有一个时期的教条式地灌输，造成了全社会性的理论兴趣的减退和理论思维能力的下降。不过，正如恩格斯所说，任何历史的灾难总是能以历史的进步来得到补偿。我国当今学术、理论界的这种补偿性的历史进步，表现在党的领导者和党的理论工作者正勇敢地根据中国的国情去实行和发展马克思主义；还表现在少部分人，特别是一些中青年同志，在理论思维能力上的高强表现。他们循着马克思主义的轨道，同实践紧密结合，在理论上取得新的进展。当然，这是局部的。从全社会看，则是缺乏理论意识。实行着、行动着，建设着、研究着，但是，理论的指导、理论上的追求与钻研、理论上的方向和归宿，尚未纳入视野之中。问题还不仅在于这不免会陷于盲目的实践，事实告诉我们，许多人轻视理论修养、理论思维和理论追求，认为这些都是虚的、不是实的，是软的、不是硬的，是空的、不是实惠的，这本身便表现了一种理论上的空虚与匮乏。这种空虚与匮乏会造成思想上和整个精神文明上的苍白与虚脱，最后则导致行动上的步伐错乱、行为失措，以至心理失衡。人类的思想与行为总是虚实结合、虚实相辅的。实生虚，虚也能生实。缺乏虚——精神、理论、思想、信念、信仰，社会实践就是偏狭的，势必导致精神生产被抑制、遭破坏的反效应。从人自身来讲，便是物质生活与精神生活、物质生产与精神生产失调的片面发展的人。社会与人在这种状况下，便容易处于恶性循环之中。

因此，全社会的理论意识的培养，是经济与社会发展的重要条件，是精神文明建设的重要课题。

马克思在《〈黑格尔法哲学批判〉导言》中写道："理论要求是否能够直接成为实践要求呢？光是思想竭力体现为现实是不够的，现实本身应当力求趋向思想。"

"思想"——马克思主义理论和建设具有中国特色的社会主义理论、共产主义理想——竭力体现为现实，而"现实"——建设具有中国特色社会主义的实践——力求趋向上述"思想"。

这是我们的现实课题，也是我们的理论课题。

依靠实践发展马克思主义[*]

我们正处于一个伟大的实践的时代，同时也是一个伟大的理论的时代。它有两个特点：一是马克思主义与新的实践——建设有中国特色的社会主义——的结合，二是马克思主义广泛而深刻地同中国文化的结合，这就使马克思主义更进一步地民族化、中国化。

这一伟大的历史行动，必然要求我们坚持马克思主义的基本原理，也决定了我们必须发展马克思主义。我们以真理标准的讨论为契机，改变了马克思主义在中国的命运。这正体现出我们的改革是以马克思主义理论为先导的。现在和今后的实践，仍然是每一步都要求以理论为先导，去开辟实践的途径，而同时，又要求对实践的每一步骤，做出阶段性总结和理论概括，层累式地发展马克思主义。这是一个实践-理论的螺旋式上升的循环圈。我们一方面在马克思主义的指导下逐步完成社会主义现代化事业，另一方面又在实践中发展马克思主义。因此，我们主要依靠实践来发展马克思主义。

我们的根本原则就是理论联系实际，而这应该是有两方面的定义和要求的。一方面，我们要求理论工作者要深入实际，与实际结合，要有实践的意识，明确地、一贯地、坚持不懈地将马克思主义理论用于实际，使理论同实际相结合，使"抽象"上升到"具体"。对于今天的理论工作者来说，需要有世界意识、现代观念、历史感与时代感，以新的理论意识来研究由中国的与世界的、改革实践的与群众思想的实际，研究中国经济、社会与文化发展的实际。但是，我们决不能忽略理论联系实际的另一方面，那就是广大实际工作者，特别是各级领导干部要向理论靠拢，要具备理论知识，既用马克思主义理论来指导实践，又在实践

---

[*]　原载《辽宁日报》1986年4月3日。

中不断进行理论的思考，把实际经验上升为理论形态，做出阶段性理论概括，使"具体"上升为"抽象"。否则，就不仅可能是盲目的实践者，而且可能在实践中背离马克思主义。

理论联系实际是一个总体性要求和整体概念，它是理论工作者的首要信条，但并不是只对理论工作者提出的要求。总的来说，二者都要坚持和发展马克思主义，而更重要的还在于实践着的理论家要坚持理论联系实际。

"理论"与"实践"的融合与发展[*]

"理论"与"实践"这一对理论范畴，其概念内涵，在当代社会实践日益广阔、丰富、复杂化的条件下，也在日益丰富、发展、提高，其基本的变化、基本的状态和基本的内容就是：理论之中的实践含量和实践意义越来越强化、越来越丰富，实践之中的理论含量和理论意义也越来越强化、越来越丰富。简而言之，就是理论的实践性加强和实践的理论性加强。当今之世，不再存在"纯粹的"理论和"纯粹的"理论家，同样，也不再存在"纯粹的"实践和"纯粹的"实践家（实干家）。

本来，理论就是从实践中来的，理论是实践的抽象，其中蕴含着实践的内涵。理论，不过是表现为理论的实践；实践，则是表现为实践的理论。或者可以说理论是理论形态的实践，实践是实践形态的理论。但是，长期以来，在人类的认识和实践领域中，理论与实践是泾渭分明的，是"两码事"；二者是两个社会分工"部类"，两种社会角色。这在总体上是由人类中、低层次的文化生存状态所决定的，即少数一部分人掌握理论，脱离实践，而大多数人只从事实践，不问理论，还有一部分人在有了一定的"理论装备"后，就不自觉地在理论的指导下"埋头实

---

[*] 原载《辽宁日报》1994年2月17日。

践"。这种在社会分工条件下的理论与实践的相对脱离以至断裂和隔绝，却在社会和全人类的总体实践中，沟通、联结和统一起来了。

但是，在现代化条件下，在科学技术空前的、突破性的发展和人类性、世界性的生产与生活的高科技化条件下，在世界整体化、地球"村化"的条件下，这种社会实践和社会分工的割裂状态与隔层性被相对地打破了。这是由人类在整体上的高层次文化生存状态所决定的，也是它的具体标志。高科技所装备的实践，其行为过程和操作过程含有丰厚的理论，不仅科技性生产如此，经营管理、社会行为以至日常生活活动都是如此，更不要说那些掌握社会发展的机枢与命运的决策者、指挥者与领导者的行动了。当今人类行为的世界性、人类整体性，其活动自身，就不是一种单纯的实践，而是一种理论行动。环境意识、人口意识、文化意识，同人们的保护环境、文化选择与文化活动的日常行为紧密相连、融为一体。

历史上一个农民用锄头刨地，当然也有理论支援，但其理论含量甚少，其理论意识可以缺乏，实践者自身可以不管"什么理论不理论"，自己干自己的，甚至可以反理论——全凭往昔的实践经验。中国的"小农模式"长期在一切知识领域都"以实为实"，这就是上述情况的一种典型表现。但是，一个需要操纵电脑来从事冶炼生产的工人，一个核工业的、宇宙飞船的工人的操作，其理论含量和事前的理论准备，就大得多、丰富得多了。科学研究在确定课题、达到目的上同实践的联系密切，即使"纯科学"（如基础理论）研究，其转化为生产技术的过程的相对简化和期限缩短，都标志着理论活动的实践含量的增加与强化。在社会科学领域，理论活动的实践含量更是空前增加，它通向实践之路不仅是畅通的，而且是"近在咫尺"的，只是人们常常忽视它的实践价值。

有的学者提出了"实践活动的智能化"、"实践活动的整体化"和"实践活动的加速化"的概念，这正是当代人类社会实践的重要特征。所谓"智能化"，就是知识、科技和智能成为实践过程的动力、基本成分和成功保证；"整体化"则是"科学—技术—生产"的一体化、"人—社会—自然"的一体化、"政治—经济—文化"的一体化、"国内—国外—整体世界"的一体化；"加速化"则是实践的"投入"与"产出"的周转期大为缩短。这些，就要求人们在实践时具有高度的理论武装、整体认知、预见性、计划性，以及调控智能、以理论渗入实践并指导实践的本领和随机性。这样，在实践的每一个瞬间，都存在着理论活动。在这里，理论的实践性也就同时表现出来了。理论在当代实践中，就是这样渗入、侵入、被引入、随时出现在实践之中了。但我们仍可从理论视角来观察这一问题。既然人类的当代实践有如此多的"化"，那么，理论家在从事理论思维、理论研究时，就势必不断吸纳、引进、消化、解读、诠释这些实践因素，并将其提到理论范畴来处理，不这样，就是"无米之炊""无本之木""无源之水"，那就不仅是"理论空洞"的问题，而且是"理论不下去"了。

基于这种认识，我在20世纪80年代中期曾经提出过"实践着的理论家"的概念；现在，我想再补充另一个概念，即"思维着的实践家"的概念。两者在概念含义上具有渗透性、关联性和互变性；而在实际上，即在"人格化"的意义上，则是一体的、可互换的。

随着人类实践的不断发展，不仅会产生新概念、新术语（恩格斯曾说，科学的革命首先表现为术语的革命），而且传统的固有概念也会有新的发展。这是对新实践的新的理论反映和理论概括。面对这种实践与理论的发展，我们的认识和实践都需要跟上，适应、掌握并运用之。

我们现在的改革事业，不同于历史上任何时期的改革，也不同于当今世界其他国家的改革。每一项改革实践，都带有反思性–知性认识的性质，因而是一种理论性实践，或者说是一种实践着的理论。我们的改革理论自身不是完备的，更不是先验的，而是带有创辟性、生发性、试验性，它既总结实践的阶段性经验以形成相对稳定的理论来指导实践，又随时、随遇地依据实践来校正、调整理论内涵和理论形态。因此，以实践为社会角色的人们需要加强理论意识和心态来积极而慎重地从事自己的改革实践，而以理论研究为社会角色的人们则需要加强实践意识和行动来大胆而虚心地进行理论活动。这两方面的汇合，能够使理论和实践都少受损失、少走弯路。"实践着的理论家"和"思维着的实践家"一起携手，能使我们的改革事业更快地取得更高的成就，并收获理论成果。

理论要为改革实践服务*

当前，改革浪潮席卷中华大地。

马克思和恩格斯在《神圣家族》一文中说过：历史不过是追求着自己目的的人的活动而已。我们十几亿人民，在中国共产党的领导下，追求着自己伟大的目的——建设社会主义、实现共产主义。这个伟大的目的，产生了伟大的热情。这个伟大的热情之海，掀起了改革的伟大浪潮。

我们党根据马克思列宁主义的基本原理，根据我国的实际情况，多年来一直强调要搞好改革。邓小平同志早在1978年就指出："如果现在再不实行改革，我们的现代化事业和社会主义事业就会被葬送。"（按：出自《解放思想，实事求是，团结一致向前看》，1978年12月13日）他还说，改革要贯穿"四个现代化"的整个过程。

改革过程中不断被提出的许多重大的实际问题和理论问题，迫切地需要我们去探讨、去论证、去阐述、去解决。这既是实践工作者的任务和要求，也是理论工作者的任务和要求。实践向那些实践着的人们，包括企业的领导者、党政工作者和所有劳动者提出了问题，要求他们回答。许多有见解、有魄力、有知识、有经验的同志勇敢地面对这些问题，迎着困难，用行动做出了回答。他们光荣地被称为锐意进取、勇于改革的同志。实践证明，他们很多事情办得很正确，成绩很突出，效果很好。当然，像世界上的任何事物一样，像历史上任何伟大的群众创造历史的活动一样，在某些领域、某些课题、某些环节上还不够完善，总有不那么令人满意的地方，总有一些需要探讨的问题。于是，他们把眼光转向理论工作者，转向社会科学工作者。也就是说，改革的实践和实

---

* 本文系作者在1984年辽宁省工业企业改革理论讨论会上的发言摘要。

践着的改革，向理论工作者、社会科学工作者提出了挑战，同时也提出了希望和要求。我们理应勇敢地迎上去，因为这是我们的责任。这责任是艰巨的，但也是光荣的。

在改革过程中，在群众创造历史的活动中，会产生许多建设社会主义现代化的新鲜经验。它们将是具有中国特色社会主义的宝贵内涵。我们理论工作者和社会科学工作者应该及时总结这些经验，以此指导实践，并为丰富和发展马克思列宁主义、毛泽东思想做出贡献。

特别要提出的是，现代社会的紧迫的活动节奏，世界新技术革命带来的生产和整个经济领域的变化是迅速的。现实的迅速发展，也要求理论工作更快、更及时地对实践做阶段性的概括和总结，以指导和服务实践。因此，理论工作和社会科学研究的节奏也要加快，要在加强研究手段的现代化，加强研究领域、研究内涵的现代化方面前进一步。

马克思和列宁都曾经引用过德国伟大诗人歌德的诗句："理论是灰色的，而生活之树常青。"这里，我们的导师丝毫没有贬低理论工作的意思。他们只是在描述理论与实践二者的关系上，强调实践是"第一性"的，是基础，是前提，是源泉。但与此同时，马克思又说，无产阶级如果不掌握理论，就不能解放自己，也不能解放整个人类。列宁也有句名言："没有革命的理论，就没有革命的运动。"在这里，理论又是实践这棵大树的阳光、空气和雨露。我们理论工作者应该时时记住"生活之树常青"这个道理。我们不仅不应该脱离生活、脱离实践，而且应该在实践中不断学习、成长，寻找理论的材料与源泉，从实践中去提炼理论。这样，在"常青的生活之树"面前，理论就不是灰色的，就会成为有生命的东西。

理论意识、理论思维与理论兴趣[*]

　　我们现在的实际生活和实际工作，着重向人们提出了需要建设和提高各级干部及各方面从业人员的理论意识、理论思维、理论兴趣的要求。这种要求是迫切的、深层次的。这是时代的需要，是建设中国特色社会主义的需要，也是在国际上占有重要位置、需要并勇敢承担国际责任的中国所应具有的公众思想水平。因为我们的实现现代化、建设中国特色社会主义、实现民族伟大复兴这样"三位一体"的旷世未有的跨世纪伟大任务，充满了广泛而深刻的理论内涵，我们实践的每一步及其成就，都不仅是伟大实践的具体工作和实在业绩，而且是"理论的实现"和理论的探索与创获。我们的干部，尤其是领导干部，都是"实践着的理论家"，都需要具有理论胸怀，时时用理论之眼观照和指导实践。

　　然而，不能不引起注意的是，当前人们普遍缺乏理论意识、理论思维、理论兴趣，比较严重地存在求近、求浅、注重现实、不"瞻前顾后"——"不回顾历史和展望未来"等现象，而且这些现象在指导着人们的工作、生活和精神活动与精神世界。轻忽理论、鄙视甚至厌恶理论，是一些人的心态；有些人甚至以为，凡愿意谈论和探讨理论，或者从理论视角论述工作的干部，不管他们的工作业绩如何，就判定其是"只讲理论，不懂实际""不切实际、不堪重用"的干部。

　　实际与需要的这种脱节和它们之间的距离，对于我们的事业发展是极为不利的，"没有实践的理论是空洞的理论，没有理论的实践是盲目的实践"，这个真理被遗忘了，很有必要重申！

＊　原载《辽宁日报》2010年4月13日。

一

理论意识、理论思维、理论兴趣，这是"三位一体"的思想、认识、心理的"思维整体"，它们密不可分地存在，但却具有层次性和行进式发展的存在模式。每个人在其社会生活中，在其自然的生存实现中，都会具有这种"思维整体"的存在和运用，但原则性的区别在于：有自觉的，也有不自觉的；有高层次的，也有低层次甚至原始状态的。前者表现为明晰、强势、细致、深层，并且富有稳定性、指向性和制导性；后者则是模糊的、粗糙的、浅层的、弱势的，具有盲目性、冲动性和易变性。干部，尤其是领导干部，其"思维整体"自然应该和必须属于前者，如果有相反者，就会是盲目的实践者。

马克思曾在《哲学的贫困》和《〈黑格尔法哲学批判〉导言》中提出过两个著名的原理：一是"每个原理都有其出现的世纪"；二是"理论在一个国家的实现程度，决定于理论满足这个国家的需要程度"。我们现在提出的社会主义初级阶段理论，是我国几十年社会主义实践总结出来的完整的理论体系；我们现在大力推行的科学发展观，是建设社会主义和实现现代化的科学原理。它们都是在我们这个世纪，即中国建设社会主义的新世纪出现的，在理论上"满足了我们这个国家的需要"。因此，从理论和实践上说，我们现在的社会主义建设和现代化实践，就是运用我们所在的世纪、时代出现的，满足了我们国家需要的理论，使之在实际中实现。按照这样的逻辑推理，自然、合理地可以得出结论：我们的每一个具体实践中，都蕴含着社会主义初级阶段理论和科学发展观，这些理论满足了我们实践的需要；我们在实践中，就要满足它们的"理论需要"。这样，具体实践才不会是盲目的，也才不会产生错误，不会"事倍功半"、误入歧途、劳民伤财。

二

到此为止，我们还只是限于"理论的说教"。现在，让我们用三个方面的实际来说事。这就是城市化与城市发展、GDP（国内生产总值）及科学发展观的贯彻实施。

城市化是现代化基本的和核心的课题之一，涉及现代化理论和其他众多学科，其理论含量和理论要求是很多、很高的。我们现在的城市化速度很快，但基本上仍然是传统的城市化格局。传统城市化的特征是经济发展和人口流动从乡村向城里集中，城市规模迅速由小变大，城市周边地区发展滞缓，郊区基本保持农村旧貌。而新城市化则"反其道而行之"，人口和经济活动呈分散化趋势，主要发展郊区和周边地区，使之成为区域发展的主导力量；中心城市和郊区经济功能互换，前者聚焦和辐射作用依旧，而主导地位下降，周边形成多个次中心，"星罗棋布"，从而构成"集合城市""城市综合体"。这样，可以避免城市过大、功能过度集中的许多现代化病症，包括经济发展畸轻畸重、资源配置失衡、人口过度集中、交通堵塞、物流不畅、城市犯罪等。再看其中的城市建设问题。提到城市建设，我们自然地想到修马路、盖高楼、建住宅、开辟开发区等。城市之间硬件建设的竞赛，主要是这种类型和内容的竞争。然而，事实上，城市建设应该有四个方面的主要内容：城市经济建设、城市社会建设、城市市政建设、城市文化建设。这里包含经济发展、社会进步、城市繁荣、文化提高等要素。要完成这种全面的城市建设，便涉及经济学、城市学、社会学、生态学、建筑学、文化学、法学、犯罪学等自然科学、技术科学和人文社会科学的一大堆学科、一系列理论。因此需要在一开始考虑、设计城市化-城市发展时，就具有理论意识，就进行理论思维，要从理论上考虑发展战略。当然，一个城市的领导者，不可能也没必要懂得那么多学科、掌握那么多理论和学说，但他却可以和应该延请并听取所有这些方面的专家的意见，运用"外脑"、智囊团，集思广益，实行科学化、民主化决策，力避"个人说了算"、凭经验或"拍脑门"决策，凭理论头脑掌握全局，把好舵。一个高明的现代领导者，不应是简单的发号施令者，而是能够集中集体智慧的高明的决策者。

再说GDP，这更是一个十分重要的理论话题。现在有一种现象，即所谓"GDP崇拜"，以GDP论英雄，GDP就是发展、就是政绩，以及随这种"政绩"而来的各方面的效益（包括个人的升迁）。本来就充满理论元素、理论问题的GDP，因为这种情况的存在，而显得更加重要，也更加迫切。GDP首先有一个数量和质量的问题，质量胜过数量。国家统计局前局长李德水曾撰文指出GDP的五大缺陷："一是它不能反映社会成本，二是不能反映经济增长的方式和为此付出的代价，三是不能反映经济增长的效率、效益和质量，四是不能反映社会财富的总积累，五是不能衡量社会分配和社会公正。"目前，有关学者更对一些地区GDP是否注水、是否有空心化现象提出了质疑。当然，还有为了GDP的增长，是否破坏了环境，把环境成本化为了GDP增长数；是否浪费了资源和过度开发；是否造成经济结构的紊乱；等等。以上所列，每一项都蕴含着众多的、体系性的、繁复的理论问题，值得深究、应该深究。因此，对GDP的追求，首先要在总体思维中具有理论意识，这是把握问题、树立战略思想的前提，是思维的"牵引索"。其次，在理论意识的牵引下，就是对一系列问题的理论思维，——把对象-事物-项目提到思想的、理论的层面上来思考、探究、盘算，并在此基础上做出决策。

　　至于科学发展观，那更是巨大繁复的"理论丛"的汇集融合。科学发展观是马克思主义发展理论在现代中国的实现，是这个"理论丛"与建设中国特色社会主义的具体实践的结合，并且融会了现代发达国家和发展中国家工业化-现代化的经验教训，其中的各个方面的理论问题、理论成果、理论要求，真正是既繁复又深厚。理解科学发展观，准确地把握它的精神实质，切实地执行它，绝非一句简单的话语，更不是口头上说说就行的，需要结合实际，从理论上学习、理解、研究，在理论上准确把握，才能真正切实地贯彻执行。这里，同样，或者说更重要的，是要以理论意识来关注科学发展观，对之进行深入的理论思考，在理论上理解把握它，然后才在实践中落实它。理论先行、理论随行、理论与实践恒在的结合，正是"实践着的理论家"的理论活动和行为实践的统一。

三

　　现在，再具体申说一下"思维整体"的意义与内涵。

　　首先是"理论意识"。这是指在执行和实施工作，尤其是重要的、宏大的工作时，在处理建设事项时，除了工作、事项本身的内容之外，在头脑里还要有理论意识，并且居于整体把握、居高导引的位置。如果这样，理论意识就贯注于对对象的整体掌控中，那么，"主体"（领导干部）对于对象（工作、事项）的总体感觉就具有了理论机制和灵魂，从

而就会如马克思在《1844年经济学哲学手稿》中所说的那样，"感觉通过自己的实践直接变成了理论家"。这种以"理论家"的视角和精神，对于"对象"的把握、掌控，就具有了理论性，思考和决策就能够沿着科学的、反映了客观规律的路径行进。当然，领导干部只是按照这种理论意识的导引去寻求各种相关学科、理论、学说的支撑，使决策奠基于正确的基础之上，这时，他们可以从"外脑"、智囊团获得帮助，而不必自己成为什么学科都懂的"万能者"。

而理论思维则是在理论意识的基础上，运用基础理论与相关的学科理论，来围绕、把握、掌控对象，从而思索、考究和寻找答案。这是进一步也更深入一步的理论运思与工作。当然，这里决策者不必也不可能掌握众多学科理论，而是依靠有关专家的知识和智慧，集思广益，来汇总地进行理论思考，最后做正确、高明的决策。但是，在总体上，在贯彻始终的过程中，领导干部要掌握和运用马克思主义理论、社会主义初级阶段理论和科学发展观这些基础理论、统领理论，率领其他具体学科的理论与学说。从上述举例中可以看出，有没有这种理论思维的掌控，是大不一样的。运用这种理论思维，决策的科学化、民主化，以及正确、有效、眼前与长远结合、综合效益的获得，负面效应减少到最小甚至没有，等等，都是可以预期的效果。

最后，说说理论兴趣问题。

兴趣是思想、感情的集中和升华，人们对某个事物在思想和情感上都爱之甚笃，注意力与心力的投入都进入深层次，就会产生兴趣。理论兴趣，既是智性活动，又有情感注入，关注理论不由外在的推动，而是出于内在的需求，去学习、体会、钻研、深究，其活动不仅有智慧的创获，而且有情感的愉悦，所谓"饶有兴味"即是。理论兴趣是一种高层次的趣味、高尚的趣味、高文化含量的趣味，有意识地培养这种兴趣，是提高思想水平、政治修养、工作能力、整体素质的重要方面。作为领导干部，作为"实践着的理论家"，养成理论兴趣，是十分重要而具有实际效益的——有利于工作、有利于事业、有利于人民。

前面说到，这三个理论修养是递进式的，即从具有理论意识，经过学习理论、联系实际进行理论思维，久之养成理论兴趣。如此逐步上进，逐渐进入一种高深的思想、理论、学问的境界，从而成为对人民、对社会主义事业有用的人才；既贡献于人民，又为自己的人生创获意义。

增强领导者的理论意识[*]

我们现在正处于伟大的实践的时代，同时也处于一个伟大的理论的时代，无论从人类文化发展的历史来说，还是就我国发展的现状来说，都是如此。

人类正以空前发达的科学技术为武装，从事从未有过的对宇宙、世界、社会的再认识和改造，以突破性的理论为指导，又在实践中突破原有的理论。对于我们中国人来说，除了这个一般的世界文化背景之外，我们在做我们的先人和革命前辈从来没有做过的事情，做我们的先辈未能做或因曾遭受挫折而错误地以为不该做的事情。这是真正改变中国历史发展的道路和社会面貌的事情，这是真正扭转乾坤、使中华大地发生翻天覆地变化的事情。中国社会、中国文化与中国人，都将完成从传统到现代化的创造性转变。并且，在这个转变过程中，建成社会主义。——这一伟大实践的总课题就是建设有中国特色的社会主义。

正因为是这样一种伟大的实践，便在几个方面提出了理论上的要求。第一，这种变革是这样广泛与深刻，以至没有理论为先导，就寸步难行，也不能充分说服和动员广大群众（特别是持怀疑态度和反对态度的人）；第二，实践的突破性和深刻性，几乎把每一个行动、每一个步骤都推进到理论领域和理论高度，要求我们做出理论的回答；第三，我们自己，尤其是领导者们，如果不具备理论的装备，就难于行动，或者行动起来不坚决，或者执行方针政策不坚定，或者陷入盲目。

理论问题总是从实践中涌现出来，逼我们回答；实践又总是跑来叩响理论之门，要我们打开。这是时代的特点，也是改革的必然。因此，在今天，理论意识就是每一个领导者（无论哪一级）必备的、重要的素

---

[*]　原载《辽宁日报》1986年10月23日。

质，增强领导者的理论意识，是当务之急。

如果我们前面还只是就一般意义来说的，那么，这里还可以再就领导者的地位、作用所决定的理论意识的重要性来说一说。首先，一般领导者都担负既是执行者又是决策者的双重身份与任务，无论从哪一方面说，他们都必须具有明确的理论意识。否则，作为执行者，就不能从理论的高度来理解方针、政策、措施，也就不能结合具体情况来创造性地执行，只能照抄照转，这就难免失误，难免皮毛地完成任务，甚至与最终目的南辕北辙；作为决策者，则可能心猿意马，不知所从，或者不坚定，做不了决策，就算做了决策也不知对错，或者做出部分错误甚至完全错误的决策。其次，我们既然建设的是具有中国特色的社会主义，那么许多问题和行动方案，就不能从马克思主义的经典著作中找到现成的答案。有的是"本本"上从未涉及的，有的甚至是在表面上与"本本"相抵触的。这就要求我们的领导者真正把马克思主义当作指南而不是教条。第三，在现代社会中，事物不仅越来越复杂，而且彼此的关联越来越广泛与密切，互相的影响也变大，流变性增强。这也要求领导者从理论上去把握它，寻出规律，进行正确的决策和指导。

所谓增强理论意识，就是说领导者在自己的实践中，既要时时事事地从理论角度去认识、理解、判别、引导整体行动，又要在行动后从理论角度去总结。总之，从出发点到归宿，都贯穿着理论思维活动。这样一来，领导水平就提高了，而且在实践中还会不断地得到提高。

至于何谓理论意识，这要做开放的、流变的理解。它没有一成不变的内涵，就当前的形势来说，理论意识首先是力求对对象做宏观的、概括的、系统的把握，而不能限于微观的、具体的、局部的和片断的、割裂的了解。第二，要力求掌握对象发展的规律，即掌握它的发生、发展的内在与外在因素，它与系统内各子系统、外系统的关系，它的制约因素，它的发展趋向和归宿。第三，要有历史感与时代感，要求理论要跨时空地掌握对象。中国今天的改革和改革中每个地区及每项行动中的现时性活动，都具有历时性因素，它由现在而涉及过去又影响未来。因此，了解历史的来龙去脉和了解时代的脉搏就成为理论意识的重要内涵。第四，要有世界意识与现代观念。世界是一个当今大系统，西方有种说法，即"世界已经成为一个大村庄"，这反映了当今时代世界性经济、政治、文化的联系广泛、深刻、频繁、迅速，影响力大。因此，领导者心中具有世界意识是非常重要的，无论从信息的掌握、知识的获得来说，还是从眼界的开阔、思维领域的拓展以至智能的增长来说，都是如此。世界意识同现代观念不可分割，一个缺乏现代观念的领导者，绝不可能是一个高强的领导者。他的缺乏现代观念的理论意识也是过时的、不完全适合当前需要因而也不能面向未来的理论意识。只有现代观念冲击了、挤跑了已经过时、落后的那些传统观念的理论意识，才具有实践意义。

最后，还要指出，我们这里所说的理论当然是指马克思主义的理论。我们的一切活动是受马克思主义指导的，是以它为指南的，我们既用实践来实现马克思主义，又用实践来发展它。同时，我们的理论意识也还应包括那些自然科学和社会科学及各种技术科学的理论，因为我们的实践是具体的，它还要受各种具体学科的理论的指导。一个领导者不可能懂得这么多学科。这里，"智囊团"和"思想库"的作用就是必需和重要的了。领导者必须要求自己和别人从理论上去论证、把握对象之后再作决策，这也是理论意识的内涵。

文化十论

关于人类文化发展十大趋势的思考[*]

人类在取得巨大成就、获得宝贵财富和享受高水平生活的同时，也带着严重的问题、巨大的麻烦和深沉的忧伤走进21世纪。人类文化也在这种背景下，进入新的发展时期。就整体观察而言，当代人类文化发展呈现出十大发展趋势。中国的文化大发展、大繁荣也身处其中，既受其推动与牵引，又受其制约；既受惠于此"大潮流"，又为其做出贡献。

1. 在"三大反思"基础上产生"三个适度回归"

人类对由科技发展所带来的弊端进行了深入思考，从而认识到回归自然、传统和相对朴素生活的重要性。

世界有识之士早在19世纪末至20世纪初，便对科技发展带来的生产力高度发达、经济迅猛发展、高福利生活所引起的社会变异问题开始了反思。1914年问世的斯宾格勒的代表作《西方的没落》可谓其开端。尔后，则有以法兰克福学派为代表的批判，丹尼尔·贝尔的《资本主义文化矛盾》，以及汤因比与池田大作的对话录《展望二十一世纪》，等等。这些著述全面反映了人类对物质文明的发达和精神文明相对滞后的深入思考。

及至20世纪末，这些反思集中于三个方面，被称为"三大反思"。一是人类对自身生存所依赖的自然环境进行了深度破坏，要想在现代化道路上继续走下去，必须改弦易辙；二是科技高速发展所产生的负面效应，已经成为人和社会发展的障碍，现在需要提倡"人性地使用科技"和"使科技具有人性"的口号及科技方针；三是"拥有巨大物质财富却

* 原载《北京文化创意》2012年第6期。

倒在幸福门外"的现象，表明人类对物质与精神的追求方面出现失衡问题，人类应对最佳生活方式及其标准进行重新审视。

从20世纪末到21世纪初，在上述"三大反思"的基础上，产生了"三个适度回归"。一是向自然的适度回归，即人要热爱自然，保护自然，使自身的生存状态尽可能回归自然；二是向传统的适度回归，即人从生活方式、日常行为到价值体验，都要向传统的爱情、亲情、人情适度地回归，重新体验传统中的人性的温情与和谐；三是向相对朴素的生活回归，即倡导生活中多一点"自己动手"，少一点"科技依赖"，让财富服务社会和"回归社会"。

2. 人类文化发展迎来第四次革命

网络文化的发展，是人类从未有过的"文化发展的巨大推动机"。同时，它也带来前所未有的"人类性问题"。

人类文化在积累与传承中历经了语言的产生、文字的创造、印刷术的发明这三次革命。如今个人电脑的创造和网络文化的产生，使人类文化的发展迈入到第四次革命的阶段。这次革命，其功能之广泛、传播速度之快、被掌握和应用之普及与深入、积累之省工而高效、积淀数量之大且保存体积之小，都是前三次革命所望尘莫及的。人类知识、信息的传播、掌握与应用，均达到"朝发夕知"以至"即发即知"的程度。这次革命不但对人类文化的发展和世界性交流起到了极大作用，还扩展了人类知识与智慧的空间。它是人类从未有过的"文化发展的巨大推动机"。同时，它也带来前所未有的"人类性问题"，涉及社会、法律、伦理和人性等多个方面。

3. "科学共同体"协调发展

"科学共同体"的协调发展，已经成为人类共识和社会实践。

"科学"并非如国人习惯的看法那样，仅指自然科学和技术科学，而是自然科学、技术科学、社会科学、人文科学这四大科学部类组成的"科学共同体"。在现代化进程中，经济与社会的发展也需要社会、人文科学与自然、技术科学的配合。"科学共同体"的协调发展，已经成为人类共识和社会实践。人文与科技分裂为两种文化的状况正在改变。20世纪末就有论者提出"21世纪是社会科学世纪",这或有偏颇,但不无道理。"科学共同体"的协调发展,将极大地推动人类文化的进步。

4. 新的认知构成人类新的"智慧苹果"

在科技高度发达的基础上,人类对世界有了新认知,知识成为一切资源的源头。

在20世纪科技高度发达的基础上,在网络文化发展的前提下,人类对宇宙、世界、社会及自身进行了考察和研究,得出了许多新的认知,构成了人类新的"智慧苹果"和新的认知图景。在这个新的认知图景中,人类对"存在"这一永恒的哲学命题产生了新的认识。自然在人类面前展开了新的面貌和气质,人也在自然面前展开了自身的新面貌、新品质。这是人类文化的一大进步,也推动人类文化大踏步地前进。工业文明行将结束,知识文明时代已经到来,知识成为一切资源的源头。

5. 实现人类"三大家园"和谐发展、共同繁荣

人类正试图解决自然、人、社会三者之间的紧张关系,从而达到人与自然、社会共同繁荣。

自然家园、社会家园和精神家园这人类"三大家园"如今都已遭到严重破坏。身处其中的人类面临着种种灾难与祸害:环境恶化、生态失衡,人口爆炸、政治腐败,心理疾病凸现、艾滋病蔓延……人类需要拯救这"三大家园",从与自然为敌到与自然为友,实现人与自然和谐发展;人应在与他人和谐相处中认识自身、实现自我,最终寻求社会和谐。拯救与重建之道,必须调整文化方向,解决自然、人、社会三者之间紧张纠结的关系,使自然家园、社会家园和精神家园得到整体、和谐的发展,实现人与自然、社会共同繁荣。

6. 环保意识催生生态伦理的产生和发展

大自然岿然耸立于人类面前,所有人类行为都要在自然面前受到检

验、考核和审查。

从20世纪60年代起，人类的环境保护意识日益增强，已然成为现代意识的主要标志。生态伦理因此应运而生，环境、自然被纳入人类伦理范畴。人类的存在，就不再只是涉及人类自身和人类社会，还要涉及大自然。大自然岿然耸立于人类面前，所有人类行为都要在自然面前受到检验、考核和审查。在环保意识和生态伦理的"监护"下，人类不仅要回视、检查已经被破坏的自然，实行力所能及的补救措施，更要防患于未然，实施严格的环保举措。这些已经成为当今人类文化发展的重要行动和巨大动力。

7. 经济发展与社会进步、文化发展深度结合

这种深度结合，不仅能够推动经济发展，推进现代化进程，而且可以预防、阻遏和消减工业化、城市化进程中的负面效应。

在现代化进程中，经济发展与工业化、城市化总是产生诸多问题，危及社会和人类自身。这些问题严重存在于发达国家，在发展中国家也日益严重。现在，这些问题已经引起广泛关注。国际社会学界关于现代化的指标体系中，明确提出两条标准：经济发展与社会进步结合，人的现代化与经济社会现代化同步。这两条标准要求经济发展、社会进步与文化发展深度结合。这种深度结合，不仅能够推动经济发展，推进现代化进程，而且可以预防、阻遏和消减工业化、城市化进程中的负面效应，构成并推动人类认知图景的发展和"三大家园"的重建。

8. 从东方文化的古老智慧中获取现代灵感

人们发现东方文化的精神和思维方式，恰好可以弥补欧洲文化的缺陷。

现代化进程中暴露出的种种问题，使人们对"欧洲中心论"和欧洲文化的统治地位产生怀疑。人们发现东方文化的精神和思维方式，恰好可以弥补欧洲文化的缺陷。美国学者关于"通过孔子来思维"的论述、海德格尔对老子"道"的认同及西方对老庄哲学的研究与瞩目，都表现了西方学界对东方文化的回眸与寄托。这种回眸与寄托，已经不是一种

设想和猜测，而是客观存在的事实。西方绘画汲取中国绘画元素，以及西方影剧艺术从中国古代历史文化中"攫取"资源等，都是从古老智慧中获取现代灵感的事例。

9. 人类文化的转型与重构

转型，就是从"与自然为敌"向"与自然为友"转换，在生态伦理思想指导下实现人与自然"共同生存与繁荣"。

人类正在新的思维、新的文化现象和新的科技手段等基础上，实现着整体文化的转型与重构。转型，就是从"与自然为敌"向"与自然为友"转换，在生态伦理思想指导下实现人与自然"共同生存与繁荣"；从偏重科技文化向同时重视社科-人文文化转换，实现"科学共同体"共同协调发展；东西方文化汇合熔融，建设世界性的人类新文明。重构，就是在科技革命、科技发展的同时，相应发展社会科学、人文科学，提高社会-人文科学在"科学共同体"中的结构比，打破两种文化的分裂状态；制定新的科技战略和政策，以抑制科技文化的泛滥与侵害人类文化的负面作用；结束西方文化的统治地位，增加东方文化在人类文化中的比重并提高其地位。这种转型与重构，是同步进行的：在转型中实施重构，在重构中实现转型。

10. 走出"人在何处""我是谁"的"人之困惑"

人类正在"走向回家的路"，回"自然之家"，回"文化故土"，回"精神之寓"，以增加生命的价值。

人类自有意识和思维以来，一直存在着一种"天问"——"人在何处""我是谁"。现在，人们明确地认识到，自身只是自然的一员，既依赖自然为生，又需养育自然；人又是社会关系的总和，每个个体都是依靠他人、社会而生存、发展，人应该在与他人、社会和谐相处中，认识自己、发展自己、实现自己。对于"人在何处""我是谁"的问题，"自然、社会、他人、自身和谐汇融，共同生存、发展、繁荣"是人类思考的答案。但这还不是终极回答，只是阶段性回答。在这个答案的基础上，人类正在"走向回家的路"，回"自然之家"，回"文化故土"，回

"精神之寓"，如此方可解脱倒悬在和沉溺于金钱权利之中的、已经难于承受的生命之"虚"与"轻"，以增加生命之重及其意义和价值。

21世纪世界文化的发展态势与走向

人类在20世纪经历了百年发展、百年辉煌的历程，同时，也进行了百年反思，主要是对于现代化、科学技术和人类最佳生活方式（生活质量）标准的反思。在这"三大反思"的基础上，作为纠偏和扶正，产生了一种整体性的适度回归：对传统、对人文和对健康、朴素、注意精神需求与亲情熔融的生活方式的适度回归。这是20世纪留给21世纪的"文化遗产"和"文化嘱咐"，对21世纪人类文化的走向有着决定性的影响。此外，还有新出现的文化生长点和种种文化现象，决定着也标示了21世纪文化发展的态势和走向。

以电脑文化为"龙头"的高科技发展与新一轮更大、更深刻、更急邃的科技革命的到来，将引起社会生产力更巨大、迅猛的发展，以及人类思想文化的本质性变革和社会生活的全面变革。这种发展势头和走向，已经明显而突出地出现在20世纪末的现实生活之中，成为21世纪文化发展的曙光。其中，个人电脑和网络的普及使人类能够迅速地获得多元化信息，能够远距离捕捉与综合集聚、积累、整理和利用信息。电脑文化的这种作用与影响，及其连锁反应所引起的社会、生活的全面变革，必然导致人类文化的转型和重构。

与此相联系的是，经济社会发展的科技化和科学技术发展的经济社会化。经济社会的发展依靠科技，靠科技获得动力、智力和灵感，也获得速度和质量。同时，经济社会的发展又促进、推动、强化科学技术的发展，给它以财力、物力、人力的支持，给予它实际问题、课题、任务的"刺激"，使之在"解决实际问题"中大踏步前进，发展自身。大课题、大任务、大队伍、大投入、大产出、大效应的大科技实验与实践，以及它与社会生产的密不可分的结合，也使科技的发展经济化和社会化了。这种科技、社会、生活、文化的"多位一体"和"彼此推进"的发展状态及方式，势必使人类文化的发展更紧密地同科技发展结合起来，并深深地打上科技的烙印；科学技术也为人类文化的发展注进自身的特征和精神。

前述"三大反思"的结论，也影响了21世纪的文化发展走向，"规划"了它的发展态势，这就是"人性地使用科技"和"使科技具有人性"，加强科技的人文性和科学家、技术专家的人文关怀；要使自然科学、技术科学与人文社会科学协同发展。其他文章中已经述及科技的负面效应和20世纪"遗留"的问题与课题，这也"规定"了自然科学、技术科学和社会科学、人文科学这四大科学部类共同发展，并使人类文化分裂为"科技文化"与"人文文化"的状况得到改变，使两类知识分子能够相互沟通、学习并携手推进人类文化的发展。有人说"21世纪是社会科学的世纪"，这也许有些夸大，但21世纪里，自然科学和技术科学的人文性和人文关怀加强，社会科学的发展势头加强，这是可以肯定的。实际上，这种发展趋势现在已经出现了。社会科学、人文科学进入生产、经营、管理领域，社会科学研究受到重视的现象，已经存在了。

在20世纪的一百年中，尤其是它的下半个世纪，人类许多既有的理论受到挑战，经历了修订、改进和变革的进步历程，有的被新的理论、学说所取代。在世纪之交，人类形成了对"三大认识对象"（宇宙、社会、人类自身）的新的整体性认知图景，这被合理地称为人类的"新的亚当苹果"。它的形成，不仅是一个"结尾"，更是一个"开头"，是人类文化发展新的态势与走向的基础和方向。它必然引领、指导、规划21世纪人类文化的发展趋向。

人类调整自己的文化方向，将是21世纪重要的文化走向和文化课题。人类要改变自己对自然的态度，从与自然为敌——征服自然——单纯开发利用自然——破坏自然——将自然推向毁灭之途这种方向和道路上回归，过渡到与自然为友，既开发利用自然，又保护、养育自然的路上来。自然不仅不再是"人类的后娘"，人类也不再是"自然的弃儿"，但人类也不要成为"宇宙的孤儿""自然的逆子"。作为"自然之子"的人类，要与自然共同繁荣、一起辉煌。从罗马俱乐部战略研究所的全球发展研究报告到联合国的发展战略倡导，从发达国家和地区到发展中国家与地区一致赞同并欲努力实施可持续发展战略，已经明显地透露了人类调整自身文化方向的重要信息。马克思所说的"自然的人化"和"人化的自然"，不仅是生产与美学的理想境界，而且已经是人类当代实践的追求了。

在上述总体背景下，人类正在"寻找丢失的草帽"，走向"回家的路"，"重新塑造自我形象"，建设精神家园和文化后院。前述"三个适度回归"，正是人们在极端个人主义的物欲享乐和感官刺激造成"暴食醉酒后的呃逆与呕吐"之后，进行反思而做出的理智的文化选择和明智的生活方式追求。在这里，自然、传统、"他者"（包括他人、集体、国家、民族、一切自身之外的存在）占有重要的位置，具有不可忽视的意义；与自然友好相处，建设美好的自然家园。传统不能完全被否定、废弃，作为民族、文化、精神的根基与血脉，传统以"母体"与"母题"之姿与"意义内核"，对人们的精神发展和文化-心理性格的形成和稳定，具有重要作用。因此，审慎地对待传统，既敢于大胆地批判、改革传统，又善于保存它、珍视它，对它进行新的收集、整理、过滤、剔除、变异，特别是能够进行新的现代诠释和"现代化处理"，使之既保有传统的血脉，又具有转换后的现代性能，得以以新的姿态、质地和功能，发挥新的作用，获得新的生命，既实现了传统文化的现代性创获，又实践着现代文化的建设与发展。

自然和科学的魅力的复现，是现代人生活与实践的新趋向和时尚。发达国家的郊区化，使大公司和居民置身郊区，与自然亲近，有更多的机会与森林、鲜花和小草相处，享受更多的阳光、空间和新鲜空气，不仅有利于身心健康，而且使自然家园、社会家园、精神家园"三位一体"，使现代社会中现代人的现代生活，与自然、传统、精神文化融会。科学的返魅，也再次吸引和召唤人们怀着求知的激情和追求真理的虔诚，去寻求对宇宙与生命奥秘的揭示和解读。这两个方面的"非功利"的投入与追寻，不仅能够满足人们对智慧的欲求和追求真理的愿望，而且在长远意义上，也能得到真正的深刻的功利效应，并对文化的发展在外在与内在、物质和精神两个方面起到推动的作用。自然和科学的返魅，将成为人类文化发展的巨大动力。

科技导向的现代化取向和战略，向文化导向的现代化取向和战略转型，是当前又一个重要变化。因此，应调整科技战略，既注意防止科技负面效应的发生与扩散，又积极发挥科技的正面效应；对生产领域的任何活动，都不仅追求其经济效益，而且追究其社会效益和文化效益。文化，不仅被视为经济-社会发展的动力、支撑，而且确实成为人类一切活动的最后归宿。这样，就能防止、抑制、控制许多"现代化祸患和病症"，如环境污染、生态失衡、物种灭绝、城市病、心理疾患等的发生与蔓延。全球性的文化导向现代化战略的实施和推广，及其逐步"转型成功"，一定会使人类目前面临的"三大家园（自然家园、社会家园、精神家园）遭破坏"、"三大关系（人、自然、社会）紧张"和"社会生活中三大倾斜（在'物质/精神'、'科技/人文'和'个体/群体'中，重物质、科技、个体，轻精神、人文、群体）"的状况得到不断的改善，直到逐步消失。这将是人类文化的一大发展，它将使人类的经济更好地腾飞，社会获得进步、发展，而又大大减少以至泯灭灾祸和负面效应。

　　总之，人类文化在总体上正在转型和重构，其重构的结构和各因素间的结构比的变化状况大体如下：四大科学部类共同发展，它们之间的结构比发生调整，即社会科学、人文科学的科技因素加强、科技支撑成分强化，从而在"四大科学部类组成的科学共同体"内所占的比值增长；自然科学、技术科学则有相应的结构比值下降的趋势，但其在经济-社会发展中的作用，却得到强化和增殖。这样，可以说人类文化在20世纪表现出的高科技类型，在向"科技-人文型"转换。因此，用文化装备起来的人，其品性即人性也在转型和重构。日本的池田大作与德国的狄尔鲍拉夫的对话主题，就是"走向21世纪的人与哲学：寻求新的人性"。在这本对话录中，他们指出："我们今天正经历着人类的进步导致人类走向灭亡的第一次体验。人类技术过剩的结果足以轻而易举地毁灭自身的基础。"而寻找和创造新的文化、新的人性，就"意味着摈弃利己主义、商业主义和意识形态支配下的表面行动规范"。人类曾经和正在"很现实""很实利"，因此需要增加一点"浪漫"、一点"情义"；人类曾经"很理性""很实际"，现在需要增加一点"感情"与"诗意"。哲学与诗学结合、理性与直觉结合、现实与浪漫结合，人从"政治-经济-实务人"向"政治-经济-文化人"转型，这是人性的全面发展，是马克思所说的"人性的复归"，是鲁迅所说的"致人性于全"。笛卡儿说"我思故我在"，加斯东·巴什拉说"我梦想故我在"，现在人们则补充说"我减少物欲与享乐的羁绊故我在""我与自然同在故我在""我与'他者'同在故我在"。

21世纪在20世纪的基础上，将会更快、更强地发展文化，取得比20世纪更大的成就。当然，人类要好自为之，要善于控制自身的智慧与力量，并能控制自己所掌握的一切具有能量的客观事物，发挥正面的效应、抑制消极的作用，走向正确的方向和道路。

辩证互动：发展和谐文化与构建和谐社会

构建社会主义和谐社会，是一个巨大社会工程的实施过程，是一个社会动态进程。在这个工程实施和动态过程中，有一种普泛的文化充溢其中，是它的原动力、驱动力、导引与指针。同时，在这一过程中，又会在社会的运行和公众的行动中产生、分泌、结晶、"酶化"出一种文化。对于前一种文化，我们不妨称之为"行进中的文化""使用中的文化"，是"文化的现在-正在进行时"；对于后一种文化，我们则不妨称之为"结果性文化""收获着的文化"，是"文化的过去进行时和过去存在时"。这样的两种文化，不是彼此分开的，而是互相渗透的，是共同处于一种"互动、互助、互渗、互生"的"社会-文化共同体"之中，也是同在一个互动共进的社会运动与文化发展的进程之中。

和谐社会是一种四相结构，即人与自然的和谐、人与社会的和谐、人与人的和谐及每个人自身的和谐。现在，我们就从这四个方面来分别叙述与论证它们同和谐文化的关系。

一

我们要构建人与自然的和谐，必须在指导处理人与自然的关系的思想观念和思维方式上，树立一种追求并保持和谐的文化思想。这种思想的根本之点就在于力求保持并保证维持人与自然的和谐关系。比如，尊重自然，保护自然，按自然规律办事，一切开发利用自然的行为都以不破坏自然为准则，等等。只有在这种文化思想的指导下，我们才能在开发利用自然、发展经济中，以"自然"为重，保护环境、维持生态平衡、保护地球生物多样性，不以人为自然的主人，而只是其中一分子。人既不是自然的孤儿，也不是自然的主宰。在这种和谐文化指导下的人的"见之于自然"的作为，在如马克思所说的"自然的人化"过程中，我们才不至于损害自然、破坏环境、戕害生物，从而建立起一种人与自然和谐相处、互助互用、两利双赢的和谐环境。

但是，应该说，至少自工业化以来，尤其在全球性追求现代化目标的进程中，人类为了自己的利益，开发利用自然、改造自然、向自然开战与索取，以地球的主宰之态，对自然横征暴敛，利用科技"征用-征服"自然，向生物界大开杀戒，至今使自然破坏、环境污染、部分物种灭绝、生态失衡，以致地球与生物界濒临毁灭的危险。面临此局面，一方面是自然对人类的报复不绝如缕，环境问题成为威胁人类生存的重大危机，大气污染成为人类疾病的根源，具有抗药性和产生变易性的生物施行对人类的自发报复（比如SARS、禽流感），使人类措手不及、应对维艰，如此等等，此外还有许多现在不为人知和潜在的危害存在；另一方面，由于人类对自己"自然家园"的破坏，人类自身也产生种种困难甚至苦难，在自然的报复面前大吃苦头，如生理变易、疾病横行、身体衰退、心理变态，因此生活福利意义减退，幸福感缩水，到处遭遇自然的报复性危害。过去高尔基说，人类抵抗自然的能力低下时期，自然好像是人类的"后娘"。现在，应该说，由于人类在向自然索取的过程中，使自然遭灾，自然又以严重的报复，成为人类的"严师"。

至少自20世纪中叶以来，尤其在21世纪，人类在这个铁面无私的"严师"面前，已经知道了利害，懂得了道理，进行了反思，总结了经验，提出了方案。从总体说，就是绝对要与自然和谐相处。自然是我们的养育父母，又是我们的朋友，同时还是我们的资源依靠和家园。这就是和谐文化在处理"人与自然"的关系上的至高律令。我国提出的科学发展观，其中蕴含的意义之一，就是维护、保持、保证人与自然的和谐。其中的"全面""协调"就包含"人类自身-经济-社会"和"自然"这两个巨大系统的"全面发展"和"协调发展"。因此，我们可以和应该把科学发展观中蕴含的"处理人与自然关系"的原则与理念，作为和谐文化的重要内涵之一。当然，它也是构建社会主义和谐社会的文化理念之一。

从上述可以看到，我们在对和谐文化建设中的"处理人与自然关系"即"人与自然的和谐"这方面，可以从两个范畴来获取方向指引和基本理念，这就是科学发展观。

二

在人与社会的和谐中，包含几个主要方面。一是社会管理者与社会公众的和谐，就是我们通常所说的"官"与"民"的和谐。这是我们现在的社会和谐中值得注意的一个方面。贪污腐败是造成这方面不和谐的最重要原因。二是人与技术的和谐。现代社会是一个技术社会，科学技术是推动经济发展和社会进步的主要动力。科技囊括了社会生产、生活、工作、休闲的一切方面，科技是人们生活不可须臾离的社会依靠和"法宝"。技术在人们的生活中具有"专政"的功力。它几乎干预人们生活的一切方面。如何保持人与技术之间的和谐，是现代工业社会、商业化社会值得注意的问题。三是人与社会的和谐，还涉及个人与法律、制度、公德、公共秩序之间的和谐问题。这个领域，一方面是人们自己制定了种种解决社会矛盾和冲突的制度与法规，它对人们具有强制和规约的作用；另一方面，作为个体的人，又需求自己的自由、独立和"随心所欲"。这里就产生"遵守"与"反遵守"的不和谐、反和谐与破坏和谐。和谐文化中，解决社会矛盾的方面，就是要使这部分的社会不和谐，经过整合、协调和"秉公处理"，来实现和谐的目的。

这几个方面的矛盾、问题与和谐的解决之道，就是要创造、产生一种"除矛盾、致和谐"的文化。这种和谐文化，要能够解决上述种种问题。比如，具有社会责任感、执政为民、敬业奉公而清廉的官风；对科技的重视而不依赖、"使科技具有人性"和"人性地使用科技"的科技政策与全面的科学观；奉公守法、具有规则意识和法律观念及社会责任感的现代公民意识；普遍的社会问责制的形成与全社会的信守不渝。如此等等，形成一种综合的文化。它是诸多文化观念、思维习惯与行为准则整合形成的一种文化状态和文化心态。这就是和谐文化的构建，也正是通过这种文化构建而构建社会主义和谐社会。

三

人与人之间的和谐相处与和谐状态，是和谐文化发挥作用的结果，但也是产生和发展和谐文化的基础与动力。人与人的和谐，应该包含社会各阶级、阶层的和谐关系，社会各个职业、各种社会角色、各地人们、各个民族成员等之间的和谐关系，以及每个家庭的成员之间的和谐，等等。这里，首要的和重要的是社会各阶级、阶层之间的和谐。一个国家的社会层化进程越是快，越是复杂，这种阶级—阶层间的和谐，就既越重要，又越困难。我国自实施改革开放以来，社会的分层化的速度很快、程度很大、阶层之间的差别亦大，可以说，其进程为中国亘古所未有。这是中国社会变革、进步的重要表现。由于社会层化程度大，分层增加，而各个阶层之间的差距、隔阂、摩擦、矛盾，即总体上的不和谐成分也增加了。而且，由于个体的独立性的发展、私人性的增长，社会每个成员、家庭的每个成员以至父母、夫妻、兄弟、亲戚、朋友等，各种社会关系网中的每个分子之间，其从差距、矛盾到不和谐的状态，也较过去大为增长。这种状态，一方面表现了每个社会成员的成长，是社会具有生气和生机的表现，这种表现也是中国前所未有的，是中国进步的表现；而另一方面，也增加了社会内部的不和谐。

这种情况需要的就是调适文化，即一种能够调节、调解、整合各种矛盾以达到有条件的一致、统一、和谐的这种文化。这种文化对于不同阶层的人们有不同的要求，它体现在政策和制度层面上，也体现在社会公德方面，以及体现在精神诉求和心理素质上。比如对于官员、一切公务员，都要求他们具有平民心态，执政为民，有一颗为人民服务的心，具有社会公仆的德行，拒绝贪污腐败。这是一种文化心态，也是一种文化素养。对于富人，则要求其懂得"财富来自社会""财富意味着责任"，私有财富适度"回归社会""回报社会"（通过纳税、捐赠、慈善事业等渠道），使社会富裕、福利增长、安定进步，则人民生活安定、社会的购买力增加、消费水平提高，反过来"回馈""反哺"个人、企业、商家等。这是一种正确处理"义利之辨"的文化心态，一种懂得社会规律、不"为富不仁"的文化心理，也是一种文化状态。它们有利于社会的和谐。对于一般公民、一般社会成员，则要求他们不忌官妒富，对社会具有亲和感与责任感，所谓"位卑未敢忘忧国"，而且奉公守法，遵守社会法规、制度、公德，善与人相处。这也是一种文化心态与文化状态，它有利于社会的和谐。

所有这些对于不同阶层、不同社会角色的不同文化诉求，在总体上汇集为一种社会的、民族的文化状态，构成一种和谐文化，促进和谐社会的建立。而同时，在这种和谐社会的建立过程中，又会在集体的、社会的实践中，创造、发展着和谐文化。两者互动互促、辩证发展，使"构建社会主义和谐社会"与"建设和谐文化"两者毕其功于一役。

四

社会个体即每个社会成员的自身内心和谐，也就是每个人的自身和谐，是全社会和谐的基础。社会成员的绝大多数处于自身和谐的文化-心理状态，就能获得全社会的和谐。每个人内心的和谐，固然取决于他自身的境遇、生活状况和心理素质，但作为马克思所说的"社会关系的总和"的人，他的这一切，是受到社会境遇、社会地位、生活状况的决定性影响的。因此，每个人的内心和谐，既要求诸个人，又要求诸社会。

现代人一方面生活节奏快、工作压力大、竞争激烈、人际关系紧张，另一方面又存在不是减轻而是"火上浇油"式的内部情感、心理迫压，如亲情疏离、家庭生活中或者因公众交往剥夺、或者为彼此交流少而发生"现代家庭温馨淡薄、幸福感缩水"的症候，甚至有家庭破损与家庭危机存在；此外，还有缺乏安全感、亲近感、意义感的心理因素作祟。如此等等，不免造成现代人的"城市-现代"心理症候。据统计，全球有约一亿人口遭受心理疾患的折磨。这种个体内心的不平衡、不和谐，就会造成社会的不稳定、不和谐。这里就需要一种文化的消解与文化的补充。这就是社会生活与活动的合理安排，工作压力的相对减轻，人际关系、家庭关系的良好，"自我"与"他者"的关系的协调与整合，等等。这里涉及体制、制度、生活方式、人际关系、家庭生活等方面的文化内涵。

我们现在缺乏的正是这种个体、群体、公众之间的矛盾协调与关系调适的文化。由于对长时期以来"遏制个人、集体高于一切"的反弹，人们心理上，尤其青年人的心理上，重个人、轻群体，"个人第一"思想，容易造成个人的内心失调和与群体的纠葛、矛盾，造成不和谐。因此，构建社会主义和谐文化，需要提倡、发展、建设这种正确处理个体-群体关系的文化，以化解矛盾，消除不和谐。

五

为了构建上述四个方面的和谐文化，我们有几个方面的重要工作需要做。

一是坚决、切实地贯彻、执行、实施科学发展观，这是首要的、根本性、战略性任务。只有按照科学发展观的"以人为本"的思想，全面协调可持续地发展，才能保证人与自然的关系协调，同时保证人与社会、人与人之间的协调，并使个人身心舒适畅快，从而保持个体内心的和谐。目前，尤其值得注意的是要切实调整人与自然的关系，按照科学发展观的要求，加强环保意识，绝不以牺牲环境来求得经济发展。我们的母亲河黄河、长江，都遭到严重破坏，鄱阳湖、洞庭湖、太湖，也都遭污染。2007年出现的太湖污染事件及对太湖治理的紧急措施，是很现实的严重警告。除了污染，还有过多提取地下水，破坏生态平衡，造成部分物种灭绝，破坏山川、河流、森林、草地等戕害自然的行为，虽然或能取得一时一地的经济效益，但是，影响相邻地区、破坏大范围的自然，后续破坏与污染严重，其代价远远超出所得效益，得不偿失，莫此为甚。

二是缩小收入差距，这是建设和谐文化，保持人与社会、人与人的和谐的重要保证。社会收入不平衡，破除平均主义，实行按劳分配，承认阶层和个人间收入的合理差距，是市场经济条件下合理的、必需的存在。但是，这种差距一定要保持在合理的限度之内。我们现在的贫富差距、收入差距过大，容易引起社会矛盾，产生不稳定、不和谐因素。我们现在已经注意及此，并且采取了一些相应的措施，制定了政策。不过在实际生活中，这种差距的存在，其幅度之大，仍然在引起阶层间的不和谐。在建设和谐文化的过程中，一方面应缩小收入差距；另一方面，建立各阶层应具备的"合理阶层意识""阶层自觉意识"的文化心态，也是十分有必要的。

三是反对贪污腐败，这是建设和谐文化的重要方面、必备条件。贪污腐败所造成的社会不和谐是显而易见的。人们的愤恨，是不和谐的重要社会表现。贪污腐败所造成的不和谐是多方面的。表层的是，合理收入、劳动所得与巧取豪夺之间巨大的差距所造成的人们的不满和怨愤所造成的不和谐；但更深层的是，这种社会现象所引起的不良影响，对社会公德的破坏，对制度、社会秩序和人际关系的破坏，以及对人心的败坏。这所引起的连锁反应，造成的社会不和谐是多方面的、深刻的，是对社会肌体和民族素质的破坏。

四是关心弱势群体、扶助困难群体、关注高危群体，这是和谐文化建设中的重要一环。这几个特殊群体，是社会不和谐的重要因素。一方面是他们与全社会之间的不和谐，另一方面是他们自己内部的不和谐。"老弱病残"是每个社会都会有的，而在社会急剧转型、经济快速发展、文化从传统向现代转换的过程中，这种社会弱势群体的产生和增长，尤其显得突出。我国已经提前进入老龄化社会，而独生子女所构成的幼小群体，特别是危害青少年的犯罪活动增长，等等，都引起弱势群体的增加，使其成为社会必须关注的群体。弱势群体中的经济困难户、下岗职工贫困户及其他社会原因造成的困难家庭，组成了一个人数不少的困难群体。他们需要必要的经济帮助和其他生活关怀。解决这些问题，一方面固然需要必要的经济支援、经济投入；另一方面，也需要文化的关怀、文化的亲近，即需要一种爱的文化心态，一种从内心里关爱这些群体的文化。

所谓高危群体，是指潜在的犯罪人群。根据有关方面的调查，大案、要案的犯罪人，在地域上，多集中居住在城乡接合部，其文化程度一般在文盲到小学初中之间，这构成了一个高危人群及其相对集中地。对他们的关注，就是要防患于未然，要化解矛盾于事发前，要调解、协调、教育以至威慑。这里也需要一种文化心态，即对社会矛盾的了解、掌握和正确认识，正确处理社会矛盾的态度和政策精神，对高危人群也能够进行耐心教育，引导他们进步、使其转化的那种文化精神。

五是普遍的社会问责制的发展建设，这是普泛的和谐社会文化建设的重要手段与措施。所谓"问责制"，就是对于每个社会成员、每个社会组织所应负的具体责任的"是问"与"追问"、"责问"。首先是普遍的责任范围的确定与责任律令的制定，其次是责任制度的制定，最后是追究责任的制度之制定。有了这些，就可以在日常工作、生活、活动、交往中，实行这种问责制。"各行其事，各问其责"，大家都对社会负责、对组织负责、对团体负责、对他人负责、对自己负责，层层负责、层层问责，从而使人民生活于秩序良好、安全机制健全、状态稳定的社会空间，彼此和谐、社会和谐。

六是普遍的和谐文化宣传教育与和谐文化倡导。我们曾经长时期处于"以阶级斗争为纲"的社会生活指导和社会文化倡导中，斗争哲学曾经是中国人引以为傲的人生态度和社会行为准则。"和为贵"这个中国传统文化精神，已经被打入文化冷宫。因此，当构建社会主义和谐社会、建设和谐世界的号召和奋斗使命提出来时，我们还需要开展一种消除积存影响的宣传教育工作，需要一种文化倡导，即和谐文化精神、文化态度、文化心灵的培养。这绝非一朝一夕之事，也非一朝一夕之功可以奏效。这既需要实践的培养和锻炼，又需要理论上、理性上的宣传教育。从幼儿园到小学，从中学到大学，从学校到机关，从工厂到企业，从城市到乡村，从中心地区到边缘地区，都需要这种宣传教育和心灵养成。

七是在建设和谐文化的过程中，吸取我国传统文化中的有用资源，这是十分重要的工作。这不仅是饮水思源的需要，而且因为中华文化中，拥有较之其他民族更丰厚、更优秀、更具有民族特色与民族特长的文化资源。钱穆指出，西方文化的特点是"开物成务"，是外倾性文化；中国文化是"人文化成"，是内倾性文化；外倾文化"偏重在物质功利"，而"中国文化之内倾，主要在从理想上创造人，完成人，要使人生符合于理想，有意义、有价值、有道"。[1]一个是以人定胜天、战胜自然、征服自然，取得人间财富和福利生活为荣；一个则信奉天人合一，天、地、人和谐相处，相得益彰。在同自然的根本关系上，在对自然的哲学态度上，中华文化在基本精神和文化方向上，更为符合和谐文化精神，更为符合可持续发展的方向。"大同世界""和而不同""和为贵"，作为"和合文化"的中华文化，具有深厚的和谐精神、和谐理性与和谐理想。仁者襟怀、"己所不欲，勿施于人"、重义轻利等处理人际

---

① 钱穆：《中国文化丛谈》，台北，三民书局，1984，第116–122页。

关系的和谐文化观念，都是中华文化中可取可用的和谐文化资源。

社会-文化转型期的社区文明建设

社区文明建设和建设文明社区，是当前一件十分重要、十分有意义的工作。社区的功能和作用，随着经济的增长、社会的进步、文化的发展和福利水平的提高，越来越增长、强化并趋向多元化。一个先进的文明社区的建设发展，在政治、经济、文化几个方面，在社会稳定、人民安居乐业、传播文化、社会教育、提高生活质量及实现社会保障等领域，都会起到很好的作用，对于现代化事业的发展、中国特色社会主义的建设、社会主义精神文明的建设，都具有积极的意义。

这方面的工作，我们现在已经开展并且取得了成绩，如沈阳、上海等地各自创造了有益的经验，树立了一些先进典型。目前，在实际工作中，"社区"一词的概念，已经突破社会学"传统"的范围，不完全局限于学理的规定，然而，在工作进展中，又不乏学术-理论上的支撑。因此，不妨说这是实际工作推动了学术研究的发展。我们在实际工作中，对"社区"一词的使用，更侧重于它的具体的、中型的和小型的区域、地区范畴，而较少指涉北京、上海、沈阳这样囊括整个城市在内的大社区。本文即按这种实际使用状况的"习惯"，来探讨文明社区建设的几个有关问题。

一

我们现在正处于社会-文化的转型期。现代化事业的发展，市场经济的建立与发展，社会进步和文化提高，以及公众生活方式的改变和福利水平的提高，等等，都对社区生活的内涵与模式，产生了巨大而多方面的影响，引起了一系列的深刻变化。从大背景和直接的关系来看，主要有三个方面值得注意，可供研究和探讨。

第一，社会的结构性改变，引起了"社区"从形态到内容的巨大变化。中华人民共和国成立以来，在大一统的社会构造和计划经济体制的大背景下，社会构造"简化"为"由工人、农民、知识分子三大阶层组成"，在城市则主要是干部和工人。他们几乎全部"'生活'在'单位'的范畴之中"：收入和生活来源全部取自"单位"，一切生活资源和消费手段由"单位"提供甚至发放，大家聚居在"单位"的一个或多个宿舍里，形成同类人口集中居住的单一社区。一个社区，由几个或一个单位的宿舍区组成。有的国营大企业（如铁路、钢铁公司、大型工厂等），其社区之大、"一切包揽"之全，据说，除了不卖棺材，其他一切，一个职工，从老到死，不出宿舍区便悉数可取。一个职工子弟，在上大学和工作之前，可以"不出小区"满足一切需求。而一个城市的主干，也就主要由许多这样的"大宿舍区"所构成。这样的社区，特点主要是统一和单纯，因此也稳定、安全和好管理。但是，它们同时也就整齐划一、单调贫乏，缺乏社会生活的多样性、丰富性，缺乏不同人群的人际交往、思想–文化交流和信息与知识的交流，由此也抑制了社会–文化的发展。现在，这种"单位性"的整齐划一、单调贫乏、缺乏生机的社区，已经被"冲破"了，改变了，发展了；复杂化，也丰富了；"乱"了，也"活"了。许多人迁出了，另一些人迁入了，许多人从事各种不同的工作，在不同的单位，或者不属于单位，而有着许多不同的谋生渠道。他们不仅各自活动的范围不同，而且，越出了本市、本省、本地区以至本国。

第二，社会分工多样化、社会分层发展和众多不同的社会–利益群体的形成。现代社会各种职业形成，广泛的谋生渠道出现，新兴社会角色产生，处于各种经济收入、社会地位、文化层次的社会群体–阶层纷然杂陈。他们分别居住于众多的住宅小区，或者自然而然地按类聚居于特别小区（如别墅区、个体经营者区及其他性质的小区）。这样，就形成了众多不同于过去，而具有现代社会和市场经济体制特征的新型社区。

第三，公众收入的提高，福利水平的上升，消费水准的上浮，休闲时间的增加，以及市民文化水平的提高，这些社会、经济、文化条件的变化，给社区生活的内涵和方式带来了巨大而深刻的变化。因为，人们的生活内容多元化、复杂化、现代化、文化化了，丰富多彩的生活、消费、文化需要，对社区提出了多种多样的要求，大大改变了社区的面貌和生存方式。

这些巨大、广泛、深刻的社会变化，既给社区文明建设以迫切的需要，又为其提供了广泛的条件；既给这种建设以巨大的推动，又为其创造了"吸纳"的园地。

二

首先，这种社区和"在这种社会、经济、文化状况背景下的社区'生存'"，要求比过去更加复杂、多元化、多样化的，经济、文化水平也都高得多的服务；并且要求这种服务经常化、体系化、规范化、文化化。而它的意义是非常重要的。在服务方面，不仅平常的劳动、工作，特别是生活方面的服务，是比之过去要求更高、标准更高的，而且，人们比过去成倍增长的休闲时间，更加需要这种有效的服务。比如，更加常见而可靠的保安，更加方便、多样、有效的涵盖生活、娱乐、文化用品的"社区内购物"，更加丰富多彩、设备齐全的文化、体育、健身活动条件，等等。这些服务项目的设立和服务设备的置备，以及服务工作的到位与效率的提高，都是社区文明建设的重要方面、重要内涵。而这些任务的实现和它的工作成效的取得，都会提高居民的整体生活质量，由此也提高了居民的整体素质。其总体的、"扩大的"社会效果，就会是全社会的生活质量的提高、国民素质的提高，以及社会的稳定、进步和发展。这是社区文明建设的十分有益和意义重大、久远的功能与作用。它绝不仅仅是一般的"搞好服务""做好小区工作"之类的事情。

其次，这种各类工作人员、各行各业的从业者、各个地区的人及各个年龄段的人混合居住在一起，缺乏过去"单位宿舍"那种集中统一的领导和服务，也缺乏过去的职业——人员——文化的单一性，因此，需要加强彼此之间和社区整体的认同感、归属感及区域性次文化的趋同。这就不仅要求我们在建设文明社区的过程中做好一般的生活服务、文化娱乐、体育健身等"浅层次"的工作——这也是十分必要的，现在这方面的工作还有待提高，而且，进一步要求我们做好宣传教育工作，做好团结工作和多种多样的交际、交流工作。其中，做好社区内的各类人员、各种性质的文化活动，搞好多种多样的互助组织与活动，是很重要的方面。这样，我们传统的宣教工作、思想政治工作，也都可以贯彻于其中了。在这方面，社区文明建设和建设文明社区，都具有深刻的意义。

第三，德国学者腾尼斯称社区为"结合社会"，这一称谓很好地表达了社区的性质：各种人群、各类从业人员外在和内在地"结合在一起"。这种结合，有外在的、表面的、强制性的、行政性的，更有内在的、深层的、亲缘性的、情感-理性性的。不仅前一种"结合"是"自然"存在又需要主动去抓的；而且，尤其后者，虽然有一定程度的"自然存在"，但更加需要主动地、有计划地去做工作。这种工作的一般意义，是加强家庭、邻里、各类人员和不同职业之间的关系，加强亲缘、同一单位、相同职业之间的社区的、文化的纽带，在共同制定的行为准则、处事规范、各类制度与守则的基础上，形成"社区同类意识"，甚至形成大家自然遵守的社区风习。这样，一个"社区"就会日久天长、习惯成自然地形成美国社会学家帕森斯所说的"'行动者'的一个集体"。他们具有同类的、统一的习惯、风气、作风、行为规范、各类守则等。这种社区就会成为一个稳定的、文明的"社会基础"，并发挥其重要作用于整个社会。而且，这样的"社区"，更会成为时代的、社会的新的文化生长点。社区本来就是社会整体文化的"单元"，是文化多元性的表现，因此，社区被称为"文化多样性发展的'基因'库"。在这方面，社区文明建设的重大意义与作用充分而深沉地显示出来了。而我们前面略为列举的一些工作，正是向着这个方向努力的。

三

依据上述状况，我们可以看到，社会-文化转型期的社区文明建设和建设社区文明，具有两个方面的重要内涵和特点。一是这种建设，既包含前沿的、前庭的、外在的、表层的、事务的和行政的内容与形态，又包含后园的、后院的、内在的、深层的、思想的和文化的内容与形态。前者比后者更直接、更贴近、更"亲民"，是首要而迫切的。后者比较间接、比较"疏离""远民"，但它更重要、更深沉、作用更巨大和久远，意义更多元和广泛。目前，前者被注意得较多、取得的成绩较好，而后者则被注意得不够，被重视得不够，被认识得不够。二是在整

体上，这种建设，构成特定社会区域中的一种文化生态环境。它既拥有本社区特定的、相对独立的文化系统，又包含本社区文化环境与外界文化进行沟通、交流的边缘文化系统与环境。这种"本社区文化环境–系统"与"边缘文化环境–系统"的广泛交叉、沟通、交流，便会逐步形成区域性文化环境–系统，以至更扩大其范围，构成全社会性的文化环境–系统。社区文明建设和建设文明社区的工作，因此就和整个时代–民族的文化发展建设联系起来，发挥它的作用，彰显它的意义。

　　总之，社会–文化的转型，给社区文明建设提供了巨大深厚的社会文化背景和优厚条件；而社区文明建设又给社会–文化转型以动力、"基因"、基点和具体的实践与实际的充实。这也就是社区文明建设在现代化进程中，在建设中国特色社会主义的事业中的重要意义与价值。

加快文化建设步伐，全面实现文化惠民[*]

　　今天，我们庆祝党的90周年诞辰，自然地想起我们现在面临的文化大发展的任务。中国共产党是马克思主义与中国革命实践结合的产物，也是马克思主义与中国文化结合的产物。自从中国共产党建立以来，中国文化就进入一个新的伟大发展的时期。现在，21世纪的第二个十年之际，这种文化发展与建设的任务，尤其显得重要和迫切。

　　现在，文化已经从经济、社会发展的跟跑角色，生长成为领跑力量，而且是主要的、核心的力量。这是由人类社会和文化发展目前所达到的水平和品质决定的。

　　有以下几个方面的原因，决定了这种文化的力量和功能。

　　第一，在知识经济时代，经济越来越依靠文化的养育，来发展壮大自己。现在的经济竞争，说到底就是文化软实力的竞争。谁的国家文化

---

[*]　本文系作者在2011年沈阳市文化惠民活动座谈会上的发言摘要。

软实力强大且水平高，谁就能在竞争中取得胜利。

第二，现在正是人类文化大发展和大文化发展的时代。文化，包括科技文化、人文文化、制度文化、技术文化、精神文化、道德文化，等等，现在在全面地、成体系地、加速度地发展。文化的作用空间大、效率高、频率高、效应广大而深邃。

第三，人类文化的传播、习得和继承、储存，正在经历第四次革命。第一次革命是有了语言，第二次革命是创造了文字，第三次革命是发明了印刷术，第四次革命就是现在的电脑的普及和网络文化的发展。这个势头，现在还很强劲，看不到衰微的苗头，也就是说，这第四次革命还在继续。

第五，四大科学部类在共同发展，这也就是大科学的发展。这四大科学部类是自然科学、技术科学、人文科学和社会科学。这种大科学的发展，给了经济、社会的发展以强大的、持续的、再生性的力量。

我们还可以继续列举更多的原因和理由，但是，仅举上面所说的五个方面，就足以证明文化的大发展和文化的强大力量。这力量是智慧，是能力，是创造力，是推动经济、社会发展的强大动力。这些，就足以证明文化是经济、社会发展的领跑力量了。

对于我们来说，更有一层民族的深刻的含义。我们现在进行的建设中国特色社会主义、实现现代化和实现中华民族的伟大复兴，这样"三位一体"的伟大目标和理想，其题中应有之义就是文化从传统向现代的转换，其中，发展大众文化，实现文化的大发展、大繁荣，提高国家的软实力，是迫切的、任重道远的党的重大方针政策和实际任务。这使我们更加需要发挥文化的内在力量，来贯彻执行党所赋予的任务。而文化的领跑力量的意义和作用，因此就显得更为重大和突出了。

由此可见加快文化发展步伐的巨大意义和社会价值，也可见以文化惠民的作用和意义。这些，在整体上，成为我们执行党的文化方针政策的具体要求和实际行动。要加快文化发展的步伐，达到实现党提出的使文化大发展和大繁荣的战略目标，需要党的领导机关的坚强领导、文化领导和管理机构的适时、有力的指导，还需要全体文化工作者不懈努力并发挥自身的智慧和能量。

在加快文化发展步伐的同时，积极开展文化惠民活动，既能借助文化发展的动力，又能运用先进文化的力量为之服务，同时，文化惠民又能反作用于文化的大发展、大繁荣。

沈阳市的文化惠民活动，已经进行了相当长的时间，并且已经取得巨大的成绩，这对于提高沈阳市民的文艺欣赏水平和审美素质，提高他们的政治觉悟和社会参与责任感，对于提高他们的团结与人际关系的和谐，以至直接或间接地推动、帮助沈阳市的经济、社会发展，都起到了很好的作用，而且，这种作用具有长久的、深邃的效应。

必须看到，文化惠民不单单发挥了文化在经济、社会发展方面的领跑作用，同时还提高了群众的现代公民素质，提高了他们的公共道德水平和基本道德素质，提高了他们的审美素质和艺术欣赏水平。这一点，就是我们的民族伟大复兴的内涵。通过这种文化的传播、教化和灌输，能够提高广大群众的整体素质，其中包括政治素质、科学素质、思想–文化素质和道德素质。而高素质的、为文化所装备起来的广大群众的数量的扩大，就是人才辈出，就是创新能力提高，就是生产力发展，就是科技革命，就是经济、社会的大发展。

因此，我们不仅可以庆贺此前一个时期的文化惠民活动所取得的成绩，还应该继续实施这项文化工程，并且加快文化发展的步伐，使文化惠民活动更迅速地发展，进一步地扩大范围，更深入地增进普及面、增加受惠的群众。这从根本上说，就是用先进文化来装备群众，提高他们各方面的素质，提高他们的智慧和能力，增强他们的创新力，由此来加快经济、社会的发展。

现在需要的是进一步推动这一文化运作的发展，加快它的发展速度、扩大它活动和影响的空间。相信在市委的领导下，在大家共同的努力下，尤其是文化工作者的倾力工作下，一定会取得新的进展、新的成就，达到新的高度。

文化惠民活动就是加快文化发展的一个组成部分，一个实施步骤，一个展开的空间。

论草原文化枯荣兴替之轨迹*

——历史的辉煌与隐退、未来的发展与繁荣

草原民族，拥有多种称谓：骑马民族、骑射民族、游牧民族。我们不妨将之综合起来称为：草原-骑马-骑射-游牧民族。这种不符合规范的称谓，倒是比较全面地标示了这个民族的几乎所有的主要特征。

这个民族，在中国漫长的历史发展中，曾经得天下，从偏居边疆，到入主中原，拥有半壁江山，如魏晋南北朝之北魏、西夏王朝；与宋并存之辽、金；以至掌握全国政权，如元与清。但它们最后都以与汉文化的消融汇合为结局；或者民族本身消失于历史长河中，或者政权消亡而民族文化边缘化。

这里蕴含着怎样的历史与文化的含义？对我们今天的草原民族地区的现代化进程，又有什么样的启示呢？

一

"马上得天下，不能马上治之"，这是中国的古训，也是历史规律的总结。

在这个历史的总结中，"马上"既有具体的含义，又有历史-文化的象征意义，给我们以重要的启示，具有现实的意义。

对这一"历史的宏大叙事"，我们可以有两个方面的"现实-现代诠释"：一是深刻认识文化对于国家民族的生死攸关的意义；二是今天，在民族地区的经济社会发展理念与发展战略上，如何慎重与正确地选择？为什么这么说呢？何以能够这么说呢？

---

* 原载《文化学刊》2010年第2期。

首先，做一点"天下"的辨义。天下者何谓？天下，与国家是有区别的。

顾亭林所谓"亡国"与"亡天下"的区别："有亡国，有亡天下，亡国与亡天下奚辨？曰：易姓改号，谓之亡国；仁义充塞，而至于率兽食人，人将相食，谓之亡天下。"

其本质的不同就是，国家是"政权属于谁家"的问题；而天下则本质上涉及人心如何、人的文化心理结构如何、人的素质如何，人心亡则天下亡，人心兴则天下兴。这就是所谓"天下兴亡，匹夫有责"。而所谓人心，就是人的文化装备、文化素质，人的核心价值观，人的精神面貌、精神气质。

二

草原是游牧民族生存的依托，它决定民族生产、生活的一切方面，决定民族文化与民族性格的一切方面。

马克思与普列汉诺夫关于地理环境的决定作用有如下论述。

马克思环境理论的主要论点包括：① 地理环境的属性决定生产力的性质、发展速度并对社会制度产生影响；② 自然环境转化为劳动资料与劳动对象，环境的差别是分工的基础；③ 地理环境是"可变的量"。总之，马克思认为，人与地理环境的相关点是生产、劳动。

普列汉诺夫对马克思主义环境理论的贡献在于：① 提出地理环境的作用随生产力的增长和性质变化而变化的原理；② 社会与地理环境互相作用的基础是生产力；③ 正是发展着的生产力制约着地理环境诸属性对社会影响的可能性、范围、性质、水平与形式，并通过生产力、社会关系等环节间接地影响社会意识。普列汉诺夫强调了人与环境的相关点是生产力与生产关系。

依据这些理论要点，可以对草原民族的生产、生活、思想意识、文化心理结构做一些概略的分析：牧马草原、养牛放羊，饮食牛羊奶、肉，穿着羊皮羊毛、牛皮马革；——以草原和草为劳动资料与劳动对象，而不是土地；以马、牛、羊为生产资料与生产工具。生活方式是居无定所，驾嘞嘞车、携帐篷逐水草流徙，家室随牛羊迁播。生活环境是蓝天渺渺，绿原无际，草阔天空；马奔如疾风，苍鹰翱长空。这些反映在生产上是落后的狩猎-游牧经济，反映在生活上是游牧、粗放，反映在制度上是军事组织式部落或旗，反映在文化心理-性格上则是粗犷、雄健、刚毅却缺乏细腻、精致、温厚。

草原民族的优势与劣势均存于此。

三

草原民族曾经凭挽弓控弦之士、疾马利兵之力，战胜汉族，拥有广阔地域以至半壁江山，甚或建立全国政权，如北魏、西夏、辽、金，以及元朝与清朝。

"不知从什么时候起，匈奴人就进入了内蒙；到秦汉时期或者更早，它就以一个强劲的民族出现于历史。以后，鲜卑人、突厥人、回纥人，更后，契丹人、女真人，最后，蒙古人，这些游牧民族一个跟着一个进入这个地区，走上历史舞台，又一个跟着一个从这个地区消逝，退出历史舞台。这些相继或同时出现于内蒙地区的游牧民族，他们像鹰一样从历史上掠过，绝大多数飞得无影无踪，留下来的只是一些历史遗迹或遗物，零落于荒烟蔓草之间，诉说他们过去的繁荣。有些连历史的遗迹也没有发现，仅仅在历史文献上保留一些简单的记录。但是这些游牧民族在过去都曾经在内蒙地区或者在更广大的世界演出过有声有色的历史剧；有些游牧民族，如13世纪的蒙古人，曾从这里发出了震动世界的号令。"[1]

在历史发展的早期，生产力发展水平还比较低下，经济发展程度还没有达到较高层次，科学技术也还处于不发达的状态。在这个历史时期，人们受制于自然条件的程度还比较大。气候，在一个比较长的历史时期，曾经充当着影响历史进程的重要角色。

中国历史上，草原民族几度南下，建立政权，都与自然的大气候的变化有关。草原民族因为气候不良和不利，水草不丰盈繁茂，而离开草原征战南方农业先进地区。

中国近5000年的气候史上，先后出现过4个寒冷期、低温期，即公元前1000年、公元400年、公元1200年、公元1700年。此等时期，等

---

[1] 翦伯赞：《内蒙访古》，《人民日报》1961年12月13日。

温线向南移200~300千米，也就是从长城一线，推到黄河以北，其趋势是从东向西发展。

又，公元4—6世纪、11—13世纪，均为亚洲干燥期。这正与中国北方草原民族南下与西迁相吻合：公元前1000年至前500年——西周后期与春秋时代；公元400年前后——"五胡乱华"时期；公元1200年左右——西夏、后金与元政权相继建立；公元1644年——清入关。

从公元907年到公元1206年的300年间，汉族与诸少数民族（即北方草原民族）大争战、大撞击、大抗衡，也进行着大融合。这几个不同性质的交往与交流、接触与对抗，成为一个民族的与文化的交融汇合的整体。从年鉴学派的整体历史观与综合历史观，以及长时段历史观来看，这是一个不息的历史长河的奔涌流泻，波涛汹涌，惊涛骇浪，席卷中华大地。这确实是世界历史画卷中，蔚为壮观的民族与文化的图景。

其总体趋向和取向是这样的：鲜卑、契丹、党项、女真诸草原民族在军事上有时强于汉族，不仅时常侵犯汉族地区，冲击汉族政权，而且，不时地居于上风，攻城略地，掳掠汉民，擒帝受贡。不过，总是以黄河为界，也是以黄河为障碍（对草原民族来说）或屏障（对汉族来说）。这说明骑马民族–骑射民族离开草原广阔的原野，来到水网密布、丘陵起伏或崇山峻岭的河（黄河）南与江（长江）南，他们就失去了优势，他们的勇武就发挥不出来了，挽弓控弦的骑射军事集团，在水网中，在丘陵地，在山岳峻岭中，不说是一筹莫展，却真正是苦无用武之地。年年骑射军，不得渡江河。

更有甚者，则是在经济制度上落后于汉族，与此相联系的则又有文化上的落后。这是一而二、二而一的事情：经济是表现为经济的"文化"，文化是表现为文化的"经济"。这是同一个事物的两个方面，就像一枚硬币的两面一样。

因此，草原民族总体上可以说在文化方面落后于汉族。落后者不甘心落后，他要撵上先进，要过得更好，要达到更高的文明程度。这是进步的表现，是民族上升的表现。为此，他们招募甚至抢掠汉族移民，掳掠汉族的农民与匠人，为他们种田、生产工具和器物，当然也派人向汉族学习。他们与汉族通婚，在生活上也学习汉族的习俗与生活方式。在统治阶层和贵族群体中，则更研习汉字、汉文，钻研汉文古籍文献；以能掌握汉文、汉籍，能执汉人礼仪为荣、为上、为贵。

在这个历史时期，鲜卑、契丹、党项和女真等草原民族，在互相抗衡、对峙，争战杀伐，既要保存发展自己，又欲战胜乃至消灭对方的激烈残酷的持续争夺战中，为了生存和取胜，不得不在形势逼迫下，"想尽办法改进自己的军事、政治、经济结构和运行方式，而首先需要的就是指导改进这些制度的思想。于是，他们都从自来占据先进地位的汉族文化中去寻找营养。诸如模仿唐宋的政制，吸取和传播儒家学说，从而促进了一次新的民族大同化、大融合，尤其是战争所带来的迁徙、形成的杂居、互相通婚，更加速了这种发展"①。

契丹、党项、女真所建立的王朝，在政治制度上，都采用汉族的官制；在经济上，除了地理环境的使然，以及为了习惯于和欲保持民族传统，更重要的是为了军事上的需要，而延续着狩猎-游牧经济外，更大力吸取汉族农业经济的优势。特别是认真而用功地研习汉族丰富、博大、精深的文化。契丹得燕云十六州之后，在幽州建燕京，仿唐朝官制，特别是大量起用具有更高文化程度的汉人为官，担任宰相、尚书、节度使等高官和实权官。辽朝的道宗耶律洪基笃好汉文学，在他的率领下，汉文、汉诗风行朝野。他还采用了汉族的科举选士制度。契丹官员留在东北故地旧乡的依旧保留"胡服骑射"的传统，进入燕云地区的，包括皇帝在内，一律着汉族衣冠。金朝灭宋后，把宋朝的车辖、冠服、礼器、法器、乐器、祭器、仪仗、图书文物，统统运到北方，取之、用之、传之、习之，大胆、广泛、深入地学习汉文化。为什么要这样做？因为民族要进步，要提高文明程度，提高本民族的素质，要过更文明的生活。"西夏仿照宋朝制度制定官制，设立汉学，尊孔子为圣人，提倡儒学。契丹与女真民族都广泛与汉族通婚。辽朝的义宗、世宗、圣宗等帝，都娶汉族女子为后、妃，并有好几位辽朝公主与汉人为婚。金朝的熙宗、世宗、章宗、宣宗皆娶汉族女子为妃、嫔。通过上述多种方式，到宋、辽、金时期结束以后，契丹族名已不再见于史籍，主要被同化于汉族之中。金朝就称辽朝人（包括契丹人）为'汉人'，称宋朝人为'南人'。后来元朝又以金朝人（包括女真人）为'汉人'，以宋朝人为'南人'。……女真族除一部分被同化于汉族外，还有一部分得到发展，演变为后来的满族。党项族除一部分被同化于吐蕃、蒙古族外，主要被

---

① 王钟翰主编《中国民族史》，武汉大学出版社，2012，第25页。

同化于汉族之中。"①

四

    史实透露了一种"历史-文化的玄机"：思想-文化从社会生活的深层"走出来"，发挥它不以人的意志为转移的，看得见和看不见——特别是看不见——的悠久深邃的作用。

    这里，就存在一个严峻而启人思索的历史与文化的悖论：作为战胜者、统治者的草原民族，在掌握一个地区以至半壁江山的时候，甚至在掌握了全国政权的历史时期，掌握了一切的物质与精神资源，但是，却不得不借助被统制、被压迫但文化先进的汉族的文化力量与文明的政治礼乐制度、生活方式，向他们学习，与他们交流、沟通、通婚。这一切是为了自身的更强大，为了统治更巩固，为了更进步、更文明；但是，逆向进程也同时、同步在发生：它使统治民族削弱自身、消亡自身，向被统治的民族看齐、低首，精神上称臣。

    作为统治民族而又文化落后于被统治民族的草原民族，并不是没有防范意识，也并不是毫无民族警惕性，或者缺乏保持民族根基的意识，他们在不得不或者说被迫学习和取用汉族的礼仪制度、文化习俗时，在与汉人通婚时，还是有意识地注意保护和防守的。比如在政治制度上，他们富有政治智慧地采取了"一朝两制"的体制。如辽朝，为了分别管理、统治游牧和农业两种不同的经济体制，采取"因俗而治"的政策，独创性地采用"南面宫"和"北面宫"两套官制体系，"以国制治契丹，以汉制待汉人"。辽朝把适应游牧经济、行使于草原地区的"四时捺钵"的政治制度也施行于农业地区、汉人区域，既保留民族政治传统、政治制度，又以特殊方式实施统治于汉族地区。

    此外，还有著名的"胡汉分治"。陈寅恪将其解释为："胡人与胡人之分为一小分别，则胡人与汉人之分为一大分别。""胡与汉、部落与编户为两个不同的系统，二系统分开治理。一般说，胡族部落系统用于打仗，汉族编户系统用于耕织。这叫胡汉分治。"但其发展历程却是胡汉分治→习汉文→防汉化→逐渐汉化；文化、政治制度、社会组织、经济

① 王钟翰主编《中国民族史》，武汉大学出版社，2012，第25—26页。

生活，逐渐由"习"到"化"，最终还是"汉官威仪"战胜了"胡服骑射"！

这就是文化上的落后于汉族，使统治者——草原民族，不得不"倒"在了先进文化的门前，学习、接受、获得先进汉文化，将自己的民族与文化融进去，才得以进入更文明的社会与历史，一面以自己的独特文化融进先进的汉文化，贡献于汉文化的丰富与发展；一面则消融了自身，连民族与文化在一起。

北齐神武帝曾经对鲜卑族人说："汉人是汝奴：夫为汝耕，妇为汝织；输汝粟帛，令汝温饱。"[1]可见汉人在鲜卑族的统治下地位是低下的，是为奴。神武帝又对汉人说："鲜卑是汝客：得汝一斛粟、一匹绢，为汝击贼，令汝安宁。汝何为疾之？"[2]这说明汉人作为奴，受鲜卑的庇护。神武帝要汉人安心为奴。

但是，最后的历史结局却是"奴"胜而"主"败。什么原因呢？在文化的较量上，奴胜主败。"当时的龙争虎斗如此，后来却如何终于同化了呢？这个可说：全是由于民族文化的优劣。文化便是生活，生活劣者总不得不改而从优。"[3]

北魏（公元534年分裂为东魏与西魏）——拓跋魏，从公元386年到公元557年，计在北方地区统治171年。在这171年间，鲜卑族由利用、被迫接受和主动接受汉文化，到被汉文化所同化至自身消亡，经历了利用——借取——警惕——抵制——抗拒——接受的复杂、曲折、漫长的过程。这里进行着广泛、深入、复杂、充满意趣甚至充满血泪的历史演变与撕拼打杀、浑融汇合的过程。其中的主角、主要内涵和主要事件，特别是深层次的内蕴，就是文化，是文化在渗透、侵袭、浸润与濡化。文化默默地又深邃地发挥它的外显的与潜存的伟力，使千百万的人潜移默化、水滴石穿、时新日易地演化和异化了。

这里，历史显示了一个颠扑不破的严酷的规律：

其一，文化具有伟大的、深沉的、无坚不摧的力量，它对于国家、民族，具有生死攸关的意义。

其二，无论多么强大的力量，无论掌握了多少物质资源，即使掌握

---

① 吕思勉：《中国民族史两种》，上海古籍出版社，2008，第310页。

② 同上。

③ 同上书，第311页。

着统治的极权，如果文化落后，最终仍将失败以至消亡。

其三，历史的吊诡是，这种文化的力量，总是隐在的、悠长的，要在相当长的历史时期中才逐渐显现出来；因此，在比较短的历史时期内，以短视的眼光看来，它并不重要，它是陪衬，不必重视。——人们往往吃亏在这一点上。

五

在综合历史观、整体历史观与长时段历史观的观察下，这里显示的历史-文化的发展的规律是这样一种大体路径：草原民族-统治民族居高临下地借取、截取、吸取、接受汉文化→接受中带着防范、抵御、抗拒、不得不为→两者并存，各为主副→逐渐平分秋色→耳濡目染、潜移默化、日益濡化→喧宾夺主、反奴为主——汉文化居上，草原民族的文化消融或被边缘化。

由此，可得出结论：草原民族辉煌是由于地理环境和气候的有利，由于民族性格的强悍与勇毅，由于挽弓控弦之士的有力，"横扫千军无敌"，还由于民族精神的奋发和昂扬，以及对方——汉族统治虽然生产发达、经济繁荣、文化先进，但统治阶级腐败堕落，社会耽于安乐、生活奢靡、风气不振；尔后的沉沦与隐退则是由于自身的蜕化，又学习汉文化，逐渐为汉文化所同化，将本民族融合进了先进民族的躯体。

但是，这种民族的大融合，并不是一方完全"吃"掉了另一方，也不是一方独存而另一方完全消亡。

历史的实际是汉族吸收了许多草原民族或其他民族的文化营养，丰富、发展了自己；而草原民族也将自身的文化因子、文化资源输送给了主体民族，贡献于全民族——中华民族、中华文化，而使自身获得永存。比如，"五胡十六国"时期的北燕国开创者之一的冯素弗，就是鲜卑化的汉人；对战争和生活起了巨大作用的马镫，是建立前燕、后燕等政权的慕容部落发明的。比如"胡服骑射"取代了汉族的"峨冠博带"、宽袍大袖。又如满族旗袍美化了汉族妇女，以至现在把美丽装扮到全世界的女性；满族小吃"萨其马"也成为全民喜爱的食品。甚至于，现在汉民族的身体里，同样流淌着草原民族的，比如突厥、鲜卑、满族、蒙古族的血液。——如："晋明帝之母为燕代人，燕代正当拓跋部人之地。明帝须黄，状类外氏。其母极有可能是鲜卑人。"①帝王之系尚且如此，何况平民？现在通行的汉语语汇中，留着许多鲜卑语、蒙古语、满语的词汇。

<h1 style="text-align:center">六</h1>

历史不会重复。历史进入现代。现代多民族国家，则是保持和鼓励文化的多样性、多元性和丰富性。

在现代化进程中，如何既要发展生产力，实现工业化、城市化，建立商品经济体制，提高经济、社会的发展水平和现代化水平，提高民族的文化水准和文明程度，又要保护草原，保持草原民族的特征，包括文化优势、文化特性，给中华文化增加丰富性和活力，实现保护与发展双赢的崇高目的？

历史的庄严提示是：地理环境、草原、气候，都会积极而有力地参与人类的历史活动与历史发展、社会进步；人们，应该珍爱-保护环境、珍爱-保护草原、珍爱-保护气候。

草原民族要十分珍爱草原。"呼伦贝尔不仅现在是内蒙的一个最好的牧区，自古以来就是一个最好的草原。这个草原一直是游牧民族的历史摇篮。出现在中国历史上的大多数游牧民族：鲜卑人、契丹人、女真人、蒙古人都是在这个摇篮里长大的，又都在这里度过了他们历史上的青春时代……"②

最重要和关键所在，是建立新的发展理念，改变经济增长方式。这是十分迫切的。

我们不能不发展；我们要实现现代化；我们要开发地下资源。这样就会破坏草原，破坏气候，破坏民族文化。那就要在保护的前提下开发，发展的同时实行保护，让发展与保护实现"双赢"。

在经济发展的同时，注意社会进步，注意文化发展。文化是明天的经济，文化是经济的养育系统。文化在今天已经成为经济、社会发展的领跑力量，不再是一个跟跑的角色了。

---

① 万绳楠整理《陈寅恪魏晋南北朝史讲演录》，贵州人民出版社，2007，第86页。

② 翦伯赞：《内蒙访古》，《人民日报》1961年12月13日。

在多民族国家里，要保持自己民族文化的传统，并使它实行创造性的现代化转换。具体到大中华文化中，要既统一于总体文化，又具有民族特色和独特的贡献。

坚持和贯彻科学发展观具有伟大的战略意义和长久的历史价值。科学发展观要求"全面协调可持续发展"，其中包括文化领域里的全面、协调与可持续发展，具体又包括思想、语言、文字、文学、艺术（包括戏剧、音乐、美术等）的发展。

所有这些方面，是呼伦贝尔草原上活跃着的诸民族，包括蒙古族、鄂温克族、鄂伦春族等都需要和应该得到发展的；而他们的发展，会贡献于多民族国家的全体，会使中华文化更丰富、更繁荣、更具有魅力。

论辽海文化*

《中国地域文化通览·辽宁卷》展现了辽宁省从远古至近代文化发展的大致路径及其规律，也展现了它的特色和亮点。我们在编撰过程中，不仅汇集了已有的资料和研究成果，而且在前人贡献的基础上，进行了总结性和部分开辟性的工作。怀着文化的情怀，检点本省历史文化遗存，探讨其发展规律，剔除历史长河的泡沫而透视深流与潜流，挖掘其深层意蕴与历史价值，我们有两点深刻的感受。一是我们对辽宁文化产生了新的认识，感受到它悠久的历史和厚重的积淀。二是看到了辽宁多民族融合的文化底蕴、地域特色及其闪光点。在总体上，它既是中华文化的有机组成部分，又是具有独特优势、特点与亮点的地域文化。它与中原文化血脉相连、融合成长，又汲取诸多少数民族文化而形成特色文化。这种特色文化，在其形成的绵长历史中，充满了汉族与少数民族

---

* 本文是作者为《中国地域文化通览·辽宁卷》（中华书局，2013）所写的"绪论"，原载《文化学刊》2013年第3期。

之间通过冲突、交流而达到融合的复杂而绚丽的文化场景，最终成型定格，作为文化积淀与传统，流传至今。这种文化积淀与传统，潜存于现代辽宁文化的肌体血脉之中，成为今日辽宁的宝藏与资源，装备辽宁人的文化-心理结构，成为辽宁经济、社会发展的底气、支撑和领跑力量。

省察历史，审视当今，展望未来，我们深深感受到文化的潜在伟力、文化的巨大悠久作用和文化对于人与社会的深层意义。

我们在《中国地域文化通览·辽宁卷》中，将沿着历史行进的线索，概述那悠久、曲折而繁复的往昔文化史迹，也拣其要者而展现辽宁文化的特色与亮点。前者是上编的内容，后者则在下编展现。

1. 辽宁地理、人文环境与建置沿革

辽宁位于东北广袤地区的南端，扼关内外交通之要冲，连接燕赵、齐鲁之通道，乃东北与中原间关要襟喉之地，为历代屯兵驻节之所、兵家扼守攻占之地、四方人众往来经略之处。它是祖国重要的文化策源地之一，在历史进程中，发展成为东北与中原文化交流汇合的必经通道与桥梁，举足轻重之文化场，也成为东北地区政治、经济、文化中心。它位于欧亚大陆东端，是中国与朝鲜政治、经济、文化交往的必经之地，也是整个东北地区面临太平洋的出海口，地理位置十分重要。

辽宁地处东经118°50′~125°47′、北纬38°43′（陆地）~43°29′之间，面向太平洋、背靠亚欧大陆，东北、西北和西南分别与吉林省、内蒙古自治区和河北省相邻，南濒黄海、渤海，与山东半岛隔海相望，东南沿鸭绿江与朝鲜半岛接壤。全省东西最长距离为584.5千米，南北最长距离为529.4千米，面积145740平方千米，约占全国土地面积的1.5%。

辽宁现代地理环境，是在最后一次冰期结束后基本形成的，其时，气候环境与生物活动已与现代相近，大体接近冀鲁地区而气温更寒冷。到距今8000年前，气候的变动、动植物的演替、河湖的变迁都逐步稳定，辽河流域的先民乃步入新石器时代。在辽河平原、辽西、辽北、辽东等地，均出现了今天考古发现其遗址的水草与耕地共存、牧业与原始农业和渔猎业并举的初民聚落，奠定了向古代文明前进的基础。从此，辽宁地区人民便在此种天候、地理、人际条件下发展，决定了自身的生

产、生活特点，并由外及内、由生理及于心理，形成了具有鲜明特色与独特风格的文化形态与辽宁人的精神气质。

全省地貌结构大体为"六山一水三分田"，可划分为辽东山地丘陵、辽西山地丘陵和辽河平原三大部分。晚中生代燕山运动造成本区地貌的基本轮廓。其东北部中低山区，属长白支脉吉林哈达岭和龙岗山脉的延续部分；辽东半岛丘陵区，以千山山脉为骨干，构成半岛的脊梁；辽西丘陵山区属浅至中等切割山地丘陵，是内蒙古高原与辽河平原过渡地带。辽河平原位于渤海洼陷的北部，属长期沉降区，疏松堆积物厚达2000余米，目前仍在沉降中；北部为辽北平原区，南部为辽河下游三角洲和冲积平原，河曲丰富，形成大面积沼泽地。

辽宁境内的地层、构造岩浆活动和变质作用等地质特征有利于成矿，因此矿产资源十分丰富。至1985年，辽宁矿产列入矿产储量平衡表的有65种，产地400多处，其中铁、石油、煤、菱镁、滑石、硼、金刚石、溶剂灰岩、玉石和钼等矿产，在全国居重要地位。

辽宁海岸线从鸭绿江口到山海关东，全长2100多千米。省内河流分布众多，水系河网密布，水利资源丰富。主要水系有辽河、大辽河、鸭绿江、大凌河及黄海、渤海沿海诸河。辽河（古称"大辽水"）发源于燕山山脉北麓和大兴安岭南行余脉的夹角地带，其上源为老哈河及西拉木伦河，汇流后称"西辽河"，流经河北、内蒙古、吉林三省（区），在辽宁昌图县境内与发源于辽源市萨哈岭山的"东辽河"汇合，进入辽宁境内，始称"辽河"。辽河干流长1394千米，在辽宁省内523千米；辽河流域总面积为20.16万平方千米，其中在辽宁境内的流域为6.9万平方千米。鸭绿江全长795千米。

据2003年统计，辽宁总人口为4162万。人口城镇化水平居全国之首。

辽宁属大陆季风气候，具有中纬度西风带天气特征，四季分明，冬冷夏暖，雨热同季，日照丰富，寒冷期长，春秋季短，东干西湿，平原风大。

辽宁文化在这片广阔土地上，在这种地理环境中，历经从几十万年前的史前文化发展阶段，直至从远古至近代的长时段历史时期的发展。在距今四五十万年前，辽宁就出现了远古人类的足迹；在距今28万年前，则萌发了人类早期即旧石器时代的文化；而进入距今五六千年前，更出现了代表中华文化曙光的红山文化，辽宁因而成为中华文明的发源地之一。进到春秋战国时期，辽宁则成为东北开发最早的地区，标志着古民族文化渐次转化为地域文化。其时，燕据辽河流域，设辽东、辽西二郡，从此汉文化进入辽宁地区亦即跨入东北地区。自此，辽宁便在汉族不断迁徙而来、多民族彼此嬗递中开发、前进和发展。此后，历经秦汉、魏晋南北朝、隋唐、辽金元、明清与民国六个大的历史阶段，直至中华人民共和国成立，接续绵延至今，创获不断，展现了辉耀史册、遗惠后人、奉献中华历史的文化发展史。在绵延数千年的历史进程中，胡、汉、夷、貊等多个民族，在这片丰厚的大地上，经过共同努力，通过经济、军事、政治、宗教、民俗等多渠道和多层面的交流，达到汇合熔融，创造独特的文化，形成特有的文化-心理性格，显其光彩于东北大地，做独特贡献于中华民族。

辽宁文化在几个大的历史阶段中，其各自的文化形态与内涵有着比较大的差异。古代辽宁文化的北方少数民族性更强，如东胡、鲜卑等民族的文化成分更多、更大，越往后这种民族文化成分越减少、减弱；唐宋以后，尤其明清之际，蒙古族、满族的文化元素日益强化，至清代则满族文化处于优势、强势地位。如从地域差别而言，则辽西更多少数民族文化元素，更为粗犷、豪放、刚毅，而辽东南则既有通燕赵、齐鲁之便利，受其影响更深、更重；更有辽东南的沿江（鸭绿江）通海（黄海、渤海）的优势，因而带有外向性、开放性和海洋性文化的优长与特色。正是在这个意义上，我们可将辽宁文化称为辽海文化。

虽然如此，但在总体上，辽宁文化仍然是一个浑然一体的地域文化整体，其渊源属于中原文化谱系，但又有着鲜明民族特色而区别于中原文化。

辽宁文化的形成环境与发展历程，显示出四大优势与特征。

第一，寒冷严酷的气候、荒僻辽阔的原野、地广人稀与多民族共处的人文环境，这种自然的与社会的条件，决定了辽宁文化的多种特色。按照马克思主义地理环境理论，这些客观的外在条件，通过生产力、生产关系，影响并决定文化形态、人的文化心理结构和整体文化发展的趋向与取向。区域地理环境是地域文化发展的基因、导向与形态要素。按照历史地理学的观点，地理环境包含自然、人口、经济和政治诸多方面，从中可以探索社会历史发展同地理环境的关系，再现人类时空发展的全景。辽宁的地理环境，在这几个方面，深深刻印于辽宁地域文化，赋予其鲜明的地域特点与亮点。其粗犷、雄健、刚劲、大气的文化气质，大都发源于此，以后虽历经演变，但基质犹存。

第二，众多少数民族在漫长的历史演进中，先后在这个自然的与历史的舞台上生存繁衍、杀伐征战、起跌浮沉，并在此过程中创造、交流、融会，互补互促，推进文化发展，从而创获、形成了多民族文化融合的具有鲜明突出民族性特点与优点的地域文化。

第三，在人口构成中，汉族由少到多，逐渐在辽宁地区与诸少数民族杂居，共同生产、共同发展，交流与创造文化。在漫长、复杂的发展过程中，汉族在居于被统治地位的状况下，其文化却"逆向"征进：一方面是少数民族统治阶级的防范、抵御、压抑；另一方面，他们却在倡导并实施从上到下地"向文明看齐""向更高层文化学习"的进程中，在发扬本民族文化特长和继续文化创造的同时，使本民族文化逐渐与中原文化融合，导致汉文化逐渐强化、生长壮大，少数民族文化则逐渐退居弱势，但同时渗透、嵌入、融进汉文化中，从而形成以汉文化为主体、为母体，融会多个少数民族文化的多源、多元一体的文化。它既是中华文化整体的一部分，融入中华文化母体之中，又有自己独特的贡献于其中。

第四，在漫长、复杂、曲折的历史发展中，中原文化，特别是冀鲁文化，一面是越过长城地带，进入、渗透、融进辽宁地域文化之中，并以它为桥梁向整个东北地区扩散，落地生根，开花结果；另一面则是逐渐由少到多的冀鲁地区及其他关内地域的移民的到来，特别是近代历史中几次移民大潮，数以十万计的中原子民移居辽宁和东北，成建制地、完整地、原汁地，从生产到生活、从汉文经典文化到民俗文化、从外在形制到内在气质、从宗教信仰到心理结构，带来了它们的文化整体和整体文化。中原文化与辽宁地区的固有文化深层地交流汇融，既发扬自身固有之特色优长，又汲取本地域已经形成的文化之血脉，和合化生，创获新的文化质地、文化气质与形态，创生了既区别于中原文化的自身文化根基，又融汇了中原文化血脉，形成了具有鲜明地域特色的辽宁文化。

从"秦开却胡"到现代辽宁，辽宁建置沿革历经数度重大变迁。

燕昭王七年（公元前305年），燕将秦开袭击东胡，逼东胡退却千里，是为历史上著名的"秦开却胡"。从此，燕据辽河流域，先后置辽东、辽西、右北平、上谷、渔阳五郡。其中，辽东、辽西和右北平三郡辖境，分别及于今辽宁大凌河以东地区（包括辽东半岛）、大凌河以西地区和大凌河上游以南地区。自此，辽宁区域基本形成，建置进入历史可靠时代。以后的发展历史，其地方行政建置沿革可分四个阶段。第一阶段，燕、秦、汉时期。燕、秦设辽东、辽西郡后，至东汉增设玄菟郡和辽东属国，郡、国之下设置县级机构，辽宁地区为3个郡1个属国下辖24个县。第二阶段，魏晋南北朝时期。此时期内，辽宁地区增设平州，下辖辽东、辽西二郡，此外有昌黎、玄菟郡。郡下置县。第三阶段，隋、唐、辽、金时期。此时期内，辽宁地区行政建置的一级机构基本上是"道"和"路"。隋代在辽宁地区设辽东、辽西郡及柳城郡；唐代始行道、州、县三级制，辽宁地区归河北道管辖。道下设有营州上都督府、安东督护府，均在辽宁境域。辽、金时期州、县数量大，隶属关系复杂，是辽宁地区普遍设置、广泛开发时期。尤其金代，涉及辽宁地区的建置有4路22个路属路、州、府，下辖35个州、县及8个州下县。第四阶段，元、明、清和民国时期。元于辽宁地区设辽阳行省；明于辽宁地区设辽东都司；清在辽宁实行旗民分治制，以盛京（奉天）将军系统辖治旗人，以州、府、县管理民人，清末裁撤盛京（奉天）将军，改设奉天行省；民国初期在辽宁设奉天省，张学良易帜（1928年）后改奉天省为辽宁省。中华人民共和国成立初期，辽宁地区设辽东、辽西两省。1954年两省合并，成立辽宁省。1955年，属原热河省的朝阳、建平、凌源、建昌、北票和喀拉沁左旗划归辽宁省管辖。

现在辽宁全省行政区划为14个地级市、17个县级市、19个县、8个民族自治县。以沈阳为中心的辽宁中部城市群，拥有沈阳、鞍山、抚顺、本溪、辽阳等大城市，工业发达、经济发展、城市化程度高，是我国城市群中的佼佼者。辽宁为多民族省份，全省有41个民族，其中汉族为多数，其次为满族、蒙古族、回族和朝鲜族。

2. 华夷互变、文化融合：辽宁文化发展的历史轨迹

辽宁是人类早期活动的地区之一，多处古人类活动遗址，显示了他

们在辽宁地区活跃的足迹。从已有的考古发现中可以了解到，至少在距今四五十万年前，在现今的辽宁土地上就出现了人类活动。营口金牛山文化，距今28万年，属旧石器时代早期，其体质特征较同时期的北京人更进步，他们已经能够搭石助燃取火，揭开了火文化新的一页；海城小孤山洞穴遗址，距今4万年，出土的带倒钩的鱼叉、用两面对钻法穿孔的骨针、用动物牙齿和刻纹蚌片串联成的项链，也比时间晚于它的北京山顶洞人的剔孔骨针更为先进。

新石器时代，辽宁地区各个人类群体开始形成并发展着个性文化，形成各自的文化特征。在总体上，它们与东北的区域文化具有共同特点，即以渔猎文化为本，以饰压印纹的筒形陶器为日常用具和主要文化特征。但由于具体地域自然环境的不同，而出现了辽西、辽东南的"大同"中存"小异"的文化差别。辽西地区有查海文化（距今8000—7000年）、赵宝沟文化（距今4500年）；辽河平原有沈阳新乐文化（距今7000—6000年）、偏堡文化（距今5000年左右）。辽西地区文化，同华北平原联系与交流密切，故农耕文化发展最早吸取了中原农耕部落的较先进文化因素，且与中原文化发达地区保持相近的发展水平，有时甚至领先一步。辽西地区较早出现的龙文化、玉文化和与此有关的巫文化，便是鲜明的标志。因此，辽西地区在文化发展水平上要高于辽南地区。而辽东半岛与隔海相望的山东半岛保持密切联系，进行文化交流，又形成其近海的文化特色与优长。

特别值得提出的自然是"中华文明的曙光"、堪称辽宁文化远古辉煌的红山文化。它的遗址位于辽西地区的凌源与建平交界处的牛河梁中梁顶部。它的女神像，它的女神庙积石冢墓葬和祭坛，它的玉雕龙、勾云形玉佩、马蹄形玉箍，提供了最早的龙的造型，誉满中国、享誉世界，辉映辽宁远古史册。正如著名考古学家苏秉琦所论证的那样，牛河梁红山文化遗址是"发生在距今五千年前或五、六千年间的历史转折，它的光芒所披之广、延续时间之长，是个奇迹"。

依据以上所述，远古遗址的发现和地下实物的发掘，显示出生活在辽宁地区的远古人类在文化创造上有两大杰出的贡献、两个辉耀史册的巨大成就：火的使用与衣着服饰的滥觞；在文化理念、审美观念方面，则创获了崇龙和尚玉的追求与实践，开辟了中华文化两大文化观念与审美情趣的先河，成为其建构与扩展的基石和主要内涵。

到距今约4000年前，辽宁在东北地区率先进入人类文化辉煌期的青铜时代。这里发掘的青铜器礼器，个体大、重器多、铸有铭文者多，而且，均非出自墓葬，而是埋在窖藏坑中。辽西青铜器融进了中原文化的因素，又有草原民族的文化特点。这种"北方式青铜器"，除显现北方游牧民族铜器特征外，已经融合进辽宁地区商周青铜文化之中。这时期相对落后的辽东地区，在距今3500年左右发生了根本性变化，出现了羊头洼文化。这时，着重与山东半岛地区交流，而缺乏自身发展的状况改变了；本地因素成为文化的主流。这就是辽东特有的青铜短剑和巨石建筑的产生和发展。到距今3000年左右，辽宁式青铜短剑这种形制独特、具有强烈地域特征的文化标志形成。它是夷的一支的貊族的创造。其曲刃青铜短剑、多纽铜镜、弦纹壶、带多齿青铜刀、扇面刃铜斧、滑石制铸范，都具有独特、鲜明、强烈的民族特色，其民族文化含量丰富。与之同时出现的还有神秘的巨石遗迹——巨石文化。

到此时期为止，辽宁文化一方面凸显其鲜明的民族特征和地域特色，另一方面则逐渐融入了中原文化的因素，同时显现二者融合的迹象与成就。待到燕国势力向燕北地区扩展，辽宁青铜短剑文化及一般文化、总体文化，才在民族与地域文化的母体内，逐渐吸取燕文化因素并渐趋融合，终成燕秦文化的组成部分。秦赵、燕代文化与周鲁文化有别，前者始初即带有草原文化特征，《汉书·地理志》所说"悲歌慷慨""不事农桑"者即是。这是燕秦文化与辽宁少数民族文化、地域文化相融合的有利文化元素。

自秦开却胡千里，辽宁全境进入战国七雄之一的燕国版图，燕国势力迅速向东北扩展，汉人也大批向辽宁地区移民。原来雄踞此地的戎狄、东胡和貊族也强大起来，于是汉文化与当地民族的文化开始了碰撞、交流和融汇的长期、激烈、复杂、多元的历史进程。战国之时是幽燕文化的发展时期，以燕昭王招贤纳士、引进齐国文人为标志，导致齐燕文化结合，中原文化大举北上，提升了燕文化的品格。现在还没有史料证明，此时的燕文化如何影响了与之地缘紧接的辽宁文化，但以这个时期燕人入辽的史实证之，是可以推见其影响存在的。

随着燕文化的传入并深入到当地民族生产、生活中，从政治体制到思想观念都得到传播和接受后，两种文化逐渐交融。这显示了辽宁在东北地区最早开发的态势和成就；汉文化传播到郡、县以外的少数民族地区，辽宁以至东北地区的文化开发，以此伊始。从此展开了秦汉、魏晋南北朝直至隋唐千余年的辽宁文化开发及与中原文化汇合交融的生动壮阔的历史画卷。

在这千年历史时期中，地处东北与华北两大自然地理区域过渡地带的辽宁，多民族错居杂处，渔猎、畜牧、农耕，从落后到先进的多种经济类型共存，与之相连的三种文化形态也共存混杂，汇合交融，从而形成一个特色独具、连接四方而又相对独立的历史文化区域。在这一历史时期中，辽宁地区的文化凸显出三大特点：一是自燕文化深入传播之后，伴随先进农业和手工业的输入、被学习和接受，农耕文化及中原文化整体地日渐传播、发展、壮大，虽然诸多少数民族的渔猎与畜牧文化依旧既依赖又引导其生产方式而存在、发展，但是，汉文化却以其先进性，始终居于主导地位；二是辽宁地区内部的地域与民族文化，随着鲜卑、契丹等民族的先后居于主导地位，各自的发展不平衡，其畸轻畸重，在不同历史时期各显异彩、各领风骚；三是多元文化在辽宁地区互相影响、彼此渗透、互促互补，直至熔融汇合而成一体。其中，主要的文化内涵是中原地区先进的生产技术、工艺和生产方式，以及以儒家思想为核心的文化体系。

在以后宋、辽、金及元、明、清几个朝代中，辽宁文化除了继续着汉文化的输入、发展之外，更有着契丹文化、女真文化、蒙古文化，特别是满文化的辉煌的发展；当然，同时也仍然继续着汉文化与这些民族文化的融合进程。

在概略揭示辽宁文化发展的史迹之后，我们且截断历史的脉络，提出几个关键性的"历史的关节点"，来探讨辽宁文化发展史的概貌、性质和特点。

地理、天候条件及其不可移易的影响，是辽宁文化不能忽略的因素。它们如马克思主义地理环境理论所标示的，通过生产力和生产关系，决定、影响文化的发展和特色的形成。亦如文化人类学所示，自然条件决定原始人群最初的产业，产业决定社会分工、社会结构和生活方式，在此基础上，最终形成文化类型。北纬38°～45°，从日本海西岸起至东欧匈牙利平原，这条号称地球的"绿色飘带"，自古就是游牧民族自由驰骋的天地。辽宁地处这条"飘带"的东端，上古所说的北狄、东夷在这里交汇，并带来远方民族的智慧和创造。中原文化、北方草原民族文化便在辽宁这方土地上交融。

在中国几千年文化史中需要处理的几个题目中，"首要者莫过于地理背景"，"中国人的特征……其中尚有天候地理因素在内"，"中国文化受地理条件的因果关系极深"，西北地区"黄褐色泥土……它是中国历史中的重要因素"①。辽宁的地理、天候是辽阔、荒僻、寒冷，适合渔猎和游牧。它是草原民族、骑射民族驰骋与施展的好天地。高寒冻土、冬季长、半年生长期，这一地理、天候因素，深深烙印在繁衍于此的居民的生产、生活和文化中，以及人们的心理结构与素质层面。黑土地，是辽宁文化的重要因素。土地辽阔而又荒僻，有足够广大的土地供移民垦殖，利于他们赤手空拳谋生、繁衍与发展。因此，历朝历代的中原子民，沿着历史长河，跋山涉水，迈着艰辛的步履，从中原，从燕赵、齐鲁，向辽宁走来，落脚、定居、繁衍后代；并且，通过这座陆桥，奔向吉黑。严酷的天候和寒冷，更加锤炼并强化了他们身上原有的中原子民的坚韧、刚强和勇毅的性格。共同开发冻土地，一起生产、生活，从杂居到通婚，汉人和当地少数民族逐渐在历史的绵长舞台上，创造了独特的文化——充盈着豪爽、大气、恢宏、刚毅的气质。当然，随着生产的发展、社会的进步和文化的成长，尤其进入近现代，科技的迅速发展，都使人对地理、天候的依赖减弱，接受其影响的程度降低了。但是，长时期大抵未从根本上改变的地理、天候的影响力依旧存在，而作为文化积淀，积蓄在辽宁地区和辽宁人身上的这种文化因子，依旧存在。

分裂和动乱造成民族的大流徙、大迁移，也形成大交流，于是成为"各民族的大熔炉"。魏晋南北朝的数百年中，"北方成为融合各民族的一大熔炉，少数民族之逐渐被多数民族吸收同化，也就不可遏止"②。辽宁地区也处于这种大熔炉的大势与历史潮流之中。它是这个北方大熔炉旁边蓄泄各民族人口的附属熔炉。从先秦燕人进入这个东北地区的熔炉开始，在华北和西北的少数民族侵扰和汉族征伐，以及少数民族进入中原甚或入主中原的历史演进过程中，不断有多种民族，以各种方式，以庞大数量，进入辽宁地区，在这个熔炉里融合。而在此融合过程中，各个民族的血统和文化的融合也同步进行，体现了融合的全面与深入。

① 黄仁宇：《中国大历史》，生活·读书·新知三联书店，1997，第4—5，10页。

② 黄仁宇：《赫逊河畔谈中国历史》，生活·读书·新知三联书店，1992，第81页。

尤其辽宁在辽、金、清三个王朝时代，汉族与契丹、女真、满族的融合，其中包括文化的内涵体现，就更为广泛、全面、深入，直至诸少数民族彻底汉化，有的竟至消亡。

因此，经上古三代奠基、秦汉发展，华夏文明在中原形成恢宏牢固的核心，而"移民"－"移植"（文化的），便成为辽宁文化发展历史中的关节点、"关键词"。这是中国历史发展的总体规律在辽宁地区的体现。按照吕思勉的论证，所谓"东北民族"，"其初怕还不是居住于东北，而是从中国内地渐次迁徙出去的"①。起先是少数民族的迁徙北移。以后，则是华夏民族东移、少数民族南下。人口的"东移"和"南下"，这是中国自上古时期直至近代的一个总体历史趋向和取向。这种规模极为庞大、潮流汹涌的移民大潮，不仅是中国历史上的巨大事件，而且对中国历史的发展进程影响至巨，充实以特殊的历史内涵。"自从东汉覆亡，中国人口因天灾与战争的影响，长期由北向南而由西向东地迁移。"②陈寅恪论晋代"八王之乱"时指出："两晋南北朝三百年来的大变动，可以说就是人口的大流动、大迁徙问题引起的。"而"从全国范围来看，当时北方人民避难流徙的方向有三：东北、西北、南方"③。隋代"发展方向也是自西向东，由北向南"④。在这个历史大潮及其方向性中，就包含由华北、西北向辽宁流徙的"东移"和北方少数民族由北迁徙辽宁地区的"南下"。

自秦开却胡、燕人徙辽以来，历朝历代，便不断由华北、西北向辽宁移民，并经此向东北地区拓展；同时，也有东北地区的北方少数民族南下辽宁的潮流。东移的汉人和南下的少数民族，在辽宁地区会面、碰头，多个民族、多种文化聚集汇合，产生了辽宁地区的文化特色。秦和西汉时期，辽海地区实行郡县制，不仅加强了与中原王朝的政治、经济、文化联系，而且，大量汉族移民、戍边军人来此定居或屯垦，在辽宁地区"生根、开花、结果"。至东汉后期，属于东胡族系的乌桓（在汉武帝时曾助汉抵御南下骚扰的匈奴）被置于燕地直至辽西、辽东，则实现了一次胡人的"东移"。曹魏时期，慕容鲜卑从北方草原南下入居

① 吕思勉：《中国民族史两种》，上海古籍出版社，2008，第293页。
② 黄仁宇：《赫逊河畔谈中国历史》，生活·读书·新知三联书店，1992，第69页。
③ 万绳楠整理《陈寅恪魏晋南北朝史讲演录》，贵州人民出版社，2007，第104页。
④ 同②书，第79页。

辽西地区，游牧于大凌河中下游，后又因助司马懿讨伐辽东的公孙渊而入驻其地。"八王之乱"时期及其前后，大批中原流民避乱辽宁，又一次出现移民潮。在以后的历史时期，汉人不断继续向东北地区关要之地的辽宁迁徙，一个连续不断的移民潮，时高时低地出现，在历史的画幅上画出道道曲线。到明清时期以至近代，一次又一次的移民洪流，出现在齐鲁、燕赵通向东北，尤其是咽喉要道之地的辽宁的大地上。近代以"闯关东"形式出现的大批移民流的"闯入"辽宁地区，是从古至今的"移民"—"移植"洪流的洪峰，其人数、规模、连续性、裹挟文化含量之广博与深邃，都是空前的，其文化移植与成就也是空前的。

值得注意并富有历史意味的是，这种"东移"出关的移民，其移动的原因和方式，不是一般意义上的"移动"，他们之中固然有很大数量的人，是为了避难躲祸、为逃亡而东移，但还有许多人，是被俘而被押解出关，还有大量的人则是因具有生产技艺而被劫掳、强迫性"延请"而背井离乡东移的。这是用野蛮行动去实施一种文化移民、文化迁移，也是文化传播和交流，是用野蛮去推动文明的发展。它在行为上是野蛮的、不文明的，但在文化意义上却是积极的，体现了历史的进步。

还必须指出的是，出现在或者说裹挟于这种广大的移民潮中的人众，并不一律是失去衣食之源、穷途末路的农民，其中常常有拥有各种手工业技术的匠人，即《魏书》中所说的"百工伎巧"，还有拥有各种行业知识的能人，还有为数不少的士人。他们不全是包裹着贫穷、只求一条生路的群氓，其中不乏有技术、有文化甚至富有知识学问的人士。其中更有受贬谪的汉人王朝的达官贵人、能臣贤吏。更具有历史意味和令人深思的是，除了这种自发的和被贬的流民——"'贱民'、犯人"，还有数量庞大的被俘虏、被劫掳和被"延请"的汉族农民、手艺人、各种行业的能人及官员、士人。所有这些不同历史时期的各种移民，以万计、以十万计地，而且是成集团、成建制地，带着高超的农业生产技术、手工业技艺和各种实用学识与成熟的学问，从中原来到辽宁地区，在总体上是带着完整全备的，从生产到生活、从技术到学识、从民情到习俗的文化，实际是拥有一种整体性的生产、生活、制度、科技、人文的"文化丛"，来到辽阔寒冷的新的生存环境。他们不仅带来了文化，还主动积极地传播、传授文化，使中原文化的种子遍撒辽海大地。虽然此处天寒地冻，但是出于需要而产生的原住民族的学习热情，却温热和煦，使文化种子逐渐适应当地土壤、气候和耕作、生产、生活的条件及环境，通过自然选择和社会选择而生根、开花，结出独具特色的辽宁文化之果。这是中华民族的具有深刻意义和历史价值的跨地区、跨文化的文化传播与"文化移植"。例如，辽王朝在辽宁创设的州、县，特别是贵族私邑头下州，就是俘获中原汉人营建的一个文化绿洲。

"流人文化"在这种"移民"-"移植"中的作用和意义，值得一提。在明、清两代，有为数不算少的"流人"，即那些受贬谪的高官学人流放辽宁，他们以杰出的学养、超群的学识和高尚节操，以及文化、学术的著述，还有积极热情地传授、传播文化，在辽宁地区形成一种高层次的、超越本地区原有文化水准的"文化岛"，对推动辽宁文化的发展，提高其文化、学术水平，发挥了无可替代的作用。

当然，这种文化传播和文化移植绝不是单向的，不是完全的汉文化向少数民族的灌输、灌注，而是双向的，是沟通和交流。移民和他们带来的汉文化，必然也必须同当地的民族文化接触、碰撞、交换和汇融，这样才能与当地的文化土壤结合，在吸取当地民族文化的营养中生长。而为了生存和定居，汉人也自然地在日常生产、生活中，受到草原文化-游牧文化的熏染，学习它们并主动或被动地接受它们。这样，就产生了两种文化的交流与融合。这种跨文化传通，必然产生新质文化，这就是中原文化与当地民族文化的融合，以及同步发生的草原文化-游牧文化对中原文化的学习与接受。这便产生了辽宁文化的地域与民族文化的特色及特性。它既保留了中原文化的原质与原汁，又吸收了草原文化-游牧文化的内涵与精神气质。

农业文化与草原文化-游牧文化的冲突、互变和融合，是这种文化移植和传播的、跨文化传统的基本的、核心的内容和性质。移民，那些被迫流徙和被劫掳的贫穷农民、手工艺劳动者，在物质财富上一无所有，但在混融、附属、寄植于农业生产、手工技艺及其他各种物质与精神方面的文化上，却是富有的。他们所携带和蕴含的是农业生产和手工业技艺，他们在自身进行农业生产并向当地民族传播农业生产的过程中，传授的是农业文化的全部装备。从物质文化到精神文化，从制度文化到习俗文化，从文化经典到生活方式文化，都在其内。从生产和生产力的发展、进步开始，农业文化推进和改变游牧文化。虽然存在农业区和牧业区的区别和差异，以及统治者对此的承认和给予制度保证，但是先进生产力的渗透和吸引力以至推进与"摧毁"力，日渐打破了游牧经济、游牧文化的落后状态，并逐渐此消彼长地演化转型。

在辽宁，这种文化内涵的演化转型的历史，自古至今，一直绵延不断地继续，并且随着生产力的提高、历史的进步、社会的发展、时代的演变，这种历史的延续随时代发展而加速行进，其文化内蕴则是农业文化的不断增长强大，而草原文化-游牧文化逐步消减，直至消亡。如果说在契丹执政的辽代，还能"因俗分治"，农业区、牧业区制度分设并置，而到清代，则是农业为主的一统天下了。"根据唯物史观，历史过程中的决定性因素归根结底是现实生活的生产和再生产。""经济的前提和条件归根到底是决定性的。"①汉文化与少数民族文化在辽宁地区的融合过程，正是表现了整个人类共同经历的，由现实生活的生产与再生产的过程、由经济的前提和条件，决定着文化发展的历史过程。

这种文化的演变消长，体现着两种文化的进步与落后的角力竞争而优者胜的历史文化规律。"据社会学家研究：搜采及渔猎时代，人民恒苦饥饿。畜牧时代，亦仍所不免。而且渔猎时代的人，最好杀伐。人类一切战斗的技术，都是从渔猎时代遗留下来的。（原注：兵器其初是因猎取禽兽而发明的。包围、埋伏、火攻等法，亦皆猎时所用。在三代时，尚以田猎讲武。）畜牧时代，虽生活已变，此等杀伐之性质和战斗的技能，仍未忘掉。……所以其战斗力更强，往往成为好侵略的民族。惟农耕之民则不然。他们生计饶足，无求于外。天时若有丰歉，自能用'耕九余三'等方法扯平，不必掠夺他人。……因此就组织一种对外和平，而内部的关系亦极良好的社会。"②这种文化状况与文化心理结构，在上述两种文化的演变消长过程中，农业文化的因素逐渐浸润、濡化游牧文化，而消减其争斗杀伐之气；但农业文化之中，却也吸取了游牧文化中的强悍、勇猛、豪爽的气质。这是辽宁文化中，"补充"、异化了原有的中原文化内质的表现。

在这种文化的汇合交融中，汉文化向其他民族文化灌输、嵌入、汇融的，概略言之，最要者有三。一是农耕文化从生产方式、生活方式到精神文化的所有进步因素的传播。二是在农业文化基础上产生的儒家文

---

① 恩格斯：《致约·布洛赫》（1890年9月21—22日），载《马克思恩格斯选集》第四卷，人民出版社，1972，第477—478页。

② 吕思勉：《中国民族史两种》，上海古籍出版社，2008，第280页。

化的输入，它的"仁爱""中庸之道""和为贵"等基本思想，对民族政权立国后巩固统治、稳定社会、发展文化，发挥了重要的治国安邦的作用；而其博大精深的学说，也成为施教于民、发展精神文化的基本指导思想。所有这些都是原皆长于驰骋草原、征战沙场的草原民族所匮乏甚至阙如的。三是作为汉文化存在与传播载体的汉字汉文，发挥了至关重要、无可替代的作用。它对文明程度相对落后、尚无文字的民族，有推动发展、提高文明程度、标志文明的意义，它对北朝时期在辽宁东西辉映的鲜卑文化与高句丽文化，也都具有这种规范、提高、濡化原有文化的作用。南北朝时建辽西"三燕"，其一支西迁青海称吐谷浑的徒河鲜卑颇识汉文字且谙熟"三皇五帝"的历史。高句丽不仅官方文书使用汉字汉文，就连高句丽本族语言中都含有不可缺少的大量汉字词汇（王名、人名、地名、职官名、牲畜名、器物名等）。至于契丹和女真则是以汉字基本笔画为语音标志，并采用南北朝时期形成的音韵学作民族语言的拼读，创制出本民族拼音文字。在辽宁地区，除这三项支撑汉文化的主导地位之外，还有以后佛教的广泛深入的传播。

"文化迫力"和"仰慕文明"，是辽宁文化以汉文化为根基，吸取、接受当地少数民族文化，即农业文化吸取、接受草原文化-游牧文化的影响之后，产生部分变异形成自身特色，最终使草原文化-游牧文化消亡的两个重要而显现的文化规律。"文化迫力"是著名功能学派社会学家马林诺夫斯基提出来的命题。他指出："人类有机的需要形成了基本的'文化迫力'，强制一些社区发生种种有组织的活动。""……他们得到满足的文化方式又造下了新的限制，因之又发生新的文化迫力。"[1]辽宁当地的少数民族，习于草原奔驰、游牧生活，习于挽弓控弦、疾马利兵，习于"战时甲兵平时民"，生活组织即是战斗组织。当接触到农业文化时，他们看到丰富的农业生产与收获、富裕稳定的生活。先进的生产方式与生活方式，给他们以一种"文化迫力"，其实也就是文化的吸引力和改变原有生产与生活的动力。他们既学习又接受指导地从事农业生产，并且逐渐地减少了游牧的生产方式和生活方式的内容。其文化状态，也就随之步步演变。

仰慕文明是人类追求美好生活和进步的天性。人类"为了生活，首

① 马林诺夫斯基：《文化论》，费孝通等译，中国民间文艺出版社，1987，第24—25页。

先需要衣、食、住、行以及其他东西。因此第一个历史活动就是生产满足这些需要的资料，即生产物质生活本身"[1]。"每一历史时代的经济生产以及必然由此产生的社会结构，是该时代政治的和精神的历史的基础。"[2]生活于辽宁地区的少数民族，为了更好的衣食住行和更文明的生活，学习、接受汉人的农业生产，学习、接受汉文化，从而逐步改变了自身的经济生产，并由此改变自身的社会制度，以及一切政治的和精神的面貌，在总体上使自身的民族文化逐步地实现了向汉文化的转型。"从来北族之强盛，虽由其种人之悍鸷，亦必接近汉族，渐染其文化，乃能致之。""契丹之慕效中国，由来已久。""契丹既入中国，一切制度，悉以中国为楷模。"[3]"拓跋氏创立了一个新生的农业基地，以之为根底。""契丹之辽与女真之金由一种由畜牧业所产生的政权，配合以新兴的农业为基础。"[4]这都是为了更好的生活和更高层次的文明，而从产业、生产和生产力方面，从仰慕文明到接受文明、实现文明。部落的解散而采取汉人的编户，是社会组织、制度文明和经济生活的汉化。"部落的解散，不始于北魏，前燕已经做了。"[5]"胡族的汉化不仅表现在文化上，而且表现在社会组织和经济生活上。……由部落变成编户，是胡族社会组织上的一个进化。之所以有这个进化，是与汉人接近，接受汉化的结果。"[6]

　　特别具有重要文化意义，并使汉化程度加深以至逐步"由胡变汉"的，是作为统治阶级最高层的皇室和宫廷着意而认真地学习汉文化的典籍及种种礼仪，甚至在宫廷禁用本民族语言，其中包括输入、传播儒学，以及道家和佛学，这就从精神文化的最深层面迈向汉化了。"鲜卑慕容氏三代人，慕容廆是前燕的奠基者，慕容儁是前燕的建立者，慕容德是南燕的建立者，慕容宝是后燕建立者慕容垂的太子。他们都能博览群书，有很高的汉文化水平。他们建立的国家，比匈奴、羯人所建国

① 　马克思、恩格斯：《德意志意识形态》（1845—1846），载《马克思恩格斯全集》第三卷，人民出版社，1972，第31—36页。

② 　恩格斯：《〈共产党宣言〉1883年德文版序言》，载《马克思恩格斯全集》第一卷，人民出版社，1972，第232页。

③ 　吕思勉：《中国民族史两种》，上海古籍出版社，2008，第77，80—81页。

④ 　黄仁宇：《赫逊河畔谈中国历史》，生活·读书·新知三联书店，1992，第75，158页。

⑤ 　万绳楠整理《陈寅恪魏晋南北朝史讲演录》，贵州人民出版社，2007，第96页。

⑥ 　同上书，第94页。

家，汉化色彩更浓。"①其中，慕容皝"尚经学，善天文"；慕容儁"博览图书，有文武干略"；慕容宝"砥砺自修，敦崇儒学，工谈论，善属文"；慕容德"博览群书，性清慎，多才艺"。②这些，充分表现了燕代统治阶级对于汉族精英文化、经典文化的热爱、钟情和熟知，以及其汉化的程度之高与深。如果取用陈寅恪说，北魏前期的汉化政策是处于被迫和不自觉性，因为不汉化"鲜卑部酋便在北方待不下去，便需返回塞北"③，那么，慕容鲜卑在辽宁地区先后建立的前燕和后燕政权，却表现得自觉得多，完全没有被迫的痕迹了，因而其汉化程度也更深、色彩更浓。而到满族建立的清王朝这样的全国性政权，其学习、热衷、掌握汉族的典籍、精英文化的程度最深，因而其汉化水平就达到顶峰，超过以前任何民族了。

以上所述诸端，从长时段历史观和整体历史观来看，它们就好像一个又一个文化的基石，又好像是一座座文化岛，凭着它们，从鲜卑到契丹，从女真到满族，一个又一个少数民族逐渐吸收汉文化，并与汉文化融合形成多元统一的辽宁文化，也走向辽宁文化的最终塑形。

虽然汉文化随着绵延不断的移民沿着历史路线强势进入辽宁，居高临下地传播并与当地民族文化融合，但是，第一，由于汉人的到来，而且有极少数人士身居庙堂之上，甚至进入少数民族的统治中枢，毕竟绝大多数人仍然处于被统治、被压抑、被管制的社会地位，因此，文化的生存与发展，依然受到严重的负面影响；第二，少数民族统治阶级在学习汉文化的同时，高调提倡本民族的文化，而且做出了许多创造性成果，因此，在移民潮延绵不断来到，强势传播汉文化，汉文化不断向强势发展且日益强大的同时，少数民族的文化创造仍然取得很可观的成就，因而在辽宁地区形成几次少数民族文化强盛和独秀的时期，比如契丹文化之在辽朝，女真文化之在金朝，尤其是满族文化之在清朝，都是如此。

辽、金、元三朝，辽宁地域文化整体水平实现了新的飞跃，达到了前所未有的高度。在三朝叠加一起的四个半世纪的历史时期内，契丹、

① 万绳楠整理《陈寅恪魏晋南北朝史讲演录》，贵州人民出版社，2008，第94页。
② 上海古籍出版社、上海书店编《二十五史》第2卷《晋书》，上海古籍出版社、上海书店，1986，第329，331，362，370页。
③ 同①书，第216页。

女真和蒙古族，实行有利于经济社会和文化发展的政策，推动辽宁地域文化逐步进入新阶段。既有先后建立政权的民族，发展自身文化使之兴旺强盛的表现，又有诸多民族交汇融合的进程。此时期内，大批汉人流徙、迁移或避祸逃难定居辽宁地区。汉文化与少数民族文化汇合交融，从而促成辽宁文化的整体发展。少数民族政权实行"因俗而治"的政策，吸收汉文化；汉人"入乡随俗"，也在传播自身文化的同时，学习、接受地域文化与民族文化。彼此在碰撞中交流，在冲突中互学，呈现出民族交融与文化汇流的局面。与此同时，民族文化也凸显自身优势，有了长足发展，进入其发展的辉煌期。

明清时期的辽宁文化，在此前长时期的多民族文化交融的基础上，民族文化又各有新的发展，与汉文化结合，也有新的进展，使辽宁地区的整体文化实现了新的突破。其主要特色是汉族的农耕文化与满族的骑射文化的汇合熔融，绽放异彩。满族的八旗文化与汉文化融合，使辽宁文化显示满韵华风的辉煌。尔后的"闯关东"移民大潮，大批汉人出关，成建制、全面地裹挟中原文化、农耕文化，注入辽宁地区，使满族文化逐渐转型，既融入汉文化，又给汉文化增添新的质素。至清末，辽宁开始接受外来文化侵入，新的文化因子与文化基因在抵触中汇融，再一次萌发文化的带有前现代性的转型，迎来新的文化时代，酝酿着接受辛亥革命和五四运动的洗礼。

这些是辽宁少数民族的文化鲜亮期。它们都曾经辉耀史册，照亮辽宁文化上空，留下可贵的辉煌业绩。至今，辽塔、辽瓷与辽三彩、契丹文、满文，以及服饰、食品和词语中，依然保留着它们的历史身影，显示了历史与民族文化的光彩。

3. 多元构成、融为一体：辽宁文化形成及其特色亮点

辽宁地区的考古发掘，显示了远古的辉煌。成系列的古人类文化遗址，成为一个又一个文化亮点，照亮了辽宁史册的扉页与开篇。这在前文已经述及。

这些远古的辉煌，留给我们的记忆，不仅是发思古之幽情，而且从中体认到辽宁地区是我国早期人类足迹出现和活跃的地区之一，古人类在这里开辟过原始的生活，创制了人类最早的文明。这些古人类遗址，

不仅是我们今天参观学习或游旅之处，也是我们体察人类文化发源的依据。虽然如此，但历史远去，逝水无情，这些史前文化、远古的辉煌，却只是一种文化的符号和历史的记忆，它的文明成就，并没有在今天的辽宁和辽宁人身上留下什么刻痕和烙印。而且，从远古人到有历史记载的时期，这中间的空白还不为我们所了解。

从上述的历史轨迹中，我们可以看到，辽宁的文明与中原同步兴起，它是多个中华文明起源之一。在以后的几千年历史长河中，它起先是由在寒冷气候、恶劣环境中生存的民族开发的，是草原民族生产、生活的地带。自从"秦开却胡"之后，汉人才逐渐东移，在历史的发展进程中，以各种不同方式、通过种种渠道，携带自己的生产技能和文化，在这里生根、开花、结果，并与原住少数民族混居杂处，在文化上开展了长期的碰撞、交流与汇合，最后形成多源、多元一体的文化。

这一多源、多元一体的地域文化，是以汉文化为主体的，是由曾经在辽宁地区出没的乌桓、鲜卑、契丹、女真、蒙古、满族等多个民族的文化汇合熔融而成的。这一融合过程，经过长达两千多年的历史，经过了长久、广泛、复杂、尖锐、激烈的碰撞、矛盾、斗争，才得以实现。这里充满了你争我夺、流血牺牲、悲欢离合的悲壮史实，也弥散着互相提携、彼此学习、渗透交流、温馨和谐的民族感情。值得注意和研究、深思的是：这一切的决定性因素是经济发展水平、生产力发展高度和文化的先进性。汉人带着农业生产的先进生产力和生产方式及先进文化来到少数民族地区，少数民族为了更快地发展、更好地生活，为了自身能够更文明，自然地、被迫地学习汉族文化；而少数民族的统治者，为了发展生产、经济繁荣，为了巩固自己的统治，也主动地或者不得不向汉族学习，甚至劫掠各种有技能的汉族农民和手工业者，更有意识地引进、聘请士人、政治家，委以高官，甚至让他们进入中枢，占据要津。他们注意地、认真地学习、输入汉文化，儒家、道家和佛学，都囊括其内。这样，就必然地形成一种历史趋势和文化态势：汉人和汉文化，不断地、逐渐地由少数、低位、弱势和被歧视、排挤、压制，向多数、高位、强势做上行运动，向受重视、团结、被高抬变异。在这种漫长的历史进程中，汉文化便逐渐由边缘而中心化直至成为核心、主流；而少数民族文化则向相反的方向做逆向运行，逐渐由统治地位、主流文化变成次要地位、支流状态直至边缘化以至消亡。这是一个不以人们意志为转移的历史必然性的过程。这个过程启示我们：文化，对于一个民族，具有生死攸关的意义。文化是一种软实力，"远水"似不能解"近渴"，但却能战胜"金""木""土"，具有广泛的、丰厚的、深远的、悠久的力量。

"马上得天下，不能马上治之"，这是中国的古训，也是历史规律的总结。所谓"马上"，既是具体的指谓，又具历史、文化的象征意味。草原民族-骑射民族，挽弓控弦，疾马利兵，驰骋草原，所向披靡；曾经多次战败汉人，使汉族政权与之订立"城下之盟"，甚至入主中原，拥有半壁江山，以至建立全国政权。但是，"胡人统治中国，全凭武力"[①]。他们离开草原，进入山陵、河网、水泊地区，环境变异，便失去优势；而游牧文化、骑射文化，在农业生产方式面前，在农业文化面前，就处于劣势，不得不向其文化低头，向先进文化认真学习。

经济是表现为经济的文化；文化是表现为文化的经济。伴随先进的生产力和生产方式的出现，必然产生，事实上也产生了先进的文化。因此，在辽宁地区汉文化从少数到多数、从边缘到中心，是随着其先进生产力和生产方式而必然出现的文化进化律的体现。

事实上，在辽宁地区活动的少数民族对于汉文化并不是没有或缺乏防范意识，他们在拥有统治权的时候，是很注意这一点的。"因俗而治"，胡汉分治，都是证明。"至于胡族统治者对待汉人，要看到他们虽然也用一些汉士大夫做官，但是夷夏之防严重存在……这集中表现在胡汉分治上。"[②]据《辽史》载："至于太宗，兼制中国，官分南北，以国制治契丹，以汉制待汉人。""辽国官制，分北、南院。北面治宫帐、部族、属国之政，南面治汉人州县、租赋、军马之事。"[③]北齐神武帝曾经对鲜卑族人说："汉人是汝奴：夫为汝耕，妇为汝织；输汝粟帛，令汝温饱。"他又对汉人说："鲜卑是汝客：得汝一斛粟、一匹绢，为汝击贼，令汝安宁。汝何为疾之？"[④]这意思很明显：奴主分明，奴为主生产、服务，主享受和保护奴。但是，这里忽视了文化大差异和它所能带来的后果，即对主与奴不同的后果。

① 万绳楠整理《陈寅恪魏晋南北朝史讲演录》，贵州人民出版社，2007，第100页。
② 同上书，第90页。
③ 《辽史·百官制》（重印版），中华书局，2003，第685页
④ 吕思勉：《中国民族史两种》，上海古籍出版社，2008，第310页。

统治者的少数民族对汉人固然防范，但却不得不向"奴"学习。在民间与汉民杂居混处甚至通婚的少数民族百姓，自然地、日常地学习汉人的生活方式和礼仪规范；统治阶级更是有计划、有目的地学习汉文化的诗、书、礼、乐，学习经典文化。史书上有许多少数民族的统治者认真、全面学习汉文化的记载。"当时的龙争虎斗如此，后来却如何终于同化了呢？这个可说：全是由于民族文化的优劣。文化便是生活，生活劣者总不得不改而从优。"①

这样，一面是严厉的防范，一面是不得不或者认真地甚至热情地学习，其结果，表现为这样一种历史过程和文化演进：草原民族-统治民族居高临下地吸取、学习、接受汉文化→接受中带着防范、抵御、抗拒、不得不为→两者并存，各为主副→耳濡目染、潜移默化、逐渐濡化→喧宾夺主、反奴为主→汉文化居上，草原民族文化消融并注入中华文化整体。

当然，这种文化演进的结果，在内蕴上不是一方完全"吃"掉另一方，也不是一方独存，而另一方彻底消亡无存。事实是，汉族文化吸取、接受诸多少数民族的文化营养而丰富、发展自己，少数民族文化则将自己的文化因子、文化资源输送、注入主体文化中，既贡献于中华民族的整体文化，又将自己化为整体文化的肌体血脉。

在辽宁，历史上的区域文化，以及少数民族文化融入汉文化的基本因素，也是助汉文化之成长者，当首推骑射。辽宁地区的少数民族，多数是草原民族、骑马民族，都精于骑射。"南船北马"之说，标志着北方少数民族与中原汉族在交通上的主要差别；而从春秋到战国初期，诸侯国都由步兵、车兵组成，国力以"千乘""万乘"衡量，自战国赵武灵王推行"胡服骑射"，骑马技术始由胡人传入中原，从此汉族列国有了骑兵并重视骑兵建设，使之成为威风凛凛的战场决胜之主力。随骑射文化而进者，还有骑射文化之迅疾勇猛、冲杀制敌及尚智尚勇等一系列与之有关的思想、观念、心理和精神。辽宁汉人与汉文化，就近也是切近学习接受鲜卑、契丹、女真、满族诸草原民族的骑射文化，而铸就自身文化的优点与特色。这也成为辽宁文化的优点与特色。

除骑射文化对汉族、对辽宁文化的影响不可忽视外，畜牧文化的影

---

① 吕思勉：《中国民族史两种》，上海古籍出版社，2008，第311页。

响也值得重视。汉朝时已经出现了"畜富满谷"的富豪。它助长了汉族畜牧业的发展，与农业并驾齐驱，推动辽宁的经济、社会发展，也赋予辽宁文化以特色内涵。至今，"胡服骑射"取代"峨冠博带"的历史遗产，仍然为人们所享用，特别是裘皮，为生存在寒冷地带的辽宁居民提供了重要的御寒条件。满族妇女的旗袍取代了宽袍大袖，美化了汉族妇女，现在还为中国妇女所钟情，也为世界妇女所欣赏。汉族妇女的缠足陋习为满族女性的"天足"所取代，实为汉族妇女生理与心理上的一大解放。

经过这样的历史、文化悖论式的发展演变，辽宁文化最终成为一种由多元民族构成，而以汉文化为主体的多源、多元一体汇合熔融的文化。它的地域与民族特色是：多元、开放、开拓、兼容、和合；它在人的精神气质和文化心理结构上，以及文学艺术的审美素质上，则是大气、雄浑、豪爽、坦诚。

地理环境造成的辽宁文化特色，不仅局限于地区自然环境和天候对于人的体质和心理的影响及其文化后果，而且还表现在地缘政治和文化的作用与影响上。辽宁居关内外之交通要道。山海关关隘，出则辽宁，由此通向东北全境以至内蒙古东部旗县；而这些地区入关则必经辽宁。自古如此，明清以来尤甚，统辖东北地区之首府均设在辽宁。清朝盛京将军以辽宁为中心，权力所至，吉、黑两省皆在其麾下。故此，辽宁成为东北地区政治、经济、文化中心，实乃环境使然、历史使然。中原经济和文化向东北地区发展、传播的前沿和通道都是辽宁；东北丰饶的土特产及关外文化向关里、中原输送和传播，也以辽宁为前哨和通道。明清两朝尤其是近代以来，中原向东北的移民的潮流所向，首先的落脚地也是辽宁。这样，辽宁在东北地区，在吸收中原文化方面，既首获其惠，又所得厚重；在文化传播方面，既开风气之先，又承"首传弟子"之责。一面是向内接受，一面是向外辐射，发挥了区域文化中心的作用。如果以文化传播因距离增长而其势递减的规律性现象衡量，作为前沿和通道的辽宁，在接受中原文化的影响方面，除得风气之先外，还有更直接、更丰富、更接近原型等特点。由此，辽宁文化与中原文化的汇合熔融也更广泛、更深入，在诸多方面较之东北其他地区吸取了更多的中原文化成分，而在区域文化总体中，显出"大同"中存"小异"的特点。所谓"东北味"，由北向南，逐级递减。

辽宁在中华文化的海外传播上，还有一个显著特点值得提出。这就是它乃中华文化向东北亚地区传播扩展的桥头堡和陆上通道。自远古至今，绵延不断。远古时期辽宁的玉玦与玉匕器，就向东传往朝鲜半岛南部和俄罗斯远东滨海州。辽宁青铜短剑文化作为燕秦文化向朝鲜半岛发展，至秦末汉初，更推进到日本九州地区，影响了日本整个弥生文化时期。自此以后，每个历史时期均有中华文化通过辽宁地区，向朝鲜半岛，又经此向日本列岛传播的记载；尤其在唐宋时代，中华文化的陆路传播的必经之路，就是从辽宁跨鸭绿江而登上朝鲜半岛，而后浮海而至日本列岛。

"辽海文化"作为辽宁地域文化的称谓和文化符号，标示着历史与现实的双重含义。"辽海"作为地域概念，古已有之，最早见于东汉与魏；而其所涵盖地域广阔，以后历经变迁，至宋代，"辽海"含义已几等同于"辽东"。①至近代，其含义则已演变为"辽"即辽河，"海"即黄海、渤海，故其地域即可视为"襟带辽河，地濒渤海"的辽宁。②辽海地域，属于北方生态敏感区，地处华北平原、东北平原和内蒙古草原三角地区，多民族混居杂处、多种经济类型并存、多种文化汇融，渔猎文化、游牧文化、农耕文化在这里交汇融合，形成地域文化的特色与亮点。在历史的发展进程中，农耕经济逐渐居于主导地位，而以渔猎经济与游牧经济为辅，从而文化类型也以农耕文化为主，而其他文化居于次要地位，成为总体文化中的特殊成分，构成辽宁文化的特色。在辽宁省区内部，辽东、辽西的平原与山地丘陵构成其特殊地理环境及文化特色；而辽南地区属于辽东半岛，为海洋环绕，生产内涵、经济发展、社会生活及心理素质均具有海洋区域的特色。故此，辽海文化既具有游牧文化、农耕文化混融而以农耕文化为主体的特点，又具有海洋地区文化的特色；前者之浑厚、纯朴、刚劲、雄健，与后者之外向、机敏、灵动汇合而构成辽海文化总体，显示了地域文化的特色与亮点，而区别于东北其他地区，成为东北文化总体中的特色部分。由于辽宁上述地理环境与区域位置的优越条件，突出地表现在"前沿"和"中心"两个方面，辽宁在东北地区经济发展和文化进步中，历来走在前面，其近代工业发

---

① 参见陈涴：《"辽海"古称由来考实》，《史学集刊》2008年第3期；田广林：《关于辽海历史文化的两点认识》，《辽海学术研究》2009年第1期。

② 同上。

展、近代城市发展，诸如沈阳、抚顺、鞍山、本溪等工业城市的出现，内外贸易的发展与商业的繁荣，河流、海洋运输特别是铁路交通的发展，以及由此带动的经济、社会的近代化转型，在东北地区都是风气首开、业绩卓著、辐射周边、影响深远的。它们推动了文化的发展和向近代的演变，使辽宁文化走在前列。这样，辽海文化之中的"变""新""近（代）"，就更具有特色和先进性。

这种具有地域与民族特色的辽海文化，在辽宁史册上，有着许多具有不同于其他地区的、显示了鲜明特色的文化亮点。它们以历史遗迹和文物瑰宝的面貌显现于世，呈现了辽宁文化的丰神气韵。

牛河梁红山文化遗址发现的女神庙和女神像，填补了中国没有女神雕塑的空白。"龙出辽河源"，红山文化孕育了中国龙文化的滥觞和最早的成就。查海-兴隆洼文化出土的石堆龙、陶浮雕龙，是中国目前所知最早的龙形象；红山文化中，有彩陶龙纹、玉雕龙和泥塑龙，类型多样，龙的形象已经趋于定型化。闻一多曾经颇有见地地考证、描绘了中国龙形象的杂糅、并接的历史轨迹，但是，他未及见辽宁牛河梁出土的诸多类型的龙形象。红山文化中的龙形象，表明中华龙的基本构成要素，在约5000年以前就在辽河流域定型化了。辽河流域的龙文化，具有起源早、多类型、成系列、出土环境保存良好的特点。它对中华龙文化产生了巨大影响，为考古、文化史、艺术史、美学史等的研究提供了最佳真品。"龙出辽河源"，这是辽宁文化远古的熠熠闪光点。

玉文化为中国所特有，其中蕴含了丰厚的中国文化精神。辽宁是中国玉文化的重要发祥地之一。辽河流域史前玉文化大约与龙文化同步产生，其实例均出自辽宁的距今8000年的查海遗址。中国史前时期，出现过一个玉文化发展的高峰，并形成两大中心，南在以良渚文化为代表的东南沿海地区，北在以辽宁查海-兴隆洼文化和红山文化为代表的辽河流域地区。辽河流域的玉器及蕴含其中的玉文化内蕴，不仅影响了中国后世玉文化的发展，而且对后世宗教文化、文学艺术也影响深远。它与龙文化一起，构成辽宁文化的联翩亮点。

"万里长城万里长。"它绵延逶迤，经过多个省区，而其在辽宁的轨迹，却有特殊的地方，有特殊的文化意义。在历史发展上，辽宁地区的长城史迹，与整个中华长城的成长与发展同步；在地域上，它"东穷碧海，西带黄海"，纵横万里；在时代上，从公元前3世纪战国燕昭王时期开始，中经秦、汉、辽、金、元和明、清，在域内均修筑长城，此在北方诸省区中极为罕见。在横的内部体系上，辽宁地区的长城史迹，具有独特的建筑结构和文化内涵。而且，它还"附着"着长城在文化意义上的延续而又有大变异的清代盛京柳条边。从燕长城到明长城——明代"九边之首"的"辽东边墙"，再到不是长城延续的"延续"的清代柳条边，辽宁长城沿着辽宁地区的山山水水蜿蜒曲折、烽燧相望，用"城墙建筑"语言，诉说着千年历史、民族争战、朝代兴废，以及与文化的隔离和交流。其中蕴含着多元、悠久、深厚的文化内涵，雄壮与悲凉、苍茫与蕴藉、热烈与凄清，均附丽于长城躯体之上。它们不仅透露了众多的历史信息，而且显示了深厚的文化意蕴，因而成为辽宁文化中独具特色的亮点。

活跃在辽宁这个历史舞台上的少数民族，大都是草原民族、骑马民族。他们凭借马匹奔驰原野、征战沙场、攻城略地、决胜千里。"胡服骑射"是草原民族、骑马民族的决胜之道。"历来中国与北方民族作战时一个重要弱点，是战马不继。"[①]而战马备镫披鞍鞯，更利于稳坐奔腾，增强战斗力。其中，马镫的作用尤其重要，而马镫由仅能便于上下马的单镫，发展到双镫，则使骑射文化有了质的飞跃。这个过程，正是公元3—4世纪的十六国时期，由辽西的慕容鲜卑完成的。它使北方草原民族的战斗力大为增强，也使骑射文化向前大为发展。因此，骑射文化为辽宁文化增光添彩。骑射文化不仅实用于政治、军事以至社会制度上，而且体现在服饰、礼仪、语言、教育、技术、文学艺术、游艺及民俗上。它的文化意蕴与光彩是多个方面、独具特色的。

萨满信仰与萨满文化，是至今为中外学术界注目的古老信仰与文化的研究对象。"萨满教是一种原始宗教，……契丹人、女真人、蒙古人很早就有这种信仰习俗，但唯有明末在辽东形成的满族将这种信仰坚持下来。"[②]并且满族人还把它带入北京。满族当时作为统治民族，既没有汉化信仰道教，也未蒙古化信仰喇嘛教，而是提倡萨满教信仰。[③]萨满文化在今日辽宁的文化影响，对辽宁文学艺术的影响，其印记犹在；作为文化积淀，它仍然在发挥其重要地方文化资源的作用。

① 黄仁宇：《赫逊河畔谈中国历史》，生活·读书·新知三联书店，1992，第131页。

② 张杰：《冥冥天国苦追求——辽河流域宗教文化》，辽海出版社，2000，第109—110页。

③ 同上。

"三燕"古都龙城即今辽宁朝阳市发现其遗迹的"思燕佛图"，是建造于北魏时期的佛塔，距今已有1600多年，是历史记载的东北地区最早的一座佛塔。辽宁还拥有以"星罗棋布"形容其数量之多的辽塔，分布于省内各处，至今留存约40座，约占全国现存辽塔的40%。其中有中国佛塔艺术高峰的辽代密檐塔，有"五世同堂"的朝阳北塔，有全省最高的辽阳白塔，有玲珑秀美的北镇双塔，有形制独特的喀左大城子塔，有雕饰复杂的兴城白塔峪塔。还有寺庙结合、布局独特的"盛京四塔四寺"，即沈阳东塔永光寺、南塔广慈寺、西塔延寿寺和北塔法轮寺。

　　辽宁的建筑艺术和文学艺术，都被曾经活跃在辽宁地区的少数民族敷彩赋形，留下了浓重的民族异彩。享誉中外的三大民族都城：高句丽开国都城——五女山山城、"三燕"古都龙城、后金第一都城——赫图阿拉城，都闪耀着民族的辉煌与气质。辽塔、辽瓷、辽三彩，都在艺术形制与气质上，闪耀民族色彩。义县大佛寺、阜新瑞应寺，建筑、雕塑、宗教艺术，也尽显民族精神与风光。汉墓壁画、辽墓壁画，描绘民族生活；满族诗文、《子弟书》、尹湛纳希的《一层楼》、萨满祭祀舞蹈，充溢满蒙两民族的艺术精神。民间艺术的奉天大鼓、辽宁皮影戏、东北大秧歌和踩高跷，还有二人转等，粗犷、豪迈、幽默，地域色彩浓厚，艺术气质厚重质朴。

　　辽宁全省有世界文化遗产六处。它们是：沈阳故宫、清永陵、清福陵、清昭陵、九门口长城、五女山山城。它们大多是少数民族的文化体现，是辽宁文化重要特色的显现，其中蕴含着厚重的历史文化遗产，闪耀着辽宁的历史辉煌与文化异彩。

总结历史，开辟未来，创新辽海文化[*]

通读《中国地域文化通览·辽宁卷》，我们有一个深刻的感觉，就是对辽宁文化的认识增强了、加深了、提高了；对它有了新的体认。过去的认识不够全面，缺乏体系性，有缺陷，有的还不够了解甚至不了解；现在，认识全面了，具有体系性了，也深刻了。"让世人更了解辽宁，让辽宁人重新认识自己"，我们这一编撰《中国地域文化通览·辽宁卷》的初衷，可以说是实现了。当然，就《中国地域文化通览·辽宁卷》所确定的年限的下限，即止于辛亥革命时代来说，我们叙述的对象应属辽宁传统文化范畴。而辽宁文化从传统进到近现代，经过辛亥革命，经过五四新文化运动，尤其经过中华人民共和国半个多世纪的发展，是有很大进展、很深刻变化的。因此，在本卷"结语"中，我们愿意在历史叙述的基础上，略述辽宁文化在辛亥革命之后的历史时期中，其大致发展路径和大体状貌，以窥"全豹"，也是研究辽宁文化的需要，同时就辽宁文化发展的未来作一简略探讨。

1. 对辽海文化的新体认

辽海文化是辽宁文化的合适的文化称谓。在省的地区划分上和省内地域性文化的区分上，习惯的和合理而适当的区分是辽西、辽东、辽南，即辽西平原、辽东山区、辽东半岛地区。辽西近冀，辽东居江畔而多山，辽东半岛近海而与齐鲁隔海相望，故称"辽海"，名副其实。这样，在地域文化上，有农业文化和海洋文化之别；在民族文化上，有鲜卑、朝鲜、蒙、满之分。

---

[*] 本文是作者为与林声共同主编的《中国地域文化通览·辽宁卷》撰写的"结语"。

历史发展的轨迹显示，辽海文化是汉文化和多个少数民族文化融合而以汉文化为主体的地域文化。在两千多年的历史上，有诸多草原民族出没辽海地区，他们的族源复杂而多有混同，称谓也多有变换。在不同的朝代、不同的历史时期，有的民族占据主要地位，掌握了东北地区或整个北方的统治权，甚至全国政权。乌桓、鲜卑、契丹、女真、蒙古和满族，便是主要的族群。他们各自以自己的民族文化贡献于辽海文化，注入汉文化之中；辽海文化也以汉文化为主体，吸取、接受了这些少数民族的文化因子和文化资源，而丰富发展自己，并铸就自身的文化特质。在北魏时期，从辽宁走向华北、建立北方政权的鲜卑族的文化注入中原文化，有其一份贡献。在清代，以辽宁为发祥地的满族统治全国，使满族文化波及、影响全国。总之，辽海文化由多元构成，而以汉文化为主体；它靠吸取、接受中原文化的营养和资源而发展自己、成就自己，从而进入中华文化的整体；同时，它也以鲜卑文化、满文化和蕴含少数民族-草原民族文化因子的文化，奉献于中华文化，产生过影响。

　　汉文化是以移民的形式、以移民为载体输入辽海地区的。所谓移民，有多种形态。在古代，在千年以上的历史时期中，有的移民是普通的迁徙，有的则是中原战乱中避祸逃难的流民，有的是具有技能的农民或手工业者，他们或者是谋生、或者是被劫掠、或者是被雇聘而来到辽宁；还有士人被统治者延聘来的，进入统治集团，有的身居高位要津。这样多的群体，这样多门类的人，带着生产技能、农业文化、知识智慧，满载中原文化，传输于辽宁地区，一方面与地区民族文化结合，一方面学习接受少数民族文化。总体上是农业文化与骑射文化的碰撞与结合、互渗与汇融。在明清时期，又有"流人文化"输入辽海地区。所谓"流人"皆非等闲之辈，他们或为横遭贬谪的学士名人，率皆饱学之士。有的甚至是高官显宦，位高学厚，也是学有所长的人士。所以"流人"的到来、定居，对于辽海地区文化的发展，对其接受中原文化、儒家文化、中华经典文化均起到重要的作用。尤其他们之中，有的人士，在清贫困厄中，犹钟情文化，著书立说、讲学授徒，热情传播精英文化，对辽宁地区文化的提升发展，贡献颇丰。近代以来，几次大的"闯关东"浪潮，人员众多，气势恢宏，大多数是贫苦农民，以赤贫之身，拖家带口，凭借双手辟地开荒，带来了生产技术、农业文化和齐鲁、冀、豫的民间文化，使之落地生根，结出丰硕的民间文艺之花、民间文化之花。它们在冻土地上，在荒僻原野上，创辟了中原文化与民族文化、辽宁文化的汇融的文化之果。

进到近现代，由于辛亥革命和五四运动的发生，还由于日、俄帝国主义的侵略，辽宁的新的文化因子产生了。现代工业的建立，现代交通、公路铁路的筑建，导致现代城市的产生，以沈阳为中心的中部城市群，包括鞍山、抚顺、本溪等重工业城市的出现，大连、锦州、丹东、营口等港口城市的兴起，以一省区而拥有如此众多而密集的工业城市，在全国居于前列。因此，辽宁近现代文化中的工业文化、科技文化、城市文化得到长足的发展，进入京津文化的行列，在东北居于首位，并逐渐成为文化中心。其中，以日、俄，尤其是日本的侵略和文化输出为契机，殖民文化得到发展。它或者为侵略者所强制推行，或者为移民移植，侵入辽海文化的肌体脏腑，一方面是强力的灌输，一方面是随着生产、生活的嵌入。与此同时，反殖民文化也应运而生。它与殖民文化相抵触、对抗，产生民族的自我保护意识和自豪感，反抗异族统治、侵略和文化输出。殖民文化的产生，是消极的结果；反殖民文化的萌发、发展，是积极的文化成果。在辽宁近现代文学、艺术作品中，在精神文化形态上，那种固有的粗犷、反抗、豪侠、勇毅的气质品格，因应时代的要求而尤显突出，在同时代文化领域里独显光彩。

在中华人民共和国成立之后，辽海文化得到迅速提高和重大发展。作为老解放区，作为先行一步的大规模经济建设的区域，作为"共和国长子"的重工业基地，辽宁的现代文化，包括工业文化、科技文化、城市文化，均有突出的进展，在东北地区名列首位，在全国亦居前列。在这种优势发展的形势中，也有另一面的潜在的羁绊。传统文化积淀中乡土文化的农业、农民文化的保守倾向、内敛意识，商业精神的缺乏，经营管理才能的弱势，都影响了辽海文化的现代性进展。所谓"辽宁人往往醒得早，起得晚"，厚重沉稳有余，而开拓进取不足，是辽宁人多番反思的课题。

在这里，显现了辽海文化内在的两面性：一面是传统文化的精神气质，多元、开放、开拓、兼容、大气，这是主要的、核心的、厚重的；另一面，虽然是次要的，但却存在，或者说在潜意识里隐存，这是辽宁人思想、观念、心理、性格上需要力求反思、积极改进的方面。

2. 保护与诠释，继承与创新

面对辽宁传统文化，主要不是发思古之幽情，而是回顾往昔、思考未来，思考如何继承传统、发扬光大，更思考如何改革进取、实现向现代化的创造性转换。继承不是故步自封，改革亦非否弃传统。为了继承，首先要对传统、对历史遗存精心爱护、悉心保护，要对其进行发掘、梳理、研究。为此，"重读"与"细读"是必要的。"一切历史都是当代史""历史永远是与现实的对话"，这些名言说明了重读传统的必要和精要。"重读"就是根据现实的需要和现实的状况，以此为出发点和归宿，去重新研读传统，以发掘新意，析解旧意，为现实服务，为文化建设效力。"细读"就是为了这种目的而通读、训诂、分析、深究，并且联系相关资讯以扩展解读界域。尤其重要的是，要对传统文化资源做出现代诠释，以至"现代化处理"，使旧文化遗存化为新文化资源。

这种现代诠释与"现代化处理"，必须在尊重传统的基础上和文化理念上来进行，否则会容易损伤传统，甚至毁坏传统，使其"万劫不复"，那就适得其反了。同时还要在准确理解的基础上进行，只有做到准确理解，才能做到准确继承和改革。妄作解人，歪曲传统，甚至戏说传统，都不是现代诠释，而是现代人从不纯正目的出发的对于传统的嘲弄与糟蹋。当然，更进一步的要求是能够以新的理念、新的方法来研究，以新的学术规范来解读和运用传统。

对于传统文化的爱护、保护与继承，不仅是对历史、对传统与前辈的尊重，而且是要"化腐朽为神奇"，要"从古老的智慧中寻找现代灵感"。我们从古人的生命体认和生活智能中，从他们的器物、文学、艺术的制作和创作中，都能获得启示，获得"古老智慧的现代刺激"，而创获文化成果。辽宁在这方面可以继承和发扬的历史文化资源是丰富而富有特色的。

3. 依据实践需要，实现文化创新

对传统文化的发掘、整理、重读与进行现代诠释和"现代化处理"，不是最终的目的。这一切的归宿是文化创新，使文化从传统向现代转换。中国文化在现代化过程中，在建设中国特色社会主义过程中，必须实现从传统向现代的创造性转换。这是历史的课题，也是现实的任务，更是我们的责任。辽海文化要实现这一艰巨任务，拥有有利的条件。作为振兴东北战略目标的前沿和先行区域，作为新兴产业、重要重工业产业、现代产业发展的新兴地区，作为再振雄风的重要国家工业基地，辽宁拥有众多大型企业、众多高科技人才和广大科技人员，还拥有成批的科学研究机构，又拥有现代城市群，城市化程度也居全国前列，这些都蕴含多元、广泛、深厚的现代因素，是构成文化现代性的宝贵资源，为许多其他省份所缺少。同时，这些条件又构成迫切的任务，进而提出了迫切的需要：它们的实践和实际迫切需要改革传统文化的不适应部分，需要文化创新，需要文化从传统向现代创造性地转换，以养育经济，引领、推动、保证现代经济的发展。现在正积极推进的转变发展方式的战略任务，正需要文化的现代性及现代文化的促进和保障、推进和领跑。

从实际出发，理论结合实际，既充分运用传统文化的积极因素，发挥传统文化的功能与作用，又实行文化的从传统向现代转换，实行文化创新，以新的文化力量来促进新的经济发展。这是文化的力量所在，也是我们的任务所系。

文化还有另一种重要的作用，就是发挥辽海文化优秀传统的作用，发挥文化创新的作用，抵制、防止、消除现代化进程中的文化偏向，使信仰缺失、理想失落、价值观混乱、道德下滑等现象得到纠正和防治。辽宁文化的现实任务，可谓任重道远。

《中国地域文化通览·辽宁卷》的撰修，是一次对传统文化的梳理、阐述与诠释，它将辽海文化的发展历史及其规律揭示出来，将它的亮点展示出来，让人们了解辽宁，使辽宁走向世界。

我们进行了一次从历史到现实的文化之旅。我们全面梳理了辽海文化的发展史，展现了辽海文化的鲜亮点。这既是在继承前人的研究和工作的基础上进行的，同时又进行了我们应有的自己的发掘与研究，做了在性质上应属开辟性和总结性的工作。我们经过集体的努力，完成了现在的成果，把它呈现于世人面前。我们希望能够被满意地接受。但我们愿意接受批评指正。

国学在当代中国的命运*

近年来，"国学热"猛然在中国兴起，其势汹涌，与文化潮同时勃兴，挟大众潮以涌动神州，乘商业潮而方兴未艾。国学、国学，从高等学府到市井民间，从大学课堂到私塾家学，从精英著述到大堂传授，从图书中心到坊间书肆，从电视讲坛到签名售书，从听众如潮到抢购风潮，从垫钱出书、印数寥寥到印书几十万、稿酬几百万，林林总总、形形色色，所谓"国学现象"不一而足，显示了国学从未有过的热闹和时兴。

这种文化现象，是媒体炒作而成、公众起哄兴起，因而不必看重，不过是稍纵即逝的偶然时尚而已，还是事出有因，是有着深厚动因的民族文化思潮的表现，因此应该仔细辨析、认真对待？

本文愿对此做一些探讨，以求正方家。

1. 当前国学热兴起的历史、时代、社会、文化因缘

当前"国学热"兴起之种种热烈、普及、深层的表现，说明它并非起于青蘋之末的飘风，不是历史长河浪涛上的泡沫，而是历史与时代、社会与文化的潜流深水所造就的一代文化思潮之体现。

关于思潮本身及某种思潮之所以兴起，梁启超曾经有过很精彩的论述。他指出，并不是每个时代都会有思潮产生的，而"有思潮之时代，必文化昂进之时代也"；至于产生思潮的时代条件主要是"环境之变迁与夫心理之感召"，而且，普遍的"思想之进路，同趋于一方向，于是

---

* 原载《社会科学辑刊》2008年第4期；收入《中央文史研究馆首届国学论坛论文选》，中华书局，2011，第202—224页。

相与呼应汹涌如潮然"。这种思潮之兴起，起初其势甚微，而后"浸假而涨——涨——涨，而达于满度"，于是成潮。梁启超还特别指出，凡能成思潮者，其"思"，都有"相当之价值，而又适合于其时代之要求"[①]。梁启超的这段论述是可取的，是符合历史发展的事实的。我们不妨按照梁启超所论思潮形成的基本线索，来探讨当代"国学热"形成的历史、社会、文化因缘。

当前，我国社会正在经历着前所未有的"环境变迁"。整个中国从城市到乡村，"靡远弗及"都经历了、经历着巨大的、深刻的、从未有过的变化。经济、社会、文化全面地、深刻地，也是从未有过地发生了巨大变化。由于这种变化的产生和发展，人们的思想、观念、情感、心理的变化，也是巨大的、深刻的、从未有过的。由于这种"环境之变迁"和"心理之感召"的产生，便营造了一个"文化昂进之时代"。无论"环境之变迁"还是"心理之感召"，以至"文化的昂进"，其性质、特征、走向，都是奔向一个目标：实现现代化。这是一个民族的现代化进程的表现。在总体上，可以归纳为经济的市场化发展、社会的现代化进步和文化从传统向现代的转换。

在这一现代化进程中，无论哪个方面、什么层次，都在经历着"现代"对"传统"的冲击、批判、抛弃和破坏。在经济上，市场经济以其雷霆万钧之力、冲决一切网罗之势，革除旧的城乡经济体制，改变人们的价值观念、行为准则和生活方式。由此，传统文化也接受严峻的挑战、全面的冲击、事实的批判和否弃。最"抢眼"和"形象"的表现，好像是一种象征的现象，就是城乡古老建筑、历史遗迹和文物，包括古迹、有文化价值或有纪念意义的民居等，在开发商的铲土机的采掘下，纷纷坍塌、消失，被夷为平地。到处可见画起圈圈的"拆"字，醒目地写在完好的或颓圮的建筑物上。纵然平民百姓、有识之士、媒体从业人员、人大代表、政协委员等自发地和有组织地呼吁、抗议、请求，但都无济于事，无力"挽狂澜于既倒"。再就是娱乐文化对传统文学、艺术、文化的冲击，势如破竹，摧枯拉朽，所谓"市场份额"，几为其"垄断"。这当然还只是表面现象，深层的、内在的及思想、观念、心理上的冲击和震荡，更是广泛、众多而深刻，触目惊心。

这种"现代"对"传统"的全面进击和普泛占领，使部分人（绝大多数是中老年人，尤其是老年人）感受到民族传统眼看丧失殆尽之痛，而产生文化危机感。而广大群众则有失去生活与心灵根基之感，"生命中不能承受之轻"，无可言说却感受具体。青年一代中不少人则是"欢欣鼓舞"以赴之，既不知传统为何物而深恶痛绝之，或者蔑视、鄙弃之，其实也同样不知"现代、西化"为何物而尊之、爱之，顶礼膜拜之。这样，传统显垂绝之危机，民族集体无意识陷入懵懂昏聩中，国民文化-心理性格呈扭曲状。

物极必反。处于这种文化状态中，大多数人有一种饱食餍足的腻味和呃逆，于是对传统文化有一种向往和好奇，接触、接近、一窥、浅尝等，便发生了。毕竟是炎黄子孙，对中华传统文化有一种先天的血缘亲近感，更何况中华文化的"秉性气质""文化品性"确实有祛害救弊之功效（此点以后详议）。因此，各类人对传统文化，对国学，表现出不同程度的亲近与热情。对儒家和道家及禅宗等传统文化及其价值观、生活方式、处世原则和生命形态，产生"血缘关系"的回归情愫。这是当前"国学热"的"积薪"之一面。

有趣的是，前述"现代化症状"的另一面表现，竟"另辟蹊径"地推动了国学的兴起。由于经济体制的变革和改革开放的实行，人们发财、发展之路顺畅，个人施展的天地开阔，机遇良多，而同时失败、受挫的经历也增多，使人有命运难测之感。但也有人一夜暴富、有人连连晋升，好似机遇好、命运济。无论命运济与不济，都像是冥冥中有神明在护佑或有鬼魅在作祟；或是祖宗神灵在暗中庇护，或是孤魂恶鬼置人于死地。于是风水算命盛行起来，敬神拜佛、祛祟驱邪、消灾弭祸等活动盛行。于是《周易》当令，并由易经八卦而儒、道、释分别受宠或"囫囵个"地获爱。值得注意的是，投入这"顶礼膜拜"大军中的，不仅有农村的"愚夫愚妇"，而且有广大的经商群众，更有大款、大腕，还有职务大小不等的官员。真可谓当今之世，具有呼风唤雨之势、左右乾坤之能的"权"与"利"，都占全了。

尤其这路国学爱好者，与商潮相连，即用《周易》于经商，以《论语》之"术"处世、用人。又于此时传来东邻日本学用《三国》于商战，体察《论语》之精粹于经管，获利制胜，更使人崇敬国学，视为商海征战、官场斗法获胜之宝鉴。

这样，一面是为国学之盛行提供了广阔市场，另一面又为其提供了充足的发展资金。这种国学发展之"积薪"，比之前述的"积薪"可就强大得多、富足得多、市场广阔得多了。这是一种强力的资本后台、市场促销。有的"国学著作"印数动辄几十万册，稿酬以几十万甚至百万元计；有的国学课，每次（三四个小时）报酬以万计。国学、国学，如此经销、促销，焉能不兴盛乎？当然，还有传播媒体的促进，一场讲坛，受众以十万、几十万计，其普及率、影响力、号召力，其谁能比？其谁可及？即使是讲座，也是以千百计的听众，非一般大学讲堂可比。因此，一时间，国学声誉隆盛，几可于街谈巷议中屡屡闻见。

这种国学兴盛的局面，确为中国所从未有。其为一种思潮，是无可怀疑的。

这里，我们还应该对现在国学的受众做一点分析。从电视观众和签名售书中，以及从大堂宣讲的听课人中，我们可以看到，中老年人占相当大的比重。其中多数人，尤其是老年人，对于传统文化有"天然血缘联系"，心有灵犀，而且，不同程度地都曾对国学有所接触或有一定基础甚至初步修养，如接受美学所说，他们是怀着对国学殷切的"期待视野"与"接受屏幕"的。另有相当数量的青年人，由于自学或好学，或者受家长、老师、朋友的影响，对国学有一定认识，富有兴趣。还有很大数量的从商人员、中外资企业管理人员等，从商业和经营管理角度，意欲获得商场取胜之资，而建立自己对国学的"期待视野"与"接受屏幕"。从这个估计中可以看出，所有这些受众的"对国学接受的平均水平"，居于中值以下。其接受能力与批判能力，也基本处于这个水平，或者还要等而下之。

从20世纪80年代到21世纪，所谓现代化的"东亚模式"，在国内影响很大。而之所以称其为"东亚模式"，就因为韩国、新加坡和中国的台湾、香港，都属于中华文化、儒家文化圈。学术界从他们的工业化与现代化经验中，提炼出"儒家文化与现代化一致，并不是对立与阻滞的"结论。由此，也引起了民众对于国学的重视和学习的热情。这可以说是"儒家文化——中华传统文化"回返影响。这种影响力不仅在学术界、文化界发生作用，而且浸润所至，及于一般读书界、学界和商界以至官场。

从更广阔的视野看，自20世纪80年代以来，西方对于现代化的反思越来越深化，其急迫性也越加凸显，不再是"预言预测式的危言耸听"，而是"迫在眉睫的危机感"。在这种反思中，带着对现代性、对科技的质疑和其所带来的负面效应的批判，对其人文精神的缺失，对其对传统的过分否弃，也都有深刻而富有启发性的论证，由此提出了对于传统，对于中华传统文化包括儒家文化和道家文化的肯定，和以此来对现代化道路进行纠偏补罅的论证。其中包含对"东亚模式"的肯定。这也从外部、从"他山"，传来了对中华传统文化的赞誉。于是国学在国内也身价提升，受到重视。

当然，不可忽视的是从我国台湾地区和海外学人传来的对于儒家学说，同时也连带对中华传统文化的认真、严肃和深入的研究与宣传。他们所继承发扬的"新儒学"，自20世纪80年代传入大陆，通过他们著述的流播和在大学的讲学，影响日渐扩大，由文化精英、广大学子而浸润一般受众。这在国学的扩大影响、社会关注和公众传播上，都起到了重要的作用。

以上，从几个方面求证了国学在当代中国兴盛的远近缘由。在总体上，它们体现了自20世纪70—80年代之交到现在，中国"环境变迁"与"心理感召"的大体状况，以及它们如何引发、促进以至营造了当代国学的兴盛。

至此，我们还需要探究从思潮之形成，如何自初潮酝酿经过如梁启超所言之"涨——涨——涨"的过程，而达"满度"，于是成潮在今日的。

这历史的进程，也许可以回溯到五四新文化运动时期。这个在中国近代史上划历史时期的新文化运动，批判的锋芒主要是对准"政治儒家"或"儒家的政治文化"，是对准鲁迅所说的"替历代统治者着想"的儒家文化，而不是全盘的儒家文化、儒家思想学说。同时，这种主要在精英层和年轻知识分子中的文化批判和文化引进，对于广大民众的影响不如想象中的那么大、那么深。传统文化仍然占据着中国公众的灵魂，从思想观念到思维方式，从价值观到行为准则，从生活习性到生命形态，还是传统文化占主导地位。甚至那些新文化运动中冲锋陷阵的战将和领导人，包括李大钊和陈独秀、鲁迅和胡适、钱玄同和刘半农等走在运动前列的头行人，在文化品性、行为规范、道德操守方面，还保留着传统底蕴，自然地保持着中国传统文人学士的气质和行为范型，而不是西方式文人、艺术家、学者的模样。这主要不是说他们和公众不赞同或反对新文化，而是证明文化传统中有它可取之处。而在民间，在"小传统"中，文化传统中的民族规范仍然是主要的、具有根底性质的。今天看来，应该说，所有这些，都是对于传统文化、对于国学重新兴起的隐蔽根基，是数千年形成的民族集体无意识的潜在表现。这是轰轰烈烈的新文化运动浪潮中，潜存的民族文化-心理性格的暗流与深流。它可谓今日国学热的"原始积薪"。

1949年以后，传统文化一直处于被批判的地位，处于地下存在状态，从小学到大学的教育，从文化学术界到文学艺术界，统统是对中国传统文化持批判态度的。据有的学者统计，自1919年到1949年的30年间，中国大陆出版了好几百种以文化为题的书籍，尤以商务印书馆出书为多；而从1949年到1979年的30年间，却只出版了一种这类书籍，就是蔡尚思的反传统意味很强的《中国文化要论》。①但是，虽然被压抑着，中国民众的民族集体无意识中，"小传统"中，民间乡野，却蕴蓄着对民族文化传统的怀念、留恋和渴望了解，所谓"一颗民族文化的心"在暗中蠕动，虽累遭批判、打击而不稍衰。并且，在事实上，在实际生活中，人们的生活形态、待人接物、行为方式、习惯礼俗仍然是"中国式"的，充溢着中国文化传统。

历史的逆向变迁，倒产生了相反性质的"心理感召"，人们心里产生呃逆、腻烦、逆反与反思，心理上更通向文化传统，成为心向国学的缘由。"文革"后逆反与反思基础上的寻根意识，改革开放以来的受西方文化冲击而产生的在回眸与回味基础上的寻根心理，都成为国学思潮兴起的"心理感召"，尤以后者为重。如果说前者是受创后的抚摩伤痕的寻根意向，那么，后者就是被侵袭中在失去根基的虚悬感受后的急迫的寻求和亲切的归顺。

改革开放以来，中国文化传统受到三股潮流的猛烈冲击。第一股是公众文化潮的冲击。由于经济体制的改革和经济的快速发展，农民尤其是农民工，以千万计地涌进城市，涌进文化消费市场，要求文化产品满足其需求。而其需求、审美情趣和文化口味，主要充溢着虽然低俗却具有传统文化精神血脉的通俗文化。第二股是商业潮的冲击。商业化倾向

---

① 杜维明：《现代精神与儒家传统》，生活·读书·新知三联书店，1997，第6页。

驱使精致文化日益边缘化，通俗文化则主流化并与商业化结合，市场份额和经济效益成为主要的甚至唯一的标的。满足人们的商业运作需要，是投合而获利的重要方面。第三股是外来文化潮的侵袭。钱穆所说的西方文化是"外倾"型，即"开物成务"的文化（"无此物，创此物，是为'开物'。干此事，成此事，是为'成务'"）的西方文化精神，"这种文化，偏重在物质功利，不脱自然"，大大冲击了以"人文化成"为特征的"内倾"型文化的中国传统文化（"中国文化之内倾，主要在从理想上创造人，完成人，要使人生符合于理想，有意义、有价值、有道"①）。物质、实利、利润、金钱成为社会心态的重镇；而传统人文精神缺失。这引发了民众对传统文化的回眸与回归。这三股文化潮冲击的效应，都在不少方面引发回眸、反思以至"文化返祖"的民族心理和集体无意识，而促成国学思潮的兴起。

综上所述，我们可以归纳为三个渊源，促成今日国学兴盛之局面。亦即梁启超所谓"环境之变迁"与"心理之感召"之积蓄成潮。第一，"五四"以来对传统文化的批判，近数十年传统文化之被轻忽、鄙视与弃置，直至"文革"期间被彻底打倒、肆意摧残，造成文化传统缺失、民族精神否弃、集体无意识飘忽无根，从而产生文化上的反刍、反思与返祖现象。第二，现代生活方式的突袭与冲击，让文化传统惶恐失据，加之西方发达国家的现代化反思中呼号"回眸东方""通过孔子来思维"，让人们在文化和民族精神上感受到"难于承受之轻"，从而产生对传统文化的回眸、回味与回归。第三，商场与官场应用儒学与传统文化，既适应前述两种社会状况与心理感召，又能取得西方方式不能取得的效应，于是青睐儒学和传统文化，以资金与权力助长了国学的兴盛。

2. 当前国学热的表现形态、特征与文化品性

前面所论，只是从总体上求证国学热的兴起缘由。这里，且从发生学角度来寻觅当前国学热的性质和特征。有其始也，必生其质；有其源也，必致其流。

当前"国学热"表现在几个不同层面上，各有特有的形态与性质。

---

① 钱穆：《中国文化丛谈》，台北，三民书局，1984，第116页。

第一个是精英文化层的国学传授与研究。有相当数量的中老年学者和年轻学子，在新的文化襟怀下，对传统文化，包括儒、道、释三家，包含孔子、老庄和诸子学说，进行认真的研究，做出新的训诂、解读和诠释，富有真知与新意。其研究的总体方向不违背经典原意，也不脱离社会现实。有的在"传统文化与现代化"的总体命意下，从事现代化的文化寻根和传统文化向现代转换的研究。这应视为"国学热"的正宗与砥柱。

第二个是"中间层面"的学习与接受，包括在高等院校学习的本科学生与研究生、社会各界具有一定文化程度的读者，以及好学的中老年人。他们循着正规、正统的学习途径，学习国学的基本著述和诸子经典。这种学习，基本上按照整体把握、完整领会的意向循序渐进地阅读与接受。当然也有随机、随性的带有随意性的阅读，但其总体上属于这一类。

第三个是民间国学的兴起。近年来，民间兴学，创办了不少蒙童馆或国学班，比较系统地讲授国学，《三字经》《弟子规》《百家姓》《龙文鞭影》《幼学琼林》等蒙童读本流传。有的小学校也讲授部分国学。这种国学传授，采取传统的旧模式，从"正规""正经"方面来说，是好的；但却缺乏现代意识、现代精神，"纯传统""传统模式旧规范"，这是缺点。

第四个是"文化快餐"式的学习与掌握。这是目前"国学热"的主要表现形态，也是"国学热"最大的"热点"。这是一种文化消费，其学习的实用目的很明确也很突出。在这种"国学热"中学习的人，大体上是商业界人士、企业家或企业管理人员，还有部分官员。当然也有各种职业和各种年龄段的广大电视观众涌入其中。这里进行的是快餐式、心得式的讲解、阅读与接受。无论讲授者还是接受者，都是为了一种直接满足现实需求的、消费式的获得。他们从截取经典部分的、片面的甚至是被肢解了的"原意"出发，经过在正确解读中夹带有主观随意性和任意性的"误读"甚至曲解，有时在有的地方经过一种特殊的、各取所需的"读者的工作"（罗兰·巴特提出的术语），穿凿附会地创造出他们所需要的"意义"。事实上，众所周知，孔子及《论语》中所表达的入世精神及心系天下、情关苍生的人文关怀与人伦精神是很鲜明、很突出的，是贯彻始终的。其"修身"虽为个体性的，但其目的和终极关怀却是"齐家、治国、平天下"。孔子之赞赏颜回，是他能为担社会大任而

彭定安文集 14
社会与文化转型论

安贫乐道，并不是个人能在贫苦中依旧保持心情良好、生活愉快。

盖"读书心得"有两种。一为从准确理解作品"原意"出发，以自己的解读与诠释而求得"意义"，并将自己的"心得"贯注其中。这种"心得"讲解，有利于读者正确与准确地掌握作品内容与思想，于国学之"群众性掌握"，以至于国学之传播是有利的。国际文化出版公司出版的《傅佩荣〈论语〉心得》类乎此种著述。

二为"国学"宣讲，举行于千百听众的大堂，听众大多开自家小汽车赴会，会标上大书"全国几大国学大师之一某某先生"字样。大师登台，手持话筒宣讲，但很少涉及国学的完整内容，忽而这个、忽而那个，大都是如何商场取胜、如何抓住人心、如何掌握下属等。大师有时令听众大笑，听众哗然，大师不满意，再下令，于是听众大笑；有时又问"懂不懂""好不好"之类，听众轰然而答"懂""好"。整个会场、整个活动似乎同国学关系不大，而如传销授课。这也是国学盛行的一种热闹表现，但它与国学实在无关。

从上述国学盛行的几个层面和表现形态看，第一个层次和形态，如新儒学学派的研究与宣讲、老庄之研究与宣讲，都于国学之研究、发展、新解读与诠释有促进作用，于中国传统文化之研究与发展，特别于其向现代转换和为现代化服务都是有利、有益的。第四个层次和形态则比较复杂。它有为国学正名的一面，有使国学普及化、群众化的一面。不过，其无意或有意地误读、曲解、甚解，用国学媚俗使国学俗世化、商业化，使其与商业经营和官场钻营结合，则是于国学有害的，是有损于传统文化的。第二、第三个层次和形态，则需要指导，需要为其贯注现代精神、现代文化意识，以及对国学的具有现代文化意义的解读与诠释。这对于国学的现代普及是有益的。

3. 国学的当代命运与发展前途

国学在当代中国，处于一种客观条件具备兴盛之"思潮积蓄"，而主观上却是趁势而上但问题不少的境况，是一种兴盛，也是一种尴尬；是一种普及，也是一种下滑；是一种层次不同的发展，也是一种普泛性质的水平下降。

今日国中之"国学热"与夫国学，其命运如何？其发展前途如何？

未来之中国国学又会是怎样的面貌？其于中国之现代化事业、文化之从传统向现代转换又是何种状况？

目前的状况，还看不到转机。但事物总是在发展变化的。现在这种"国学热"与国学的状况，终究会日趋变迁。中国工业化的进程、市场经济的发展，以及现代化的实现，其"环境之变迁"是亘古未有的；同时，十几亿人对环境变迁的"心理的感召"，也是亘古未有的。这从"外在"和"内在"两个方面，都逼迫"国学热"必须进行从性质到内涵再到形态的变化与提升。

这里，且从几个方面、几个层次来试探它可能有的演进的轨迹。同时，也是对我们在哪些方面应该和可以开展工作的探讨。

一个民族的社会发展和文化进步，都仰赖于其民族每个时代的精英文化层通过刻苦学习继承传统文化，而又发挥睿智，努力从事文化创造，推动本民族固有文化的创新和发展。当然，他们的这种工作和文化创造，是在传统文化的基础上，结合全民族的集体社会实践，汲取全民族普通群众的智能与创造，经过加工、提炼、结晶、提高而形成的。前者是源，后者为流。源流结合，相得益彰，乃有民族文化的辉煌发展。中华民族的传统文化之所以能源远流长，经过多次转换而不断裂，绵延至今，就是经历着这样的更新、创造、进步的发展过程和文化流程。儒学大致经历了先秦诸子→汉代儒学→魏晋玄学→隋唐儒、道、释"三教合一"→宋之理学→明之心学→清之朴学这样一个演进发展的进程。我们民族现今的精英文化层，也正面临这样的时代使命。

尤其在世界范围内，由于人类文化随高科技的迅猛发展而大发展，由于网络文化带来人类文化传习、传递、传播、运用、承继、积累的第四次革命（语言产生→文字创造→印刷术发明→电脑），由于一系列传统理论受到挑战或为新理论所替代，还由于对现代化的长期深刻反思，世界文化正面临"第二个轴心时代"。"轴心时代"的文化特征就是"超越"，就是"第二序思想"即反思能力的出现。①这种"轴心时代"式的世界范围的反思，对"内倾型"的东方文化给予了重估，并肯定了其平衡现代人类文化偏于一极的作用。这是世界范围的"环境之变迁与心理之感召"，它既催促我们自省与反思，又给予我们以条件和现代智慧，

---

① 杜维明：《现代精神与儒家传统》，生活·读书·新知三联书店，1997，第34—35页。

去促进中国传统文化的转型。

这样的内外的触动，本民族的和世界的内在驱动和外在迫压，给了国学兴盛与进步前所未有的机遇和条件。首当其冲的是精英文化层，即以民族文化创造、文化积淀为其社会职责、为其人生追求与生命意义的人们，要自觉担负和完成这个时代任务和历史责任。他们面临的任务就是要继承前人的工作、完成他们未竟的事业，有计划、有步骤地收集、整理、注译、出版传统文化典籍，从事认真负责的既具传统朴学规范又有现代考证精神的考证和注释，并且做出准确的解读与现代诠释。在此项工作的基础上，结合现代化的需求，结合传统文化从传统向现代转换的需要，给传统文化以新的生命与新的使命。国学，在这个基础上，在这个发展流程中，才能够得到真正的复兴，得到真正的发展，以新的生命形态为中国现代化事业服务，为人类文化做出新的贡献，并流传下去，永不衰朽。这是为国学的发展和兴盛所要做的工作的主要方面和主要任务，也是国学未来的美好前景。

我们的祖先在这方面给我们留下了何等丰富、何等浩瀚、何等独特而深刻的文化宝库啊！我们前几代人曾经做过许多工作，取得很大成绩，有解读与诠释，有延伸与发展，有继承与创造。我们现在需要和可以做的发掘、整理、研究、解读、诠释的工作，是那么多、那么繁重，又那么诱人。

前述第二与第三种"国学热"的表现和状态，即总体上的民间国学的兴盛，反映了中国人民对于民族传统文化遭到合理的批判和疯狂的摧残之后的反思与回归，反映了在现代化过程中人们的物质追求之外的精神需求，以及人们对于传统价值观、德行和仁义以至人生意义与生命形态的回视和向往。这种对于环境变迁之反应而来的"心理感召"，正是国学兴盛的国民心理条件。我们现在需要做的工作是，给这种国民心理对文化传统的向心力以正确的、规范的、文化性和现代性的回应与满足。正确的指导和规范的解读与诠释是非常必要的。这不仅可以使国学的研习在正确的轨道上行进，而且只有这样，国学的民间兴盛才更具文化功能，也才能经久不衰。当然，还可以某种程度避免其走入歧途，如复古、复旧和误读、曲解。这是国学兴盛、民族文化从传统向现代转换的重要的群众基础。国学未来的命运亦系于此。

至于"'个体心得'式解读"和"类传销推广"，即国学的俗世化、商业化，则要在肯定其普及国学的前提下，给予应有的指导和纠正。这需要认真的互相沟通、平等对话，并在共同的目标下取长补短。"个体心得"，完全可以"自由领会和发挥"，可以言东言西，"是己之所是、非己之所非"，这是每个人的阅读自由。从接受学来说，每个人都会和被允许根据自己已具备的知识和"期待视野"，依据对作品"原意"的了解去创造"意义"。这是他的阅读获得，是他的知识与心理的"相似块"依照"相似原理"得到的思想与知识的增长。这是旁人无可非议、不得干预的。但是，当他把这种心得公之于众时，就是社会行为了，就不能拒绝别人的评议了。而当这种行为是在具有巨大传播力度，能够影响十万、几十万观众的传播媒体上宣讲时，这就不是一般的公众行为，而是具有巨大影响力的社会行为，那就更不可避免也不必拒绝公众的评议了。公众以至有关的文化人士或机构，有责任来明辨对错、讨论是非。这正是一种文化研讨，有利于对国学知识的正确与准确掌握。

不过，人们在评议这种公众宣讲的是非对错时，首先应该肯定这种宣讲在普及国学方面的意义和作用。而且，这是当今时代的产物，在以前是不会有这种文化状况的。以前的社会文化状况和封闭体制，没有条件做到这一点。以前的公众也还不具备这种接受水平和意向。能够借助传播媒体的力量来普及国学知识，这是应该学习的。公众宣讲的成功，使国学"获得群众"。从方式、方法到效果，这都是值得研究和推广国学的人们注意的。问题在于，如何指导这种公众宣讲，在训诂、阅读、诠释等方面都更正确、更准确，更能够给受众以地道的国学知识，而不产生误读与误导。同时，公众宣讲者也应以高度社会责任心和对国学的民族感情与文化情怀，不断提高自己的国学修养与文化素养，在此基础上再去公众中宣讲，使自己的宣讲成为高层次的文化讲座，使广大受众获益，也使国学得到更好的普及，从而提高公民文化素质。这有利于国学向现代转换，有利于中国传统文化完成在现代化过程中的现代转换。

以上几个方面，就是"国学热"提出的课题，和为解决该课题提供参考的"方案"，目的是使这种"国学热""传统文化热"不仅升温，而且文化效应更好；同时，也是为了国学的发展、转型和在新世纪延续生命，获得更加辉煌的未来。

访谈录：文化是一个国家客厅里的字画[*]

今年82岁的彭定安以前是辽宁省社会科学院副院长、东北大学文法学院院长，出版有《鲁迅评传》《鲁迅思想论稿》《美的踪迹》等一系列学术著作，是海内外知名的学者。然而，与记者交谈时，老先生似乎并不喜欢"学者"这一称呼，更愿意用"学习者"来形容自己。这几天，他认真研读了《中共中央政治局就深化文化体制改革集体学习》的报道，感到非常振奋。他说，实现现代化，建设中国特色社会主义，实现中华民族的伟大复兴，这是"三位一体"的国家工程、社会工程和历史重任，胡锦涛总书记在这个时候提出"顺应时代要求，深化文化体制改革，推动社会主义文化大发展、大繁荣"，顺其势，应其时。

1. 文学艺术存在"黄钟冷寂，瓦釜雷鸣"问题

彭定安说："现今社会，国民文化心态、文化-心理结构存在严重物质化、个体化倾向。"具体来说，就是在物质和精神上，重物质、轻精神；在科技与人文上，重科技、轻人文；在群体和个体上，重个体、轻群体。只重实际、实惠、物质的问题，忽视、轻视文化和精神；追求金钱积累、物质享受、感官刺激，讲求实在、实利、实惠，缺乏康德所说的对"头上的星空和心中的道德律"的仰望和自省。

上述情况表现在文学艺术上以至文化领域里，就是存在"黄钟冷寂，瓦釜雷鸣"的问题。几亿"饥不择食"的农民、农民工和普通市民涌入文化领域、文化市场，他们受教育程度和文化水平的限制，接受美学上所说的"期待视野"与"接受屏幕"都是低层次甚至低俗的。他们

---

* 原载《光明日报》2010年8月7日。

用"看不见的手"掌控着文化市场,对高素质、高文化含量的作品,对高雅文艺不买账。加之受到市场大潮及国外不良文化潮流的冲击,一些人只满足于感官刺激、搞笑、戏说,属于文学艺术本质特性的"三大精魂"——使命感、人文关怀、良知激情,被轻忽、被讥刺、遭反对。这使文学艺术作品失去思想力量,失去"生活的教科书"和培育国民精神的力量。

2. 盲目崇拜GDP导致文化受冷落

分析这种文化态势与国民文化-心理结构的形成,彭定安研究员认为,原因很多,但其中最重要的一点是经济发展很"热",而文化发展相对来说颇"冷"。文化与经济的发展不平衡、不"配套",经济资源与文化资源的配置不合理。这不仅影响了文化的发展,而且抑制、延缓了经济、社会的发展,使它们的发展缺乏质量,缺乏后劲。彭定安研究员一针见血地指出,目前官场中"以GDP论英雄"是个通病,轻视文化、认为文化"远水不解近渴"甚至"文化无用"的人不在少数。

GDP是可以带来经济效益和政绩的,是可以带来财富和升迁的。但是,GDP首要的问题是质量重于数量。彭定安研究员举例说,历史上GDP低的国家打败GDP高的国家并不鲜见,比如鸦片战争时期的英国打败了大清帝国,就证明了GDP质量的重要意义。而GDP的技术含量、文化含量与文化质地,又是它的质量的决定性元素。

彭定安说:"文化是经济的养育系统。尤其在信息时代、网络文化时代和知识经济时代,文化已经从经济、社会发展的跟跑角色成为领跑力量。"经济、社会发展的竞赛,实质上是人的文化素质的竞赛。因此,文化的发展不仅必须与经济的发展相匹配,构成相对应机制,而且要在经济发展的同时,甚至超前地发展文化。

3. 推动文化大发展、大繁荣正逢其时

一个民族整个成员的文化素质如何,尤其是思想道德境界之高低,事关重大。彭定安指出,日本在20世纪初明治维新成功之后,全面接受西洋文化。对此,日本哲学家、思想家中江兆民痛心疾首,他说:

"国家没有哲学，恰像客厅没有字画一样，不免降低了国家的品格和地位……没有哲学的人民，不论做什么事情，都没有深沉和远大的抱负，而不免流于浅薄。"

这位邻邦思想家百年前的话语，值得我们谛听并加以思索。哲学以至整个精神文化，看起来"无足轻重"，实际上"又不是无足轻重"，它与外贸的顺差、逆差及银根的松紧无直接关系，但在深层次，它最终会涉及、影响这些物质领域的成败得失。

我们的改革现在已经进入文化层改革阶段。它对文化的需求，对文化改革的需求，都是迫切的。这既是对目前文化状况欠佳的反衬，又是发展文化的急迫需求。彭定安告诉记者，每个民族、每个时代的改革都会经过三个阶段、三个层次，即器物层改革、制度层改革、文化层改革，如洋务运动（器物层改革）、辛亥革命（制度层改革）、五四运动（文化层改革）。新时期的改革也是如此：20世纪70年代末至80年代中期——器物层改革；80年代中期至90年代初、中期——制度层改革；90年代至今——文化层改革。现在，除了器物层依旧需要改革（包括高科技的发展），制度层改革进入深层次，文化层改革迫切需要提上议程，引导广大群众从物质现代化、世俗现代化、时尚现代化、单纯物质生活水平提高的现代化，向精神现代化、文化心态现代化、思想观念现代化、人的素质现代化过渡，重振中华精神，提升当代中国人的精神世界。

为此，彭定安研究员建议，现在我国亟须把大力发展文化，使文化大发展、大繁荣，尤其是精神文化的发展和提高公民素质，放在国家战略决策的核心位置上。转变社会心态，重构国民文化-心理结构，使之在主流思想、主流意识形态的倡导、导引、教育和影响下，向正确方向发展；提高全体公民的道德文化素质，使中华精神、传统文化创造性地向现代化转换。

文学的审美基质四论

文学的三重基质与时代使命*

　　文学具有不变的三重基本质素，这是它从产生时就具有的，可谓从"娘胎里带来的"。这决定了它的性质、特征与社会功能，也决定了它必然具有自身的时代使命，即每个时代都会因其特有的性质而产生对于文学的需求；文学也会因其基本质素的决定，而产生时代使命的向心运动，"自动"－"自然"地承担起时代赋予的使命，并因此使自身得到发展、提高，延续生命，开辟未来。这是文学之能够存在和发展的价值所在，也是文学发展史的基本规律。虽然，在文学发展的历史长河中，文学的这种基本质素会有非本质性的变化，尤其它们的形态，会取多种样式而存在，但它们的基本性质却未曾改变。历来的文学家，总是自觉或不自觉地遵循或违反文学的这种基质，去从事自己的文学创作和文学事业；而他们对于文学的这种基质的不同态度，则往往影响甚至决定他们的文学创作和文学事业的成就。人们已经注意到当今中国文坛的一些不理想、不尽如人意的现象，并且为此而感叹与忧虑。这种现象的产生，有众多的原因，但究其实，最根本的"底数"，当是对于文学的这种"三基质"的轻忽与违背。的确，当今中国文坛存在一种自觉或不自觉的、以创作理论和创作实践来否定文学的这种三重基质的现象，有的"先锋作家"和"前进的理论家"，甚至以嘲笑的态度和"气势"对待或谈论这"三基质"，虽然在行文上未必直接使用了这三重基质的名词术语，但其理论实质和内在精神，都是否弃或批判文学的基本质素的。这是甚为令人惋惜而遗憾的。

---

* 　原载《辽宁日报》2002年5月23日。

一

文学的第一个基本质素就是它的社会性。文学是社会的产物，是反映、描写社会生活的，是由具有社会性的作家创作的。作品产生之后进入社会，便必然产生它的社会效应，这便是文学不变的特性。"社会"好比如来佛的掌心，"文学"这个孙悟空，无论如何也跳不出它的掌握。马克思指出，艺术是人类把握世界的三个形态之一；西方马克思主义者马尔库塞则说，艺术是"作为现实的形式"而存在的。一个从人的主观反映客观现实方面，另一个从客观现实反映自身现实方面，从根本上论证了文学艺术的现实性、社会性。在西方经典文艺理论著作中，有许多关于文学艺术同社会的关系的重要论述。格罗塞在他的名著《艺术的起源》一书中，以大量的艺术领域的事实为依据，尤其是原始艺术的材料，论证了人类社会组织和精神生活之间，尤其在艺术领域里，存在着一种密不可分的关系。他论证了"艺术为社会现象和社会机能""艺术为生存竞争的手段"等重要命题。他在全书结论中，关于论述"艺术之社会的及个人的意义"时指出："艺术也不但是一种愉快的消遣品，而且是人生的最高尚和最真实的目的之完成。"他更论证道："一方面，社会的艺术使各个人十分坚固而密切地跟整个社会结合起来；另一方面，个人的艺术因了个性的发展却把人们从社会的羁绊中解放出来。"在这个最后的论述中，格罗塞深刻地说明了作为社会现象与事实的艺术，是社会与个人之间的坚固而密切结合的桥梁和中介；而作为个人的创造和事业，艺术又同时是人类自我解放的手段和渠道。所有以上格罗塞的论述都有力地和有意义地阐释了艺术与社会内在的、坚固的、密切的、多元的和深沉的关系。

丹纳的文艺理论名著《艺术哲学》也丰富地、深刻地、独到地论证了文艺与社会的关系。丹纳提出了两个著名的命题：一是艺术作品的形成和艺术家的性质、面貌取决于"三大因素"，即种族、环境和时代；二是作家、艺术家总是属于"三个总体"，即作家自身作品的总体，一个时代的作家、艺术家总体和每个时代的社会-群众总体。在"三大因素"中，都含有"社会"的内容，因为，种族包括人种、家族、家庭及个人的才智等在内，它们都具有鲜明而深厚的社会内涵；至于环境，更是与社会不可分离，可以说两者"互为表里"、彼此包含；至于"时代"，丹纳更有他独特而深刻的阐释，这一点，我们在下面再详述。而在"三个总体"中，他特别强调了"社会-群众"这个总体。但无论是"作家的作品总体"，还是"作家、艺术家总体"，都是与社会密不可分的；它们都是社会的产物，都与社会的发展阶段、社会状况和具体地区、具体时代的人们的心理-情态息息相关。而且，丹纳在论述"三大因素"中的"时代"和"三个总体"中的"社会-群众总体"时，都是将"社会-群众-时代"结合起来进行的。就是说，在他那里，是正确地将这些内涵混融一体地来对待的。社会也好，群众也好，都不是抽象的、孤立的存在，而是"社会"是某个具体时期、某个具体地区的社会，群众也是这样，是具体的时代、具体的社会中的人们。他把"时代-社会"具体为"风俗习惯"与"时代精神"，他指出："要了解一件艺术品，一个艺术家，一群艺术家，必须正确地设想他们所属的时代精神和风俗概况。这是艺术品最后的解释，也是一切的基本原因。"他还特别提出了"精神气候"这一命题，说"精神方面也有它的气候，它的变化决定这种那种艺术的出现"。他论证道，时代的精神气候和风俗会通过群众的选择，来支持、扶植某种艺术出现和成长，而抑制、阻止另一种艺术出现和生长。在说到"群众"这一条件时，丹纳指出："艺术家不是孤立的人。我们隔了几个世纪只听到艺术家的声音，但在传到我们耳边来的响亮的声音之下，还能辨别出群众的复杂而无穷的歌声，像一大片低沉的嗡嗡声一样，在艺术家四周合唱。"这里，丹纳具体地也深刻地论证了文学艺术在发展过程中，是如何通过时代精神、风俗、"群众合唱"等渠道，受到社会的决定性影响的。

在现代西方文艺理论著述中，美国著名学者韦勒克和沃伦合著的《文学理论》是普遍受到重视的著作，是世界高等学府通用的文学理论教科书。《文学理论》以归纳的和实证的方式、以确定的理论语言，论证了文艺的社会性。书中，在"文学的外部研究"部分，单辟了"文学和社会"一章，引用各家学说来详细揭示文学和社会的多方面的关系。

即使是俄罗斯形式主义这样的理论流派，在宣布"艺术是纯粹的形式，而与思想、感情无关"的同时，却也不能不面对事实，指出"诗本身也是现实""散文恢复事件的原因，它重构历史""艺术更新人类的记忆"（维·什克洛夫斯基）。这些论断，包括"诗是现实""事件""历史""人类记忆"等，实际上都深含着文学社会性的内涵，因为这些"事项"都与社会有关。

在当代，由于网络文化的发达及信息社会的到来，人们（特别是作家、艺术家）接受社会信息的刺激和社会影响的力度都强化了，获取、了解、传播、利用信息的手段和能力空前提高，世界性艺术-文化交流也空前广泛、深入，因而文学同社会的联系更加广泛、紧密、繁复、多元，对社会的理解也更广泛、更深入，文学的传播能力、影响力度和社会作用也随之大大增强。同时，在后工业社会，由于种种社会-文化原因，文学艺术的泛化、亚艺术形式的多样发展，业余从事文学创作的人越来越多，在中国，从事报告文学、散文写作的群体尤其强大。这使文学与社会的联系更为强化了，文学的社会性也就更为强化了。

但是，现在却存在一种忽视、无视文学社会性的倾向。许多作家不仅缺乏巴尔扎克所说的那种"当时代书记"的雄心大志，也缺乏托尔斯泰那种"写人民历史"的明确意识。我们现代社会的前进性深刻变革，人民文化心理-性格的急遽蜕变，社会与文化从传统向现代的急剧转换，都未能得到较好的反映和描写。很多作品中社会生活稀薄，主要描写、吟咏、欣赏一己的私情及变相的风花雪月的情调，或者是些和尚、尼姑偷情和三角、四角、五六角的畸形恋情，还有过多的帝王霸业与后妃争风的历史故事，以及武侠故事。更有甚者，文坛风起，投市场之所好，写私生活、写隐私，更热衷于写性；有所谓"用身体写作"和"写身体之作"的说法。这不能不说是一种时代病症、历史遗憾，也是作家个人的严重损失。

二

文学的第二个基质是，任何文学作品，无论什么流派，都具有本质上的现实主义基核。这是由文学的社会性和文学对于事实-现实的依赖性所决定的。作为社会的人，作家都为一定的民族性格、社会生活、时代特征和文化装备所造就、形成和包围。丹纳在《艺术哲学》中所说的艺术家的性质、面貌取决于种族、环境、时代三大因素。这三大因素就决定了文艺作品的现实主义的基质。作家、艺术家是一个现实的人，生活于一定的社会、一定的国家、一定的民族以至一定的地区。这是他的

"个体的现实"。这个现实，决定了他的思想、行为、观念、趣味、审美习惯与理想。这些"决定作家个体现实"的客观现实，和"作家个体特征现实"的主体现实，构成了作家的全部现实，形成黑格尔所说的"这一个"。这主、客观两个现实，必然会自然地或自觉地、原汁地或扭曲地、原样地或变形地反映在其作品之中。这就是作品的"现实主义根基"。无论作品是荒诞还是科幻，是写实还是虚构，是忠于现实还是超现实，都是如此。有人说我只是"写自我"，是所谓"自我表现"，但这个"自我"是社会的一员，摆不脱"社会现实"的限制；若说他"超脱"了，那只能是如鲁迅所说，自己拔着自己的头发想离开地球一样，是不可能的。如果说这是"个体的（作家本身的）现实主义根基"，那么还有"社会的现实主义根基"，这就是"社会"这个"如来佛掌心"，始终控制着社会的每一分子，连作家在内。社会所处的阶段、时期，社会的生产力发展水平和物质精神状况，社会的文化语境，都会自动地、必然地贯注于作家的思想意识之中，流注于他的作品之中；当然，也可能是间接的、隐晦的、曲折的、稀薄的、变形的，但它的存在是无可否认的。这是文学本质上的现实主义的又一个根基。历史上不绝如缕地、接续承继地出现过许多文学流派和艺术技巧，有的是现实主义的变化与改善，有的则是明确地、蓄意地要"摆脱"现实主义的羁绊，或有意地要背叛现实主义，要"反其道而行之"，最显著而突出的应该是现代主义的出现和做法（艺术思维、创作心理与立意及叙事范型等）。但是，无论哪一位现代主义作家，其作品都是用扭曲的、变态的、荒诞的叙事方式，曲折或凸显地表现了资本主义现实中的社会生活和人们扭曲的心绪魂灵。那现实主义的基质，隐藏在变形的艺术形态之中。借用艾布拉姆斯的比喻，用"镜"与"灯"来区分两类作家和作品：一种是"现实主义的镜子"如实地反映；一种则是用自己的"心灵之灯"，来照射（反射-折射）。韦勒克和沃伦在《文学理论》中指出，狄更斯和卡夫卡的作品，都有其现实背景，一个是伦敦，一个是布拉格；但一个是可以在"地球的某区域中指划出来的世界"，而一个则是"在灵魂之中"。但现实世界的存在则是一样的。文学作品必然具有的"母题"，也都来自现实生活，它是社会生活的结晶。这里蕴藏着深厚的现实主义基质。

　　承认文学始终存在的现实主义基质，这一点很重要，对于作家和他的创作是有益的。这可以奠定一个作家的本质上的现实主义精神，使其产生对现实的关怀与真诚，一种对现实生活的认真严肃的态度，一种钟情于接受者的真情，一种对现实的责任感。作家如果缺乏这种自觉的现实主义精神内蕴，就会逃避现实、背离现实，只忠实于自己、表现自己，用自己的壳同现实隔离。其作品只能是文学泡沫和泡沫文学。

三

　　文学的第三个基质，就是它必然具有的文化质地与文化含量。文学作为文化的一个重要的、处于前沿的肢体，一方面从文化总体中吸取、接受文化的基质，另一方面又"输送"、灌注自身的文化于总体文化之中，包括文化精神、文化心理-性格、民族文化特色及其他的文化因素。文学作为人类文化的一部分，是人类自我实现的基本领域，是人类的文化表现、文化活动、文化心态的一个重要方面。人们总是从文学作品中获取文化汁液、文化知识、文化精神及民族心理性格的营养。而作家这一社会角色，又总是作为民族的、社会的"文化人"，相对集中地代表和反映一个民族、一个历史时期和一个具体时代的文化，将之灌注于文学作品之中。文学的这种性质，决定它一方面会"受制"于文化这个"母体"，另一方面又会贡献于它的"母体"。由此也就可以论定文学作品的文化含量越高、越丰富、越深邃，它的艺术价值、社会价值和历史意义也就越大，它对受众的教益也越大，作家和他的作品的艺术生命也越长久。文学史上那些作为人类文化积淀而流传百世的不朽之作，文化含量都很高，其所含文化又是民族的、人类的优秀文化，绵延接续地滋养着人类的精神世界，驱动人类文化的发展，给予其思想的、审美的、道德的养料。这只要想一想众多中国的与世界的文学名著就明了了。

　　严肃的、认真的、真诚的作家，总是胸怀对民族的以至人类的生存、命运和幸福的关怀，以深切的人文关怀精神，在作品中自然而美好地灌注优秀的、优美的、居于民族和人类文化先列的进步文化。这成为他们的作品的灵魂和真善美的基石。

　　文学的三重基质，彼此渗透、互相融合、互助互动地存在的。文学的社会性决定了它的或明或隐的现实主义基质，同时，也将民族的、社会的、时代的文化汁液流注于文学作品之中。几乎所有不朽的文学家，都是杰出的文化大师与民族文化的思考人、代言人，都以自己的文学作品所蕴含的优秀文化奉献于全人类。这成为人类文化承继与发展的一个重要方面和渠道。

生活、社会、历史、文化：评价文学的综合坐标*

——关于如何评价当代文学

提出"重估当代中国文学"，是文学以至文化方面的一件有意义的大事，它有利于我们在文学领域认识当前、总结经验、反思问题、继续前进。

评价一个相当长时段的文学现象，绝不可以使用"一言以蔽之"的断语来论定，比如"最好时期"、"达到前所未有的高度"或"跌入低谷"等。因为，对于一个繁复的、复杂的、历经长时段的文化现象，必须采取综合的、解析的、结构性的评断。60年来的文学，从时间上来说，应该是分时期、分段落的；在艺术品性上，则应该分思想、艺术、风格等方面的深浅与创新与否；在质地与成就上，还要纳入文化的总体格局中，在全社会的生态环境与语境中，以至纳入世界文学格局中来考察。即使仅就"当下"——最近十几年的文学状态来论断评说，也应该采取这种态度。而在总体上、根本上来评价，则是一个整合性的综合坐标，这就是生活、社会、历史、文化，即考察、剖析文学在一个特定历史时期中与人民生活的联系状态，反映社会的广度、高度与深度，以及历史背景的蕴含与文化含量的深浅、丰简等。这不是任何人的主观规定，也不是什么理论的抽象要求，这是文学自身的性质决定的，是它产生与存在的自决性，也是文学史汗牛充栋的史实所证实的。因此，评价的方法必须是综合的、分期的、解析的、结构性的。

---

* 原载《辽宁日报》2010年1月11日。

据此来评价当代中国文学，可以有这样一些考察与思索的"线索"：在60年的相对长时期中，出现过两次高峰时期，产生过一次中断与空白期，现今处于复杂混合、迷茫求索的阶段。第一次高峰是20世纪50年代末到60年代，出现了《红旗谱》《青春之歌》《红岩》等一批红色经典作品；第二个高峰是20世纪70年代末到80年代，即所谓"新时期文学"，赓续出现伤痕文学、反思文学、寻根文学、改革文学等一大批作品。应该说这两个时期的文学都达到了"前所未有"的高度，即作品与作家和生活的联系，反映社会、历史的广度、高度、深度，文化含量的充沛，精神的积极向上，激情与理想主义，都十分感人；把文学的"三个精魂"——人文关怀、使命感和良知激情，也都发挥到感动人和激励人的程度，从而进入民族文学与文化的总体积淀中。但十年浩劫，黄钟毁弃，瓦釜雷鸣，一片空白，远不只是低谷问题。

至于当代文学的"当下表现"，我认为是复杂的、多面的，很难"一言以蔽之"。首先，在作品之多、产量之高、作家数量之多、作品印数之多、题材之广泛等方面，的确是达到了空前的成绩，是最好的时期。比如仅长篇小说"年产量"就达到1000部以上，实在是空前的了。在进入世界文学格局、参与"文学对话"方面，也有突出的、超过前人的成就。这是可以引为骄傲的。但是，从与生活的联系，反映社会的广度、高度、深度，历史感的有无与深浅，思想、文化含量的丰简这些方面来考察，则不能不遗憾地说，处于低谷。因为大多数作家是远离生活、疏离社会、与历史断裂、不追求作品的思想意义与文化含量的，这与我国社会的旷古未有、震惊世界的成就和伟大历史进步的现实太不相称了，是愧对人民也应自愧的。这不能不使文学边缘化，因为它远离人民群众的生活。而对于当代社会生活中负面的存在，对于"民生疾苦"，作家也很少关注、很少反映，缺乏热情更无激情。在创作方法上，则出现伪现代派、玩弄叙事技巧而无视思想与文化意蕴。此外，还有一些严重的问题是从创作到出版的商业化、追求市场效应、粗制滥造等。从这些方面来看，当下文学的状态是质量低下、前途堪忧的，谈不到什么"最好""高度"，更无可骄傲。

据此，也可窥见"出路何在"。这就是密切与人民的联系，适应时代的需要，深刻地反映社会，提高文学的人民性、思想性和艺术性，反映我们伟大的时代，为传统文化的现代化转换、为民族的伟大复兴服务。曾见论者说，文学与时代无关，与时代越疏离就越回到"文学的本真"。危哉斯论！文学的"本真"是什么？就是作为人类活动和自我实现的基本领域，文学参与人们的社会生活与劳动创造，以艺术形态反映社会、服务社会；就是它的生活、社会、历史、文化的含量及其优劣，以及它们"进入"艺术的深度及其技巧的高下。中国当代文学，循此前进，庶几可望远大发展！而目前的问题正是文学疏离了它的本真。

文学的"三不朽"精魂*

文学具有三个不朽的精魂。这就是人文关怀、使命感、良知激情。

古今中外，数千年历史，能够留存后世的文学作品，其凭借与奥秘，就在于它们具有"三不朽"精魂，而且使之臻于崇高、深邃、优美的境界甚至化境，具有极高的思想价值与审美价值，能够抚慰人的灵魂，提高人的生命意义。

文学的"三不朽"精魂，不是任何人强加于文学的额外要求，而是文学从产生时起就具备的本性。它们才是文学的本真。

从发生学的角度来分析，文学艺术在原始人类社会生活中，在祭祀、礼仪、巫术活动中，为了实践的目的，为了生活之所需，也因为情之所至，歌之、咏之、舞之、蹈之，狂迷疯癫，既抒发内在情愫，又祈求未来福祉，共同欢乐，同声歌哭，祈祷狩猎丰收、战斗胜利、战胜病魔、延长生命，以至死后的"生活"幸福。所有这一切，就"全息"地、"完型"地包含了强烈的人文关怀、使命感和良知激情。它们完整地、"囫囵"地混融于一体，存在、活跃、运行于每一次文艺性的原始生命活动与人生体验中。文学保留着这个原始的生命体－生命力，在人类社会生活中，不断生长、发展、衍化、丰富、繁杂、优化、提高，逐

---

* 原载《辽宁日报》2008年12月10日。

渐具有了现在的高度发展和成熟的形态。但是，不管怎么发展、变化以至现代化，它的这三个精魂不曾改变。苟有改变者，它就不再是文学，更不是优秀的、不朽的文学，而成为其他。

略举其荦荦大者而言：中国的《诗经》、《离骚》、汉赋、魏晋文、唐诗、宋词、元曲、宋、元话本，明、清小说，其中佼佼者，哪个不是"三不朽"精魂熠熠闪光？外国文学史上的精华，如但丁的《神曲》，弥尔顿的《失乐园》，莎士比亚的"四大悲剧"（《哈姆雷特》《奥赛罗》《李尔王》《麦克白》），歌德的《浮士德》，巴尔扎克的《人间喜剧》，司汤达的《红与黑》，托尔斯泰的"三大巨著"（《战争与和平》《安娜·卡列尼娜》《复活》），陀思妥耶夫斯基的《罪与罚》等，也无不充溢着"三不朽"精魂。那里倾诉着、舒泄着、抚慰着人间与人类的欢乐与痛苦、欣喜与哀伤、追求与颓丧、理想与绝望。

文学艺术在人类发展历史中，始终是人类情感与心灵的舒泄、抚慰、养息的领域，是人类人生体验与生命存在的基本空间。它始终是人类人文文化的前哨。人文关怀必然是它的灵魂，它的生命所寄。作家、艺术家之所以要创作，就是被这种内心的力量所促动，有时简直是驱使，去创作文艺作品，以完成对人类生存与社会人生的鼓舞或抚慰、倾诉或舒泄、歌吟或叹息的任务。而这，就是他们的使命感。他们的人文关怀和这种使命感，他们的创作冲动和激情，就是因为他们感受了人生的体验与生命的律动，激起了他们的良知。而由于作家、艺术家的性情所致，总是比一般人更强烈、更激动、更激越，于是萌发良知激情。

人文关怀→使命感→良知激情，从作家、艺术家的创作激起到作品的内涵营造，再到受众的接受，便是文学艺术的运作循行路径，也是服务人类社会的路途。这个循环往复的路途，显示了文学艺术的基本性能与作用。

当然，也有许多作品——历代都有，现今亦然——"三不朽"精魂稀薄、缺少甚至阙如，只关怀我心我意、我情我愿，只为一己的使命而写；这使命可能就只是金钱、名誉和声望。创作者心中激起的不是社会良知，却只是狭小的甚至鄙琐的个人情怀。这样的作品，自然，其生命发展线索是：产生→受冷淡或欢迎→被冷落→消失。大浪淘沙，文学艺术的历史长河不息地流淌，淘尽了它们，而留存下那些充溢"三不朽"精魂的杰作。"尔曹身与名俱灭，不废江河万古流"！

重提文学的人民性[*]

文学的人民性，是俄罗斯19世纪革命民主主义文艺理论与批评大师别林斯基、车尔尼雪夫斯基和杜勃罗留波夫在文学实践中运用的文学、美学理论范畴与批评原则。它提炼了俄罗斯批判现实主义文学的精髓，并引导了一代民族文学运动的生长，评论并总结了伟大作家们的创作，创获了俄罗斯文学的辉煌时期。

我们在20世纪引进了这个俄罗斯文学的理论范畴与批评原则，运用它肯定了中国现代文学的优秀作品，在理论上予以总结。但是，由于"左"的文艺思潮的影响，这个理论与批评原则一度成为打人的棍子，"文革"中它又被诬为"修正主义""文艺黑线"的黑货而遭到严重批判。于是"人民性"似乎声誉不佳。因此，文学新时期以来，它被废弃不用了，从文学领域里消失了。

现在，文学的现实状况，使我想起了这个理论的余音与文学的召唤。我们是不是应该重提文学的人民性？

我以为应该。

关于文学的人民性，杜勃罗留波夫曾经强调地指出：文学应该是"人民生活的印记"，也就是说，文学应该反映人民的生活，反映人民的风俗和习惯，反映人民的欢乐和痛苦、爱和恨、意志和愿望。我们当今的人民生活是极为丰富的，经历着超越历史的深刻变迁，产生了、产生着越过历来固有的多种新兴阶层，理性世界与感情世界也经历着翻江倒海般的巨变：一切都在从传统向现代急遽转换。可写和应该写的人和事太多了，多到从古到今，从未有过。然而，环视我们现今的文学作品，从作为"人民生活的印记"的要求来说，不免逊色。的确，有相当部分

---

* 原载《辽宁日报》2008年12月17日。

的作品，是背对人民而转向私心，无关众生，唯吟哦自身；或者是目光所向，帝王将相，兴之所至，皇后嫔妃，笔墨挥洒，豪门贵族。不能说这种作品一律不好，应该进行具体分析。但其题材与内涵，与"人民生活的印记"的诉求，是疏离的、隔阂的，看不见人民生活的影像，听不到人民内心的声音，映不出人民新的形象。当然，问题不仅在于题材，还在于如何对待和处理这种题材。其情不系苍生，思想感情上脱离或疏离人民的生活及人民的欢乐与幸福、疾苦与忧伤，总之，不切人民的心。

或许有人说，我就是写我自己，写作的个人化、私人化，这是新时期文学的特征和进步；甚或认为，苟反此，就是公式化、概念化，伪文学。完全个人化-私人化的写作和作品，不是没有，它可以有生存的权利，它甚至可能热闹一时、"洛阳纸贵"，但它拥有的生存时日不会长。因为它离人民远，人们终究会远离它。文学的历史长河，就是这样淘洗文学作品的"沙金"的：淘尽泥沙见真金。丹纳在《艺术哲学》中形容说，我们在那些留存下来的优秀作品中，不但听到作家的个人声音，而且，还能够听见当时群众的和声与合唱。这就是说，文学史和阅读史上榜上有名的作品，作家的声音与人民的声音是相通的；也说明，这种文学作品是反映了人民的心声的。这就是文学人民性的力量与生命。

史实证明，作为社会生活一个不可或缺的部类，作为人类生存必不可少的基本活动与创造领域的文学，人民性是它与生俱来的本性。失掉人民性的文学，疏离了社会，疏离了人民，离开了时代精神，就虚悬于空，无有着落，命也不长。

文学应该具有人民性。作家要为人民而写作。

鲁迅学五题

鲁迅学：鲁迅研究的提炼、升华与结晶[*]

　　《鲁迅学导论》的出版，了却了我自从1981年提出创立鲁迅学建议以来的20年里，一个纠结于心头的学术夙愿与文化情结。感谢中国社会科学出版社欣然接受它，给予其问世的机会。

　　鲁迅研究和鲁迅学在学术领域、学术内涵上是一致的、相同的。但是，鲁迅研究在内容上更丰富、更多样、更实际、更具体、更微观。而鲁迅学则是在鲁迅研究的实际的、具体的、实证的基础上，进行概括、提升、提炼、结晶，有了规律性、理论性的总结，更宏观、更精练、更集中、更抽象，也更具归纳性、概括性、理论性。鲁迅研究的成果是鲁迅学的学术、文化源泉，是它立足的根本、发展的基地。鲁迅学是在鲁迅研究的肥土沃壤中生长的学术乔木与花朵。在《鲁迅学导论》中，我把对鲁迅艺术世界的研究，归纳、提炼为鲁迅的小说叙事学（小说诗学）、散文诗学、杂文诗学等并分章论述，试图把鲁迅研究成果中属于这一部分的精华，加以抽象、概括，形成"在文学内在本质上的"，美学、艺术学、诗学的结晶。这些本质性的规律，不仅是鲁迅的，而且是中国现代文学创作与文学理论的。

　　由于鲁迅在中国现代文学、现代文化史上的地位，由于鲁迅作为"中国现代作家第一人"、"中国现代文学之父"和中国现代文化大师的存在，对他的研究，就不仅关涉他自己，而且涉及中国现代文学、现代文化，涉及中国文化现代性的创获和现代化过程，因此，也就从一个特定角度（"鲁迅视角""鲁迅视阈"）涉及中国现代革命和中国现代社会的发展进程。这样，鲁迅学就从"鲁迅"这一具体的、个人的领域，进入中国社会、革命、思想文化的广泛的领域。从文化的角度来说，鲁迅

＊　原载《辽宁日报》2001年8月9日。

学就是中国现代文化的理论构造。这一点，没有任何中国现代作家能够与鲁迅相比，也没有对其他任何中国现代作家的研究，能够形成这样的规模和深度，具有这样的意义。这些，便表明了鲁迅学广泛、深厚的学术品格和崇高价值。

在长达几十年的时间里，在全国范围内，以至在世界主要国家中，有众多的鲁迅研究者热情地、认真地、坚持不懈地从事卓有成效的研究工作，累积达千万字的成果，成为鲁迅学的资料层面和理论层面的浩瀚而深厚的思想–学术文化资源。当然，还有不计其数的国内外的读者阅读和接受鲁迅。这确实是以铁的事实证明了鲁迅的力量、价值和魅力。这也是鲁迅学存在、发展的原因、理由和意义。

如果从20世纪50年代开始发表鲁迅研究文字算起，我研究鲁迅已经40多年了。如果从20世纪70年代末第一部鲁迅研究著作问世到现在，也已有20多年了。学习和研究鲁迅，对于我来说，远不是一般的知识追求、文学欣赏，也不是习见的研究课题与专业的确定，而是一种在严峻的苦难生活中的人生选择与文化取向。很难忘记在漫长艰困岁月中，鲁迅思想、文化、人格在我的精神、心灵上的浸渍、滋润与导引，那是荒原里的绿洲、昏暗中的明灯、颓丧时的振奋、人生歧途面前的灯塔，这是未曾经历过的人们所不能想象，甚至难以理解的。"鲁迅研究中的自身情怀"在这本"纯"理性–理论专著中也同样蕴含着。我不知道我以后是否还会回到鲁迅研究这个主题来撰写论著，《鲁迅学导论》即使不是终结，也是我个人的"划历史时期"的著作。期望以后会写得有所进步。

鲁迅：对于当代中国的意义[*]

——为纪念鲁迅诞生120周年而作

　　我们在21世纪之初纪念鲁迅，自然会想到：这位出生于19世纪末期（1881年）而逝世于20世纪30年代中期（1936年）的伟大作家，对于我们今天具有什么意义？甚至，对某些意欲否定鲁迅的人们来说，问题的提法更可以是：鲁迅对于今天的我们，还有什么意义吗？

　　我在这里，对于这样的问题所要做出的回答，是完全肯定的。不仅如此，我还要强调地指出：鲁迅，对于今天的中国，不仅仍然是一个伟大的存在，我们今天还特别需要读鲁迅、学习鲁迅、理解鲁迅；而且，在新的形势下，在新的世纪里，由于社会的巨大变化、生活的深刻演变、人们心态的突变式更新，以至国民性格构造内涵的刷新，特别是由于中华文化的转型与重构——不断创获现代性，由前现代向现代和后现代转化，其中，一面积极地寻求精神引导和创造激情与灵感，一面则萌发、出现、凸显种种弊害、病变、痛疽，急需精神的消毒剂、抗毒散和清醒剂，在这种急剧变革和不断创新的历史时期，鲁迅，他的伟大的献身精神、深刻而独特的思想、极具独创性的艺术创作及其代表中华性格的人格典范，在这两个方面都具有现实而深刻、独特而不可替代的意义与作用。为什么这么说？现请为之申述理由如下。

一

　　我先从两位日本学者和作家对鲁迅的评价说起。在1996年于上海举行的纪念鲁迅逝世60周年的国际学术讨论会上，日本著名汉学家、

* 原载《鲁迅研究月刊》2002年第1期。

鲁迅学家竹内实教授代表外国学者致辞。一开头他就说：日本在"二战"之后，面对一片废墟，国家民族急需重建，这时候首先需要寻找精神支柱，我们找到了鲁迅！（大意如此）为什么这么说，竹内先生未及论证其详。但我后来从几可说是日本现代鲁迅研究的第一代代表的竹内好的鲁迅论中发现了答案。竹内好指出，日本的近代是一种"优等生文化"，它不断向外，缺少自我否定；而鲁迅则是一位伟大而深刻的民族的自我批判者，他不断地"抵抗""挣扎""回心"，"不断以抵抗为媒介而促进自我更新"。因此，竹内好对于战后日本现代化的探讨以鲁迅为线索，这就是竹内实所说的"精神支柱"作用吧。因为日本战后所需要的正是这种精神，以便从民族失败的自我批判和反省中振作起来。另一位是日本著名作家、诺贝尔文学奖获得者大江健三郎，他在《自选随笔集》的自序中写道："我现在写作随笔的最根本的动机，也是为了拯救日本、亚洲乃至世界的明天。而用最优美的文体和深刻思考写出这样的随笔、世界文学中永远不可能被忘却的巨匠是鲁迅先生。在我有生之年，我希望向鲁迅先生靠近，哪怕只能靠近一点点。这是我文学和人生的最大愿望。"这两段发表在20世纪末期的鲁迅评论，充分估价了鲁迅在今天的世界与21世纪的巨大价值和深刻意义。只有中国现在不读鲁迅或读不懂鲁迅的那些浅薄的论者，或者那些另有其意和别有用心的人，才会因为不懂得鲁迅的意义与价值，而以否弃鲁迅为职责。

鲁迅作为中国现代文化大师和文化英雄，其主要特点、成就和贡献，就在于他终其一生都擎举自己提出的"社会批评"和"文明批评"两面旗帜，对中国社会生活中的种种黑暗现象、历史进步的阻力、现实中丑恶的人和事，均毫不留情地予以揭露批判，如他自己所说，要揭出"麒麟皮下的马脚""狮子身上的虫豸""权威头上纸糊的桂冠"，那勇毅果决的英姿，确实是"无论是古是今，是人是鬼，是《三坟》《五典》，百宋千元，天球河图，金人玉佛，祖传丸散，秘制膏丹，全都踏倒它"。对被权威者、统治者"捧到吓人高度"而加以利用的，以被歪曲了的儒教为代表的中国传统文化，他以同样的态度、力度和深度，进行无情地揭露、鞭笞和批判，并进行了他所说的"挖祖坟"的工作。他一生从事的这样一件"中国文化-心灵工程"，有三大特点。一是他始终如一地紧紧抓住了"历史主题"和"民族母题"。他的作品和言行从来没有离开过这个历史、现实、社会、文化的主航道和主流或潜流。辛亥革命时期提倡"立人"、呼唤"精神界之战士"出现；"五四"时期的反传统、提倡"德赛"（民主与科学）与思想革命；20世纪30年代的革命文学－革命文化建设、抗日救亡及两者的结合，都是突出的表现。二是他的这一为现实社会主题的斗争与建设，都同他的一个更重要、更深沉、更久远的鹄的和理想紧密相连，这就是中国文化的现代性创获、中国文化从传统向现代的创造性转换，同时也就是中国人的现代化和中国社会的现代化。而且，鲁迅总是能够超越现实层面、深入社会腠理、及于文化机理地，来揭示、剖析、批判，由此而从具体到抽象，从个别到一般，从物质到精神，从现象到本质，从经济、社会、历史到文化，取得超越性的精神文化成果。这样便使他的为具体的、现实的、当时的社会－革命－时代任务，即为了"当下"的服务与战斗，不仅产生"当时效应"，而且具有了历史的、久远的、深邃的思想、理论、文化价值与意义。这正是鲁迅作为思想家、文化大师的深刻之处、过人之处，在这方面，没有任何现代中国作家、文化人能够企及。鲁迅之所为，是一位伟大民族思考人、民族自我批判者和反省者，在高度自觉与高度水平上，执行"民族觉醒"的时代与历史任务；他的觉醒之声，就是中华民族觉醒之声的表现与回音。竹内实先生的"精神支柱"的赞誉和评价，也就表现在这方面。鲁迅的思想与精神，当年在"二战"后的日本曾经成为其反省与复兴的精神支柱；而在此之前，则是中华民族在危急存亡时代的精神支柱；今天，我们在社会－文化转型、国民心理－性格转化的历史时期，鲁迅思想和精神，同样是民族的精神支柱，至少是它的重要的组成部分。这里，还要指出三点。一是鲁迅在这方面的建树和贡献，较之他在具体的历史时期为现实的目的和任务服务所做出的贡献，价值要大得多，意义要深远得多。二是鲁迅终身为此而奋斗所做出的伟大贡献，他的"战绩"、精神文化成果，渗透在今日中国社会生活和思想、文化之中，浸染了中国人的思想生活和国民性格。这只要想一想阿Q形象的深入人心、"阿Q"成为普通名词和中国人的负面精神标识——同时又产生积极的精神文化成果，以及想一想鲁迅杂文的巨大、深远影响，就可以明了了。三是鲁迅为实现他的这一伟大文化工程所采取的形式，除了短篇小说之外，主要的是使用他自己所创造并使之臻于高度成熟的杂文。他从"五四"时期起直到逝世前，一直紧紧掌握着这支"投枪"与"匕首"，冲锋陷阵，扫除现实的黑暗和历史的沉渣，批判中国国民劣根性。他的大量的杂文，在总体上、根本上、文化上，总是紧扣着或围绕着，至少是深远及于"时代主题"和"民族母题"。独到的深刻，是鲁迅杂文的特色，也是鲁迅的特色。并且，在长期的"为现实而战又产生深远文化效应"的杂文创作中，鲁迅使杂文这一文学样式达到了思想、艺术、文化融为一体的化境，成为中国现代文学的一枝强劲而美丽的艺术之花，也成为鲁迅奉献给世界文坛和人类文化的艺术奇葩。前引大江健三郎之所论，正是来自世界文坛的当代回应。鲁迅之写杂文正是为了拯救中国和中国人。攻击鲁迅而意欲全盘否定鲁迅的一些人，正是在鲁迅的杂文上做文章。最根本性的否定就是杂文不是文学创作；鲁迅靠杂文立足，不足以成为大作家。鲁迅写杂文，只是因为他生性好斗，无论大小人畜，只要与之斗，就高兴，就得意。其实，鲁迅在以杂文为武器从事战斗、从事社会批判与文化批判时，就准备并希望他的杂文与他所攻击的时弊一同消亡，希望自己的作品速朽。但是，作家的作品一经产生，一经投入社会的、民族的、时代的、历史的长河之流，就由不得作家和作品自身了。速朽的次等作品，必然被时光与公众淘洗，"尔曹身与名俱灭"，想留也留不下。而那些真正的杰出之作，则不管作家自己的愿望如何，会被时光和公众选择出来，进入民族文化积淀。鲁迅的杂文就是这样的命运。它是历史与历代读者的选择和决定，不是任何人所能左右的；当然更不是如某些攻击者所说，是鲁迅研究者的"吹捧"，才使鲁迅"令人讨厌地不朽"了。这未免太抬高了研究者的作用和地位。至今鲁迅杂文的单行本和选编、全编的不断出版，就证明了鲁迅杂文的生命力和当代读者的选择。至于作家是不是只写了杂文，或只靠杂文，就不能成其伟大，这在文坛上、在文学理论上、在审美原理上，是都没有这种没有道理的规定和原则的。文学史上，法国的蒙田就是以他的大量的随笔而雄踞世界文学宝座的。而蒙田的"随笔"，不就是法国当年的杂文吗？而且他那种"思想文化评论"，还没有后来在中国兴起的鲁迅的杂文更具文学性、艺术性，没有鲁迅杂文的那么多典故、故事、知识的引用，更没有那么多的幽默、讽刺、形象和艺术类型的应用与创造。这不是说鲁迅要比蒙田水平高，而是证明"后来者必居上"，因为历史条件、文化背景和文化语境都不同了，发展了。

鲁迅在为人民生存、为民族解放、为中国文化现代化和社会现代化的斗争过程中，表现出一种战士的英勇、民族英雄的刚毅、中华性格的高峰，他无私无畏、英勇不屈，"横眉冷对千夫指，俯首甘为孺子牛"。他本可以做一个"陪莎士比亚吃黄油面包"的作家、文士，安全地撰写鸿篇巨制或创作其他作品，并且他怀有这方面的创作计划；他也能够在安静的书房里当一位教授、学者，过安逸静净的生活，他也有这种学术著作的准备。如果他从事这些创作与教学研究，一定能取得高深的成就。但他放弃了这一切，而在"风沙里搏斗"，不惜让自己"灵魂粗糙"，不怕"时在危难中"；"何期泪洒江南雨，又为斯民哭健儿"，总是在危殆中生存与搏击。这使他的思想、文化与人格魅力融为一体，感人至深，熏染、影响、培育了中国现代几辈作家、艺术家和其他文化人，以及广大群众。

上述两个方面，即围绕"历史主题"与"民族母题"，为创获中国文化现代性和建设中国现代文化而奋战终身，以及在这些方面所做出的巨大、深邃、久远、为别人所不可企及的建树和贡献，以及在这种奋战中所表现的崇高的思想品性和人格魅力，就是鲁迅对于当代中国的意义的主要方面。我们今天的有抱负、有理想、有出息的作家、艺术家，就可以和应该学习鲁迅的这样的两个方面、两个特点。恕我直言，现在许多作家所缺乏的正是鲁迅的这种精神，历史、社会、民族、民众，作家的责任与使命等，都不在他们的视线之内，也不在他们的思想之中，他们关注的主要是自己；有的很可惜地因此限制了自己才能的发挥，而挥洒、浪费在"投市场所需、所好"、投合低层次大众读者的胃口的创作之中。至于其他任何领域、任何行业、任何分工里的任何人，无论从事什么职业，也同样可以和应该学习鲁迅的这样两个方面，分工虽然不同，但精神是一致的。即使是企业、公司、商行里的从业人员，即使是以取得最大利润为目的的人，也一样可以和应该学习鲁迅的精神，以鲁迅为榜样，把自身的事业、工作同广大的历史主题、民族母题联系起来，并灌注"鲁迅精神"于其中，这样，不仅可以使自己的事业——赚钱、竞争等获得更高的价值——具有了文化的内涵，而且可以使自己晋升到更高的人生层次，使生命具有了更高的意义。而我们的社会及现代化事业，也会因此而更稳定、更进步，取得更具有抑制负面效应的现代性发展。

二

鲁迅作为中国现代文学之父和"中国现代作家第一人"，其巨大而深刻的贡献，在于他为中国文学与中国文化创获现代性、为中国文化现代化发展建设、为中国国民性的改造做出了别人不可替代、难以企及的成就和榜样。他的功绩，他的思想与创作，不仅作为历史的丰碑长存，而且，其创造的成果和经验，不只是一种宝贵的历史遗存，至今还保持着它们的现实性、时效性和启迪意义。它们足以成为我们今天艺术、文化创造的源头水、启示录和新的创造灵感的激起动因与范式。鲁迅创作了《呐喊》《彷徨》中既拥有深厚的民族文化血脉，又具有现代精神、现代心理与现代审美范式的短篇小说，它们不仅思想深邃、格式特别，而且与世界现代派文学思潮、流派同步和具有艺术通感地，在现实主义之中融入了象征主义、意识流、新的叙事范型等现代主义艺术成分，在中国、在东方，与欧美、俄罗斯的尼采、波特莱尔、卡夫卡、陀思妥耶夫斯基等大师遥相呼应。《阿 Q 正传》以不朽的艺术典型，映照了旧中国国民魂灵，鞭策人们觉醒，成为"中国现代文学"的第一文本，也是"中国现代文化"的第一文本。他的杰作散文诗《野草》，以20世纪20年代军阀统治下的中国苦难现实为背景，以他自身内在感应为契机，充分而优美地运用象征、意象、形象、想象和幻觉，成为"现代中国心灵"的独白，以其思想、精神、气质、审美特征的充分现代性表现，而成为中国最早的现代艺术之花，绽开在中国现代文学-现代文化的园地和东方-世界艺坛。他的杂文揭示黑暗、批判腐朽、解剖国民性，热烈地非其所非、是其所是，容纳了中国的时代、历史、社会、人生、文化的巨大丰厚的内涵，它们以"思想的零金碎玉"形态，构筑了中华民族的现代思想大厦。正如他自己所说："'中国的大众的灵魂'现在是反映在我的杂文里了。"它们更是以其独创性更新了文学定义，奉献了一种中国特有的艺术珍品于世界文坛与人类文化。这些结论，是中外鲁迅研究者的通感共识，众多中外论著以不争的事实、详赡细密的论证证实了它。鲁迅的这些"现代创造"与"历史贡献"，对于我们今天的意义，绝不在于教我们像他那样去写小说、散文诗和杂文，而是启发我们从他的创造中，学习如何广泛、深沉、周密地了解中国社会、历史、文化和中华性格，勇于"直面惨淡的人生"，内之不失民族的血脉，外之不落后于世界潮流，既立足于民族文化沃土，又敢于和善于实行"拿来主义"，更发挥独创性，独立地、富有个性地去创获新生代、新时代、新世纪的现代文学-现代文化。

现今有的论者以"只有短篇小说成不了大作家"的理由，来否定鲁迅的成就和价值。这种误解和攻击是没有文学史和文学理论的依据的。同时，他们也并未真正读出鲁迅的杰出的短篇小说的好处来。无论文学史还是文学理论都没有什么"必须有长篇小说才算大作家"的规定，甚至也没有"必须有小说创作才算大作家"的规定和理论。如果有，那也是错误的。事实上，文学史上，仅以短篇小说而闻名于世的大作家并不少见，契诃夫、莫泊桑、欧·亨利、梅里美、蒲松龄都是如此。许多作家根本就没有小说创作，那怎么算？算不算作家？

三

我们在实现现代化的过程中，面对的最严重、根本性的课题就是民族文化从传统向现代转换和人的心理-性格的现代化，即"文化→人"双重两相的现代化课题。在这方面，鲁迅的论述和实践，也给我们提供了富有启示意义的思想、文化遗产。早在20世纪初，他就针对当时留东学界的思想状况，考察日本的现实，吸取西方新思潮的精华，提出中国的当务之急是唤醒民众、改革国民性，是"立人"。他指出，"黄金黑铁"不足以救中国，物质不足以"尽人生之本"，并揭示西方一切以物质是从，以至"物质发达，社会憔悴"的弊害。他提出既要科学又要艺术；既要物质发达，又要有精神发展，要使"人生意义，致之深邃"。而鲁迅终身为之奋斗的最高目标与理想，就是中国文化与中国人的现代化，是"致人性于全"和"立人"，也就是人的全面发展，使中国这个"沙聚之邦"，转为"人国"。在杂文创作中，他不遗余力地揭露、鞭笞、批判国民劣根性，为国民性的现代转化奋斗。今天重温鲁迅这些"遥远的声音"和"过去的诤言"，不仅仍然保留着鲜亮的思想之光，而且，结合现实感受，甚有"暑天饮冰，痛快淋漓"之感。他在论文和杂文中提出的文化与人的现代化课题，他关于"物质/精神""传统/现代""科技/人文""世界/中国""西方/东方"这样几组对立互动的命题，以及他的论证，对于我们今天现代化追求的决策和实现，都具有现实的指导意义。他在杂文中揭露、批判的国民种种劣根性，如虚伪、瞒和骗，"看客态度""做戏的虚无党"，麻木（"自己的手不懂得自己的足"），"各人只顾自己，目中毫无他人"，盲目自大，安于现状、只图苟安，甚至于"拿'残酷'做娱乐，拿'他人的苦'做赏玩，做慰安"，如此等等，我们今天在现实生活中，仍经常发现甚至司空见惯，以至于还有变本加厉的情形。鲁迅的"历史遗言"，仍然以"现实诤言"的生命力，活在我们的日常生活和精神世界中。

在新的世纪里，人类文化正在转型和重构，电脑给人类文化的传播、习得、承继带来了第四次革命（语言→文字→印刷→电脑）。而中国文化在现代化过程中，则同时经历着双重的转型：前现代→现代→后现代；网络文化给这种双重的转型以力量、速度、深度和广度。在这种急剧变迁和转化中，正确的态度、观念和决策具有决定性意义。鲁迅在这方面也给我们留下了宝贵遗产。鲁迅在19—20世纪之交留学日本，立足于明治维新、脱亚入欧的日本文化"桥"，近观日本革新之现实、远察欧美新思潮之情状，思考本民族的问题和出路，提出"取今复古，别立新宗"，要"求新泉"、要以维新先觉之声来"破中国之萧条"。以后在五四运动中，又一面以彻底的精神，高扬反传统旗帜，背弃、反叛和批判；一面又收集、整理和汲取传统中的精华，并进行现代诠释和运用。对外国的、西方的，包括他们的传统、近代和现代新思潮流派，则实行"拿来主义"，但不是囫囵吞枣、亦步亦趋，不是邯郸学步，更不是唯"外"是从——凡现代的都好、凡西方的都好，而是要宏阔、沉着、勇猛，有辨别、不自私，要"运用脑髓，放出眼光，自己来拿"！他一生的文化建设、思想言论、文学创作都是实践了这些方针、原则的。而这些理论和实践，对于我们今天的现实和现代化实践都是完全适用的，具有实际的指导意义。我们具有了鲁迅当年所远远不具备的社会环境、历史条件和文化语境，可以以国家行为、社会运作，以及教、科、文统一行动的方式、规模，来实现鲁迅的理想。

鲁迅当年还曾经提出中国文学-中国文化要"打出去"，要"出而参

社会与文化转型论　彭定安文集 14　148

与世界的事业"。他本人是实践和实现了这个中国人应有的志气和责任的第一人。阿Q已经进入世界艺术典型行列之中；世界主要国家都有鲁迅著作、创作的译本；鲁迅研究已经成为世界性文化事业。我们今天纪念他、学习他，最重要和根本的就是继承他的事业、理想和遗愿，去成就更远大辉煌的文化创造、文化事业，振兴中华，并参与世界的事业。

以上，只是极简略地就"鲁迅在今天的意义"这个主题，说了一些浅陋的认识。但即此也可见鲁迅和他的思想作品在今天所具有的巨大、深厚价值。我们深感应该好好地、认真地、深入地学习。只有那么一些人总是试图打倒鲁迅，否定鲁迅；更有甚者，有些人借取、截取甚至编造一些"绯闻"、一些危言耸听的莫须有之词，来反对、攻击、否弃鲁迅。他们所反对的、不能容忍的，实际上是鲁迅和他所代表的一种崇高的、反映民族精神的、体现现代中国魂灵的文化方向、文化性格和人格典范。事实上，每有文学-文化上的变迁，每有文化的"风吹草动"，或有人想要提出、提倡一种什么文学主张、流派，就首先拿鲁迅来祭旗，这本身就说明鲁迅对于他们来说是一个不可忽视的存在，是没有倒，也打不倒的。

重读鲁迅：时代意义与文化效应[*]

—— 纪念鲁迅逝世60周年

1. 新一轮重读鲁迅浪潮的出现

新一轮重读鲁迅的阅读浪潮，在中国兴起。这从出版界推出多种鲁迅选集、鲁迅文集，以及《鲁迅全集》的多次重印中，比较突出地表现

---

* 原载《锦州师范学院学报（哲学社会科学版）》1996年第3期。

出来了。南北各地的出版社，不怕重复地出版了各种编选方式的鲁迅文集，也出版了分类的鲁迅作品选集。记得1981年新版《鲁迅全集》出版时，只印一万册，而近几年已经几次重印了。最近，更出版了《鲁迅杂文集》单行本。

在出版业被纳入经济、文化领域的今天，单纯的"政治出版"和"业务出版"都极少了，鲁迅的作品更难被纳入其中。所以现在如此大量出版鲁迅的作品，反映了读者的需要。我曾在某大学近旁的一家小书店里，亲见上下两册的《鲁迅选集》一会儿就被年轻的大学生买走了两套。这使我想起了鲁迅当年曾因学生从兜里拿出带体温的钱订阅他们主办的刊物而感动的情景。这不是普通的购读，这也是当今年轻人与先辈的一种思想与文化的对话。这里有深意在。

而且，这种阅读鲁迅之风已扩及中国台湾，以至国外。在中国台湾，出版了各种鲁迅文集、选集，也出版了鲁迅语录。想想以前在台湾，谁读鲁迅谁就会坐牢，就可见变化之大了。我在美国几个大城市的超级市场的"图书馆"里见到出售的海外版《鲁迅杂文集》的单行本，装饰美观，版本质量高，是认真的出版物，反映出至少那里的华人在读鲁迅。1995年，德国出版了六卷本《鲁迅选集》。一家德国报纸写道："鲁迅的作品使我们认识了一位（20世纪）20年代到30年代初期的作家。他向他的读者和世界揭示了一种深度、一种忍辱负重的能力、一种自我保持的嘲弄性距离。在德国人们所熟悉的（20世纪）80年代的中国文学无法与之相比。"北京大学乐黛云教授编选的《当代英语世界鲁迅研究》中所收的论文，反映了20世纪80年代新一轮西方重读鲁迅的新诠释。正如乐黛云先生在序言中所指出，鲁迅研究已经成为"一种世界文化现象"，而且，研究者已经不只是把鲁迅看作一个单纯的"东方文化现象和象征"，而是将鲁迅遗产看作是世界文化的一个重要组成部分，并且参与当代世界问题的解决。这种对鲁迅的认识和重视，是足可令国人开眼界并深思之的。

总之，重读鲁迅的文化暖风，从中国大陆到台湾、到欧美，都在吹拂。这是令人高兴而又欣慰的。

记得在十几年前的一次鲁迅学术讨论会上，我曾以"在鲁迅问题上的两极"为题发言，说明在阅读鲁迅上，在中国，一面是在少数人的精英文化层，有高质量、新见解的科学研究与解读；另一面则是包括作家层在内的广大群众对鲁迅的冷漠。现在，这种状况改变了。这不是谁的命令、一般的提倡和宣传所能奏效的。这是一种从社会内层产生的需求，一种从文化普泛层产生的阅读浪潮，是广大读者"对鲁迅的再发现"。这里含有深刻的原因和意义。

2. 新的需求与新的期待视野

中国社会产生了巨大、深刻的变化。社会结构、运行机制、价值标准、道德观念都发生了变化，一个从传统社会向现代社会转换和从传统人向现代人转换的过程，正在急剧地发生。在这一转换过程中，一面是社会发生了巨大的前进性变化，社会进步了，发展了，人们的思想和情感天地也发生了前进性的变化；另一面则是，许多消极的、不健康的、不理想的现象也同时产生了，人们的心态之变化也表现出这种两极性的发展。在这种正反两方面的现象的表现中，无论是社会现象，还是人性的表现，都有一部分是旧事物、旧现象、旧品质死灰复燃或借尸还魂的"模式"，也还有一部分则是"旧瓶装新酒"的"模式"，"似曾相识燕归来"。于是，在这种情况下，人们忽然发现在面前站着一个伟大的身影：鲁迅。可不是，在他的如椽之笔的勾画和摄魂之下，多少社会秽状、人性窳劣，都现出丑恶之形；而在他的"揭脓疮，照秽物"中，又给人多少启迪，显出一种精到深邃的思想，并给人以理想与信仰之光。这样，便产生了对鲁迅的重读。这是一种新的需求：社会的思想需求和阅读需求。人们从鲁迅的杂文作品中，可以读到对罪恶、卑劣、无特操、鄙下、蝇营狗苟、欺骗、虚伪等的揭露、批判和剖析，从中得到对今天的类同现象的认识和批判之力；其中也有一种审美的愉悦。但鲁迅的深刻和所给予我们的都不止于此。他的作品，同时还给人以从个别到一般、从具体到抽象、从表层到深层的提升，并升华为理想、信念、情操、思想等，因此引起了比较广泛的阅读。

当然，每一次对于旧的"文本"的重读，都会在对文本"含义"的理解的基础上产生新的"意义"。这是由新时代的新的读者的新的阅读需求所产生的"新的接受意识"所决定的。这就出现接受美学中所说的新时代读者的新的"期待视野"。对于像鲁迅作品这样的可以说是代表民族文化与民族精神的"民族文化文本"，那所能产生的新的"意义"、所能启发出的"期待视野"，就更是广泛、多样、复杂而深刻的了。

今天的读者，对于鲁迅的"期待视野"已经不同于昨天的、历史的"期待视野"。此前，人们阅读鲁迅，是从鲁迅的作品中，去认识"他者"社会的黑暗和罪恶，并获取思想的力量和战斗的动力。今天，则是从中认识"自我"社会的阴暗面，提高认识的能力、识别的眼力，增强建设新的社会和新的公民文化性格的自觉性。

从总体上来说，我感到今天的重读鲁迅，从社会本质上来说，反映了在中国社会和中国人从传统走向现代并实现中国文化从传统向现代转化的时期，人们从文化大师、现代文化创建者的伟大代表之一鲁迅那里寻找指导、思想、力量和灵感。这在个别人身上，未必那么自觉地、充分地、完整地表现出来，但是，会在一定程度上反映这种社会本质。而在全社会的阅读上，却汇总为前述的那种时代的期待视野和接受意识。

3. 20世纪90年代：时代意义与文化效应

20世纪90年代，意味着20世纪行将结束，21世纪即将到来。在这个反思过去100年、迎接未来100年的时期，在这个人类文化在整体上转型和重构的时期，在这个中国文化要同步完成两个转型（从传统到现代和从现代向后现代）的时期，对于本民族代表性和高峰性"民族文化文本"鲁迅的阅读，具有非同凡响的深刻、久远的意义。特别是这次的"重读鲁迅"，不是由于某个人的指示和号召，不是由于某些人宣传和推动。 更不是由于目前颇时兴的商业手段"炒"的作用，而是发自社会一般层面的阅读浪潮，其意义更为值得注意。

鲁迅作为一位伟大的思想家和作家，作为伟大的文化大师、中国现代文化的创建辟路者，他所提供给今天的读者的，是他对于优秀传统文化的继承和对于文化传统中落后部分的批判，是他对于中国现代文化的建树，是他对于世界先进文化的吸取，特别是他对于中国国民劣根性的不留情面的批判。这一切，对于我们在新的世纪中开辟、创建中国文化从传统向现代转换之路具有远大的意义，对于我们民族的新的文化性格（新的现代国民性）的形成也具有巨大的意义。这种时代意义和文化效应，我们可以在今天收"今日之益"，更可在明天收"长久之效"。

如果我们把鲁迅的杂文勉强分为攻击时弊的杂文和"文化批判的杂

文"，我们就可以分明地看到，前者对于我们认识、批判当前社会不良现象和不良心态，是何等的"切中要害"，何等有力，何等启人良知；而后者，则是我们的一种具有高度思想性和高度文化含量的"文化教材"，这里有关于中国文化的深厚广博并富有情趣的知识；有对于中国文化传统弊病的深刻的批判、剖析；也有对于文化的现代的召唤、论述和建树。这两方面，对于我们的文化现代化建设是非常有用的。不过，在这里我必须说明前面所用"勉强"二字的意思。为什么说是"勉强"分之呢？因为事实上，两者是不可分的。前者之文化批判的内涵，可以"从个别到一般""从具体到抽象"地得之，蕴含于深层；后者，其"文化批判"本身即起因于或针对着时弊而发，所以二者有轻重和视角之差，而无本质之别。

我过去曾说过"中国人不读鲁迅是一种损失"，现在仍然这么看。如从正面看，则可知中国人读鲁迅可于知识、思想、文化上所得甚多。今天的中国大学生，如果读鲁迅，就会思想能力增强有望，知识结构强化有力，认识能力提高，特别是道德情操、心性气质的变化、升华、提高，以至完全出现新面貌。我以为这就是中国公民素质的提高、中国国民性之改造的重要表现之一。

这种文化效应，是不仅得于读鲁迅者自身的，还会由此及彼，由少到多地影响更多的人。

重读鲁迅与文学的自觉[*]

——纪念鲁迅逝世60周年

20世纪90年代以来，在中国以至海外兴起了一次新的重读鲁迅著作的浪潮。其范围之广、影响之大，可以说超过以往任何时期。值得特

---

[*] 原载《求是》1996年第20期。

别指出的是，这种群众性的重读热，是在周作人热、胡适热，以及林语堂、徐志摩、梁实秋等现代文学作家热之后出现的。在经历了纷然杂陈的阅读热之后，出现了价值取向和审美趣味迥然不同的重读鲁迅热，是有着深刻的社会意义和文化意义的。

我国正在建设有中国特色的社会主义。这一现代化进程，引起了社会生活的空前变化，文化也面临着从传统向现代转换的问题。在这一伟大变革中，一方面是经济、社会、文化的从未有过的变化，另一方面是诸多消极现象的普遍存在。人们既看到文明的发展与社会的进步，也看到封建的、丑恶的现象沉渣泛起。正是在这样的社会背景下，人们"发现"了鲁迅。他的面对旧时代顽强不屈的战斗精神，他的"社会批评""文明批评"的价值取向，他的"我以我血荐轩辕"的一腔豪情，无不给人以思想的启迪、理想的传输、道德的激励、认识的提高和审美的愉悦。

可以说，20世纪90年代重读鲁迅，是对当前社会心态中所表现出的消极价值观和文化品格的一种反思。诚然，在其他热过一阵的现代作家的作品中，我们未尝不可以读到一些对文化的追求、对美的赞赏、对生活的感受等，但却得不到鲁迅著作所具有的那种对国家和民族命运的深沉炽烈的关切，那种热烈地是其所是、热烈地非其所非的积极的人生态度，那种对于人民的挚爱和对社会、历史、文化的哲人般的深邃思索。而这一切，无不是关心国家、民族命运的人们所十分需要的。

改革开放以来，中华大地充满生机，人们思想解放、眼界开阔、心态活跃，一方面注意国外的种种情况，另一方面思考发展过程中的中国问题。在诸多方面，人们都可以从鲁迅的著作中获得启示。许多问题鲁迅当年思索过、批判过、研讨过，并以小说、杂文为主要形式写出了自己的结论，这些结论对人们具有深刻的启迪作用，这自然不仅源于结论本身，更源于他的"揭出病苦，引起疗救的注意"的极大勇气和见识。

对鲁迅著作新的解读视角和新诠释的出现，也是重读鲁迅的重要原因。由于鲁迅著作具有中国现代文化代表的性质，由于他自始至终"直面惨淡的人生"，终身为民族的解放、人民的觉醒奋斗不息，因此每一个新的历史时期都会出现一次对鲁迅著作的重读，并且这种重读总是同时代特点、社会趋向、人民命运相结合。20世纪90年代重读鲁迅，在20世纪80年代对鲁迅的新解读、新诠释的基础之上又有新的发展。由于我国改革开放的进一步深化，人们对文化的需求日益迫切。大众文化的兴起，文化热的出现，文化领域、精神世界的广泛而深邃的变化，使人们急欲从鲁迅作品中寻求思想文化的启示。这样，人们在革命的、批判的、斗争的鲁迅形象基础上，又发现了一个思想家的、哲人的、文化大师的鲁迅形象。这一新的解读视角和诠释框架，使人们不仅识得一个新的鲁迅形象，更"发现"了原本被忽略或注意得不够的鲁迅著作中更丰厚深邃的文化含量，使他显得更广博、更精深、更亲近了。

在纪念鲁迅逝世60周年的时候，我们更深刻地理解到鲁迅精神之可贵。鲁迅作为伟大的文学家、思想家和革命家，其伟大之处就在于他从弃医从文开始，就将文学作为一件拯民救国，特别是"拯救其灵魂"，以振作民族精神，推动解放人民的伟大事业。他始终坚持"文学为人生"的方向，坚持根据历史的需要提出要求，以文学为民请命、为民抗争、英勇奋战，至死不渝，因此而成为民族魂。毛主席说："鲁迅是中国文化革命的主将，他不但是伟大的文学家，而且是伟大的思想家和伟大的革命家。鲁迅的骨头是最硬的，他没有丝毫的奴颜和媚骨，这是殖民地半殖民地人民最可宝贵的性格。鲁迅是在文化战线上，代表全民族的大多数，向着敌人冲锋陷阵的最正确、最勇敢、最坚决、最忠实、最热忱的空前的民族英雄。鲁迅的方向，就是中华民族新文化的方向。"[①]虽然鲁迅那个时代和鲁迅本人都已经逝去了，但鲁迅终身所坚持的"文学为人生"的主张和作家的责任不会改变。文学艺术作为人类精神世界之花，从它诞生的那天起就确定了它的性质和命运，即它只有顺应历史的潮流，代表进步的社会力量，才是不朽的。回顾文学史上的诸多世界级文学大师，无论是莎士比亚、巴尔扎克、司汤达、歌德、席勒，还是普希金、托尔斯泰、契诃夫，无不是以文学反映历史主题、社会生活、民族命运和愿望而成就其伟大。鲁迅正是继承了这一优秀的文学传统，坚守了文学的根本性质与任务而成就其伟大。尽管在中外文学史上不乏"玩"文学者，而且有的还玩得有才气、有文采，但无一不因其脱离社会之土壤、人民之哺育而昙花一现，成为历史的过客。

茨威格在祝贺高尔基60寿辰的致辞中写道："这个人，这个诗人，人民自己的诗人和见证人，一下子冲出它（指俄罗斯——引者）巨大的

①　毛泽东：《毛泽东选集》，人民出版社，1991年，第698页。

躯体，向全人类公开了关于俄国人民、俄国无产者、卑贱的人、被压迫和被迫害者的消息。公正如实地写出人类中的一个蕴藏无穷力量的民族的困苦和希望、危难和伟大——这对俄罗斯民族说来，是何等的大事，是多大的幸运，是关系到国家命运的多大一笔财富！"这一崇高的评价完全适用于鲁迅。他正是一个冲出半封建半殖民地的巨大躯体，向全世界公开了中国被压迫和被迫害者的消息，成为他们的发言者和塑造者的人；他正是在一个决定的时刻，公正地写出了一个蕴藏无穷力量的民族的困苦和希望、危难和伟大的人。同样，这对中华民族来说，是何等的大事，是多大的幸运，是关系到国家命运的多大的一笔财富！这一切，正是鲁迅之一再被重读、一再为时代和社会所需要的原因，这笔巨大的思想财富永不枯竭。

鲁迅不是一般的作家，他的作品也不是一般的作品。他以自己的作品教给我们如何做人为文。他的形象、他的性格，构成一个完整的人格楷模。一些至今污蔑攻讦他的人，也正是在这一点上不能理解他、容忍他，因而永远不可能走近他。因为鲁迅伟大的人格力量使那些在文化方向和文化性格上完全与之对立的人感到一种压力、一种威胁，所以他们总是别有用心地攻击他、谩骂他、诋毁他。

鲁迅之所以深刻、之所以具有巨大的人格魅力，主要在于他始终站在民族苦难的风沙战场上，勇于"直面惨淡的人生"，作为人民的塑造者和代言者，同一切不利于人民自由解放的势力作斗争。在他的同时代人中，同他一样博学的人不是没有，但是能够像他那样终生不渝地坚持文学的使命、社会的责任，为民族的解放战斗不息的，确实不多。鲁迅后期不再进行小说创作，这有多种原因，但最根本的原因在于他面对民族危亡、内忧外患，不能安心从事文学的创作，把思想和生活熔铸于成熟的艺术典型之中，而为内心炽烈的爱国热情和战斗激情所鼓舞，被迫使用作为"投枪、匕首"的杂文这一形式去迎击当面之敌，去唤醒人民大众为民族存亡而奔赴战场。他曾酝酿多年，要以全新的立意写唐明皇与杨贵妃的故事，为此做了许多对唐代文化的了解工作。但是，一次西安讲学之行，现实情景与历史辉煌的反差，使他失望，创作情绪受损，就不再勉强动笔。他曾想写《毁灭》式的作品，或者只写带有报告性质而艺术典型稍差的《铁流》式的作品，以反映中国工农红军的伟大、艰苦斗争，为此曾邀请红军将领陈赓到家详谈；然而，终因感到素材的缺乏和对现实生活的体验不足而放弃了创作计划。其中所充分表现出的鲁迅作为现实主义文学大师的严肃的创作态度和艺术品格，是与他的社会责任感、历史使命感和艺术良心分不开的。在这方面，他既表现了一种高度的文学自觉，又表现了一个作家的人格魅力。与他相比，眼下那种脱离实际、疏离生活、缺乏社会责任感和历史使命感及起码艺术良心的创作作风，相差何止十万八千里。

建设有中国特色的社会主义的伟大实践是呼唤文学大师、产生文学佳作的丰厚土壤。然而当前却有一些作家对此熟视无睹、无动于衷，只是面向历史中的非主流部分、面向个人小天地，去写作单纯而狭隘的表现自我的作品；有人则一味调侃，调侃生活、调侃历史、调侃艺术、调侃崇高，甚至以蹩脚的调侃方式恶意地攻击鲁迅；也有一些有影响的作家，无意于以自身的才华反映伟大时代的伟大历史事变、社会发展，放弃自己肩上的社会责任，而属意于支脉细流。他们都应该向鲁迅学习，从鲁迅这面镜子照见自己的差距。

我们今天纪念鲁迅、学习鲁迅，并不是要机械地照搬他，简单地模仿他，而是希望作家、艺术家像他那样做人为文，像他那样关心祖国的命运、人民的疾苦，像他那样融汇古今中外之文化精华而形成自己独特的思想观念和审美品格，坚持"文学为人生"的主张——在今天也就是坚持文艺为人民服务、为社会主义服务的"二为"方向，努力创作出无愧于时代、无愧于人民的优秀作品。

赖有斯人慰寂寞

——为纪念鲁迅逝世70周年作

1996年为纪念鲁迅逝世60周年，在上海举行了国际学术研讨会。在研讨会闭会晚宴上，日本鲁迅研究家、著名汉学家竹内实教授代表外国学者致辞。他登上讲台，开口就说：

日本在"二战"之后，面对一片废墟，急需复兴，为此就要寻找一个民族的精神支柱。但我们没有找到，最后，找到了中国的鲁迅。（大意如此）

因为是即席讲演，他没有解释这个结论。但我理解他的意思。当他归席，我即起身与他握手，表示感谢。

记得日本第一代研究鲁迅的大家竹内好曾著文说，日本文化是"优等生文化"，即总是考第一的学生吧。是这样一种心态，所以缺乏反省自己的精神。而"二战"后的日本最需要的就是全民族的反思。中国的鲁迅，就是一位伟大的民族自我反思与批判者。谋求复兴的战败国日本，迫切需要学习这种民族的自我批判精神。

诺贝尔文学奖获得者、日本作家大江健三郎在《大江健三郎自选随笔集》自序中说：

> 我现在写作随笔的最根本的动机，也是为了拯救日本、亚洲乃至世界的明天。而用最优美的文体和深刻思考写出这样的随笔、世界文学中永远不可能被忘却的巨匠是鲁迅先生。在我有生之年，我希望向鲁迅先生靠近，哪怕只能靠近一点点。这是我文学和人生的最大愿望。

还有韩国。20世纪70—80年代，活跃在韩国民主运动和现代改革前列、冲锋陷阵的几位思想界精神领袖，如李泳禧、任轩永等，都是鲁迅的崇拜者。他们举起鲁迅的思想旗帜，传播鲁迅的文章与思想，来呼唤与发起韩国的革新运动，虽遭迫害而不歇。2005年在韩国举行的韩国鲁迅研究会第二次国际学术大会上，任轩永在发言中追述自己在三个方面受到鲁迅的影响，其中第二个方面的影响是：鲁迅作为民族解放斗士的形象。他说："《药》、《铸剑》或《狂人日记》等都是令年轻人热血沸腾的火药库。"他还说：

> 亚洲似乎重新需要鲁迅。……主张改革和开放的中国更迫切地需要鲁迅。同样，韩国等第三世界国家也需要鲁迅的文学和革命。从这个角度上，鲁迅不仅是中国的作家，也是世界人民的朋友、同志、斗士和作家。

以上都是来自异域的声音。这里，还仅及于亚洲邻国，而没有提到遍及欧美的对于鲁迅的持久的、深入的、认真的研究和可观的学术成果。

然而，令人感叹而惊讶的是，在鲁迅自己的国家里，在他作为绝代爱国者所挚爱的祖国，却不断地发出对他进行贬损、辱骂、攻击、否定，必欲置之死地而后快的噪声。而且，值得注意的是，这声音不是来自乡野民间，而是出自文化精英们和文人学士们之口。口诛笔伐，不绝如缕。不过，这种攻击都是"袭击"式，三言两语、冷嘲热讽、不讲学理，没有理论支撑，没有文学批评的圭臬，还要加上歪曲和伪造事实。其情"深邃"，而其文浅薄。但他们所坚决否弃的，正是前面日、韩所肯定的鲁迅的精神、思想、文学、文化与人格力量。这一当代中国文化现象，值得我们深思。

这是十分令人心痛的！是民族的、文化的、时代的悲哀！

记得在20年前纪念鲁迅逝世50周年时，我写过一篇文章，题目是《50年来鲁迅的命运》，文中针对当时比现在差得远的对鲁迅的攻击谈了一些认识，最后说：不管人们如何攻击与否定，在历史的某个时刻，我们会抬起头来，忽然发现面前站着的是鲁迅的巨大身影。

但通观现代的事实，何尝需要等待"历史的某个时刻"，在当时和目前，便有充足的事实——包括社会现实、文学与文化现象，都在证实鲁迅的当代意义与价值。

鲁迅在20世纪初所写的应属比较文化研究的系列论文中，就提出在物质文明发展的同时，对于精神世界建设的注意，指出当时包括日本和欧美在内的"物质发达，社会憔悴"的问题。这可以说是与当今"科学发展观"血脉沟通的思想前奏。而鲁迅毕生剖析、批判的中国国民性问题，诸如自私、冷漠、爱面子、"做戏的虚无党"、"自己的脚不懂得自己的手"、保守与反改革等，现在不是依然存在甚至变本加厉了吗？有的则改易面貌而出现。鲁迅的"投枪与匕首"，依然是我们可用、应该用的思想的利器；鲁迅的"思想镜子"，依然可以发挥它的"照秽水和病菌"的作用。

鲁迅的文学作品依然是我国现代文学的经典，至今仍然没有人超过他。仅仅阿Q这个艺术典型的进入世界艺术典型谱系，就足以证明他的不朽。他的散文诗《野草》，其艺术形态、现代艺术手法与意象、象征、隐喻的运用与创造，仍然是我国文学现代性创获的"第一只春燕"。作为他主要成就的杂文，正如大江健三郎所说，是"世界文学永远不可忘却的巨匠"的创造。他的《狂人日记》，被国际评论认为是"东方民族的寓言"……

所有这些，是攻击鲁迅者捧得远在鲁迅之上的那几位作家，所能企及的吗？有一位研究中国现代文学的学者说："幸亏有一个鲁迅，否则，20世纪的中国文学，谁可以去进行世界性对话呢？"

"赖有斯人慰寂寞"，70年的历史事实和当代的现状，都在证明着这一重要的文化事实。

师友问学衡文五篇

批判的锋芒　思想的光辉*

——试论王充闾散文的批判意蕴

　　"将知识提纯的批判工作"，这是19世纪末、20世纪初法国大学派批评大师居斯塔夫·朗松的一个有意味的命题。我拟以此命题为探讨原点，来试论王充闾散文中的文化批判意识和批判意蕴。不过，首先需要做一点解释，即本文所说的"批判"，不是20世纪政治运动中习用的"大批判"的含义，那时的政治语境使"批判"一词具有"打击""攻击""对付敌对势力""消毒""对敌我矛盾者的批评"等附加与衍生含义；这里使用的"批判"，类似郭沫若的《十批判书》和李长之的《鲁迅批判》中的使用义，也就是中国语文中"批判"的正常语义，即解析、评论、批评及其"混合"的意思。

　　王充闾数量可观的散文作品，以历史文化散文为多，私意以为，也以这类散文为佳构，至少是此类散文中佳构为多，虽然他也写了不算少的"情感散文"，其中也不乏佳作。探讨充闾的历史文化散文，可以从许多方面着笔，比如思想、审美特质、历史哲学、历史人物的评骘、语言等。但不可忽视的一个重要方面，还应该包括这些散文中蕴含的作者的批判意识和作品中的批判意蕴。而这种内蕴，不仅具有思想的价值，而且还潜蕴着审美素质，因此应该被视为充闾散文的思想-审美价值系列的组成部分。我并且认为，这种意识和内蕴，使充闾的散文作品思想内容更为深厚、审美素质更为提高，更有读头也使读者获益更多。记得周扬曾以王船山的"知人论世"四字来概括鲁迅作品之予人以进益。而充闾散文创作心理中的批判意识和作品中的批判意蕴之价值所在，正是在"知人论世"上，可予现代人以思想与审美的进益。

---

* 　原载《沈阳工程学院学报（社会科学版）》2008年第4期，收入本卷时标题有改动。

作家的文化观念与文化襟怀，是他的作品深度的源泉和底蕴。而这种观念与襟怀所包含的重要内容之一，就是批判意识。忧患意识、批判意识、超脱与超越意识"三位一体"，构成文化观念与文化襟怀的基础性的和生命意义的基核。充闾散文的批判意识，正是构成他的散文审美与文化价值的基核。他的历史文化散文弥散着批判意识和批判意蕴，可以说普泛存在于他的所有这些散文作品之中。我拜读充闾历史文化散文，几乎在每一篇章中，都感受到这种历史的与文化的批判；或者批判的锋芒显露，批判的意念扑面而来；或者在行文之中，隐隐巡行，使你感受到那批判意蕴的存在；或者在述事、讲史、诉情中，于叙事状物中，潜流涓涓，于细处、于暗中，授你以批判的意念。他的那些访古觅史，寻觅历史陈迹，评骘帝王圣贤、文人学士以至流人等的佳构中，无不蕴含这种批判的意识与批判的内容。这是他的历史文化散文的脊梁。

这种批判意识–批判意蕴，也就是一种倾向性。批判，总是立足于某种与其所批判的理念、价值观和事物对立的"理论立场"，总是在批判中，显露地或者潜隐地彰显着、褒奖着某种正面的东西。倾向性因此也就蕴藏其中了。恩格斯曾经为维护某种"社会主义文学作品"的倾向性而批驳了否定文学作品倾向性的论调；但是，他同时指出，社会主义倾向性在文学的叙事中越隐蔽越好。这里有两条含义：一是他并不反对文学作品的倾向性；二是倾向性要尽量隐蔽。不过，恩格斯所论，是指小说叙事；这不同于散文，尤其是议论性散文。公认的西方散文大师蒙田的作品，"整个"就是议论性散文，或者说是用散文发议论。这一点并不妨碍他成为文学大师，也不妨碍他的作品成为散文典范。别林斯基也曾经论述过"思想"在文学作品中的作用和意义问题。他很重视文学作品中的"思想"的意义和价值，但他着重论述了"思想如何进入"文学作品的问题。他的意思是，问题不在"思想"进入，而在于如何进入；如果思想进入作品之后，作品的质量发生问题，那么，并不是"思想"本身存在问题，而是作者对他引入的"思想"还不熟知，还没有成为自己的血肉、自身的东西，而"进入"的方式，也就生硬、隔阂、外在。充闾散文的倾向性很明朗、不隐蔽，这是符合前面所说议论性散文的体式的，但是，并不生硬、隔阂；他的批判的锋芒显露而直白，但又闪耀着自身的光芒，"思想"是属于他自己的；他当然汲取了前人的智慧与理论，但不仅经过消化、吸收，而且内化为自身的血肉了，更重要的是，蕴含着他自己的人生经历与生命体验。——这是最重要和可贵的。比如他的批判的"对象"中，热衷事功、做官为宦是"常见客"，其中，当然含有许多文化的事理，但也存在曾经长期"为官"的作者自己的生活感受与人生体验在内。所以其所论，就不是隔靴搔痒，而是正中鹄的，既有苦涩、无奈，也有苦衷与可谅解处；既有感叹、同情，也有一针见血与诤言。

在充闾散文中，往往存在两两相对的人生课题与文化命题，它们是：入世/出世、仕途/文运、执着/洒脱、达/穷、事功/文学、庙廊/山林、身隐/心隐。这可以说是他的批判意识与批判意蕴的总体框架。这个框架，凝聚了文人学士的全部人生课题，简直是他们的生命的基本情结。然而这里不仅是事关官宦士子，同时蕴藏着中国社会、中国历史、中国文化的基本的特征性内涵。这一框架可以算作中国式的、中国独具的"人生-生命-文化"情结与命题。它非常不同于西方从古至今的社会、历史、文化与知识分子的情结与命题。因此，解读、评析、论列和批判这一"中国特色"情结与命题，就是抓住一个"理论-文化原点"，来解读、评析、论列和批判中国社会、历史、文化与人生。也可以说，充闾散文是突破了这一"点"，又以此"视点"透视了中国社会、历史、文化、人生。充闾散文在这一蕴意丰富的框架里，驰骋思想与文采，挥洒笔墨，纵横捭阖，解析、论证、对比、批判。他的批判的锋芒总是对准前者，而欣赏与赞誉则施与后者；思想的光，照出前者的阴影，而映照出后者的绚丽的光泽。我们在他关于严子陵、李白，关于曾国藩、李鸿章等的篇章中，就可以看出这种炽热的倾向性。

充闾的历史文化散文，每每涉及历史与历史人物。"述史""评人"，是他的题材与主题的骨干。这就涉及历史观与历史哲学问题。按照法国年鉴学派的历史观念，历史都是写史者对于历史的"重构"。而法国历史哲学的代表人物雷蒙·阿隆的说法一语中的且更为有趣。他说："历史是由活着的人和为了活着的人而重建的死者的生活。"[1]这当然不是说历史都是主观臆造的，或者说历史是可以伪造的。这就好像接受美学中的命题：接受者总是根据"作品"的"原意"，来创造"意义"。前者是依据，是基础，是范围；不能按照自己的主观意愿来随意

---

[1] 保罗·利科：《法国史学对史学理论的贡献》，上海社会科学院出版社，1992，第95页。

创造，也不许可随心所欲地伪造。他必须在也只能在"原意"的基础上和范围内来"创造"，只能在"原意"的"如来佛"的掌心中"跳舞"。历史的"重构"也是如此，对死者生活的"重建"也是如此。"历史材料"是"重构""重建"的，但跳不出"如来佛"的掌心。不过，这个"掌心"广阔辽远、海阔天空，足可供作家施展其想象与才华。充闾正是这样做并做得颇为成功的。

前面使用批判的"锋芒"与"显露"，来标识充闾散文，这词语可能有不确切的缺点，或者说容易引起误解。所谓"锋芒"，所谓"显露"，都是指批判的气势、力度和韵味，是一种对于文章内在气质的赞誉，而不是指文字外在的表现。事实上，在文章的运作、进行、表达过程中，充闾散文在整体上，都是行云流水、逶迤蜿蜒、娓娓道来，如涓流细泉。其批判意识和批判意蕴，率皆蕴蓄其中，或直白论列，却也是条分缕析，不仅理路清晰，而且文采斐然。匿锋芒于华文，于隐匿中彰显。即批判不是"声色俱厉"式，而是理清情切式。我以为此中含着作者的理论上的自信、情理上的通畅和心理上的自恰，还有审美理想上的圆融，故能形于外而成就优雅的历史文化散文。

历史的重构和批判，立足点和眼光，是决定性的前提。重构一个历史事件或一段历史，或者"重建死者的生活"，需要确定自己的立足点，进行批判则需要具有批判的眼光。这都不是轻易之举，也非轻易能够成功的。列夫·舍斯托夫在论述陀思妥耶夫斯基时，曾经把作家的眼光分为两个视力。他说，"第一视力"是"天然眼睛"，而"第二视力"则是非同他人的作家自己独具的眼光、视力。①我将"第二视力"称为"文化的眼睛""文化视力"。充闾的批判意识和作品的批判意蕴，正是由于他形成了并且使用了自己的"第二视力"的结果；是他的"第二视力"的思想之光，照亮了"对象-题材"，闪出了审美的绚烂。这一点，突出地表现在关于曾国藩和李鸿章的两篇散文中。评析曾国藩的《用破一生心》，首先这题目就画龙点睛，有"电光一闪"耀人眼之效，在我是一见即引起兴趣，想要读下去；及到开篇就开宗明义点出"曾国藩也被'炒'得不亦乐乎"，把文章产生的时代背景与诞生的现时语境托

---

① 列夫·舍斯托夫：《在约伯的天平上》，董友 等译，生活·读书·新知三联书店，1989，第29—30页。

出；而后，紧紧抓住曾国藩的人生观核心与生命终极追求就是一个"立功扬名"，他的行事轨迹与基本道途就是一个"伪"字，真正抓住要害，刺入骨髓，活画了曾氏漫画像。那批判的锋芒是锐利的，那思想的光泽闪耀全篇。

分析李鸿章的一生的《他这一辈子》，则极简略而又准确地评析式地记叙了李氏一生，扼要而中肯；同时，提炼了几个关键时期、关键事件，予以透析。在人生轨迹的记叙和文章的巡进中，正中要害地提出几个"评点'亮点'"："不倒翁""五子登科""有阅历而无血性"等。特别是还进行了"比较研究–比较文化研究"，拿李鸿章和曾国藩、彭玉麟比较，显出李氏的特色与特别。李、曾之比那一段，是颇为精彩的。曾氏特看重"后世评价"；而李氏则认准一条路，不管后人如何说三道四。曾氏"讲究伦理道德，期望着超凡入圣；而李则着眼于实用，不想做那种'中看不中用'的佛前点心"。对"于义有亏的事"，曾氏"做而不说"，李则"又做又说"。最后他得出结论："一个是伪君子，一个是真小人。"

这里，对于历史的重构，对于"死人生活的重建"和对于历史与历史人物的批判，都闪动着批判的锋芒和思想的光。在这里，思想不是隔生的、他人的、外在的，而是成熟的、自己的、内在的，特别是，是与对象的事实契合的，深入其腠理血肉的。至此，我们可以回到开始时说到的朗松的命题："将知识提纯的批判工作"。王充闾之能使他的散文的批判功夫达到这个程度，就是他进行了"知识的提纯"。关于曾国藩的史实，纵不能说汗牛充栋，却也是十分浩繁的；关于李鸿章的史实也很多。充闾将历史知识进行了有效的、属于他自己的正确的"提纯"，因此能够提纲挈领、抓住要害，纵横捭阖而不脱离核心与关隘。

关于李白和宋徽宗的两篇散文，是另一种类型的批判。这里的"批判"义，更加具有前述郭沫若、李长之所使用的含义了，它偏重剖析、估价、论述、评骘的意义。《两个李白》，一个是"现实存在的李白"，一个是"诗意存在的李白"。前一个李白，醉心于立功立德，"他热切地期待着'长风破浪会有时，直挂云帆济沧海'"；后一个李白，"痛饮狂歌，飞扬无忌""长安市上酒家眠，天子呼来不上船，自称臣是酒家仙"。但前一个李白一败涂地，而后一个李白则达于顶峰。通篇文章在这两个互克互生的"极"点上，进行了细致的论述与评骘。批判的锋芒，不是对着人的缺陷、弱点、问题，而是人的性格与命运；思想的光映照着人生的选择、追求的得当与失着。但问题又不仅仅涉及个体的眼力和"己知"之事。历史事实就是如此：一个志不在诗文的李白，却成就为诗仙、文豪，名垂千古；另一个时时想着登龙入仕的李白，终归坎坷一生，落拓穷途。结论是什么？"既是时代造就了伟大诗人，也是李白自己的性格、自己的个性造就了自己"；而他的悲剧，则"既是时代悲剧、社会悲剧，也是性格悲剧"。性格，在这里成为李白把自己造就成千古"这一个"的终极原因。

贯穿这篇散文的是批判——历史批判与文化批判，但这不是文学论文。它以散文文体叙事，也以散文文体议论，是以批判的意识与理念为核心，重构逝去的历史，重建"死者的生活"。而且，它越过了李白"这一个"，而提升到"李白的心路历程及其穷通际遇所带来的甜酸苦辣，在很大程度上映现了几千年来中国文人的心态"。这是作者一开始就指出来的，于是以后的行文所及，"点"在李白身上，而整个文章的批判意义，却已经及于几千年来中国文人的心态了。

另一篇关于宋徽宗的散文《土囊吟》，则是另一种批判，另一种审美情趣。宋徽宗无疑是个"坏"皇帝，不仅治世能力差，而且恶行也多，任用坏人、穷奢极欲、荒淫无度。然而，他却是一位杰出的艺术家，书法独创"瘦金书"，画作达到北宋绘画艺术的上峰，诗文长短句亦佳。作为坏皇帝，他流落北国苦寒地，跌入屈辱求生的非人境地；但作为杰出诗人、艺术家，他却流芳后世。这是非常令人慨叹的历史嘲弄与命运悲剧。充间的散文对此做了尖锐的批判和深刻的喟叹。

《灵魂的拷问》是又一种批判形态：比较论。通篇以陈梦雷与李光地的纠葛为经，编织了两种人生、两种人格、两种身后名的比较论列。这里，揄扬与批判同步，赞赏与抨击俱在，高尚与卑鄙、纯真与龌龊、君子与小人强烈地对比存在。那种在高尚、纯真、君子面前和观照下的对卑鄙、龌龊与小人的鞭笞、贬斥、批判，愈显强劲、有力而深沉。这种历史-知识提纯后的批判，我以为具有超越某个历史人物、某个历史阶段与事件的一般性意义，达到了批判的历史哲学的层次。

还有一种批判形式，我称之为顺势的批判和捎带的批判，也是暂时离开文章主流的批判。这种批判，除了批判文字与意义的意趣之外，还有"行文"的情趣，即文章上的"说开去""插言""顺势发挥"。这种表面的离题，却收"额外"的切题之效。比如访濠梁论庄子而批明太祖朱元璋的阴险毒辣、残酷无情；论李鸿章而批实用主义；赞陈梦雷而批电视剧《康熙王朝》的主题歌；叹香妃而批皇室；思庄子而批今日之破坏生态环境；等等。从这种文字中，我又体验到作者的创作心理中有一种潜批判意识存在，它随遇而出，使文章生辉。批判意识的潜存，这是作家创作心理的重要构成。一般地说，西方优秀作家创作心理中普遍存在的批判意识、幽默感和象征意蕴，在中国作家创作心理中是比较缺乏的。充闾在这方面有其优点。——不过，我希望他再加强文章中的幽默感和象征手法。

充闾近作《龙墩上的悖论》更加在高层次上显示了他的历史文化散文的批判的锋芒与思想的光。先浏览这些题目："祖龙空作万年图""血腥家族""赵家天子可怜虫""天骄无奈死神何""龙种与跳蚤"。仅从题目上，就照见了其历史与文化的"将知识提纯的批判工作"，显示了其在社会位置的显赫与"至高"上，在历史-文化的深层与厚重上，达到了新的高度与深度。但他的立论的宗旨和批判的锋芒，却是起于帝王之业的高层，而落于芸芸众生的尘世。这里且只以两篇力作为例，以见一斑。

《祖龙空作万年图》和《天骄无奈死神何》写了中国古代两个绝代皇帝。但不同于任何帝王论的论旨，两篇散文，把这两个权利薄天、威风盖世的君王，放到"死亡"这个极限面前来考问和评骘。婴儿依赖、生命极限、生理极限，这三者是人的不可逾越的死坎。我在拙作《文化选择学》中，称之为"人生三大限"。始皇帝也好，"一代天骄"也罢，任他们如何自信、威风、霸道，任他们如何希求长生不老，如何以为自己可以战胜一切敌人，但是，他们终究在极限面前败下阵来。对此，对两个不同时代、不同霸业、不同性格的绝代君王，王充闾作了这样的论述：

> ……你不是期望万世一系吗？偏偏让你二世而亡；你不是幻想长生不老吗？最后只拨给你四十九年寿算，连半个世纪还不到；北筑万里长城，抵御强胡入侵，不料中原大地上两个耕夫揭竿而起；焚书坑儒，防备读书人造反，而亡秦者却是不读书的刘、项。一切都事与愿违，大谬不然。

这是怎样的一种辛辣而可悲的历史-文化悖论啊!

王充闾接着评论说:

> 他一生是悲剧性的。在整个生命途程中,每一步,他都试图挑战无限,冲破无限,超越无限,却又无时无刻不在向着有限回归,向着有限缴械投降,最后恨恨地辞别人世。"但见三泉下,金棺葬寒灰。"(李白诗句)这是历史的无情,也是人生的无奈。

这种无情与无奈,岂止对于秦始皇是不可违逆的极限与律令呢?它的历史的教训与文化的教益的意义,不是远超出始皇帝一人么?而作品的批判意蕴也就超越"个人论"的范畴了。

至于那位所向披靡、建立了世界霸业的"一代天骄",又如何呢?

> 死亡是自然对人所执行的无法逃避的"绝对的法律"。对于这一"性命之理",成吉思汗开始是不承认的,或者说不想承认。……西征以来,特别是会见丘真人之后,成吉思汗渐渐觉察到死神的套杆在身后晃动。但他并不肯束手就擒,而是把征服一切的欲望作为助燃剂,去继续点燃生存欲望的火焰,用以取代对死亡的忧虑与恐惧。

成吉思汗在这里是以进为退,用武功与征战的硝烟来遮蔽自己的眼与心,使之看不到和感受不到死亡的威胁。这是作品对于"一代天骄"的"死亡观"与对待死亡态度的深刻的批判,更是对于他的霸业与雄心的内在悖论的揭示。

但批判没有停留在这个"阶段"和这个层次。接着,他又进一步提出了"死不起"的论题。这个论题使论述也使批判更深入、更普泛化也更具人生哲理意蕴了。它不是死亡的论题,而是人生与生命的课题。王充闾写道:

> 有些人是"死不起"的。生前拥有的越多,死时丧失的就越多,痛苦也就越大,就越是"死不起"。对于那类一意攫取、不知止足者而言,这生而必死的规律,实在是太残酷了。

这里的批判、论述、指向,哪里只是一个成吉思汗,又哪里只是指出死的必然而已？不是世人皆在其中？不是越过死亡的律令，而入于生活的圭臬？

行文至此，我想起朗松论蒙田时说的话。他说，要弄清楚"蒙田的思想在什么地方引发出来，在什么地方停留，从什么地方得到营养，在什么地方把自己摆进去，在什么地方真正创造了自己的思想"[①]。的确，要研究和论证王充闾历史文化散文的批判意识与意蕴，还需要研究这些课题，弄清楚这些问题。不过，这应该是另一个题目，需另写一篇文章。我这里则只是浮泛而浅露地说出了一些现象而已。

序跋余事显性情[*]

——为林声同志序跋集作

林声同志将所作序跋结集出版，我以为这是一件很必要而具有意义的事。然而他交付印稿给我，嘱我撰写序文时，却不免使我惶恐，而"临池戒惧"。但是长者之托不可拒，我无可规避，只有从命。

林声同志是我的老上级、老领导，但在工作期间我和他只有工作上和工作性质的"远距离"接触，熟悉而又"陌生"。只是我们都离开工作岗位以后，在社会、文化、学术的活动中，才逐渐真正熟悉起来，尤其在他负责省文史研究馆工作而成为文史馆真正的灵魂的这些年来，我们才有了深入的交往，而且是在文事领域、为文事发展的文化性的交往。我以为这种交往才是思想的以至心灵的交往。虽然我们这种交往的性质依旧是我在他领导下活动和工作，但在实际事务的行进中，却超出和超脱于"实际"，而有了思想与心灵的交流，其中包括对人生意义的共识和对生命体验的感受。

---

① 昂利·拜尔编《方法·批评及文学史——朗松文论选》，徐继曾译，中国社会科学出版社，1992，第196页。

* 原载林声：《散穗夕拾·林声序跋集》，辽宁人民出版社，2011。

正是在这种交往中，我深深感受到林声同志为官、为文与为人的深刻的一致性。我内心称他为"文官"，意思是他为官、为文、为人皆"有文"。这在当今官场与时下社会中，是不多见、不易有、很可贵的。我所说的"有文"，不是一般意义上的"文"，而是一种我私意赋予的词语，它的含义是工作、事业、生活皆含有文化的出发点、立足点和归宿，而思考问题、处理事情和行为准则、行为方式，皆以文化为圭臬。为官期间，无论主管哪方面的工作，也不管活动领域主要在哪里，他都在指导思想上贯注了文化这个内涵，而且主抓或者支持了文化方面的事业和工作。而在退出领导岗位之后，他就以主要精力从事文化方面的工作和活动了，其中包括社会性的文化倡导与指导，他个人的诗、书、画的创作等。而且，在这些方面，他都取得了骄人的成就，都对社会做出了有益的贡献；他还发挥他的特有的作用，支持、帮助、推进文化事业和文化活动发展，为辽宁省文化发展与文化积淀，起到了无可替代的作用，做出了卓著的贡献。

我说起这些，是因为我感到，林声同志的序跋文，并非一般文字，更不是应景文章，而是以前面所说诸端为背景的，是有着深厚文化渊源和文化蕴意的作品。因此我称这些序跋是"余事"，是在从事上述那些重要的和主要的文事活动之外的余事。但是，"余事"不余，它"全息式"地将作者的文心和个人性情蕴含于其中了。

就本文集所收序跋来看，大体分为两类：一是自序；二是为他人著述所写之序。就前者来说，这既是作者对所著和所编之书的有关内容和事宜的交代和说明，又是他直抒胸臆的"自述"。由此，在两个方面都显示了作者的真性情。比如，在自序方面，我们读到同时也感受到，林声同志与诗、画结缘，并非泛泛之爱好、一般的生活情趣或休闲之举，虽然并不排除这些因素的存在，而是"盖有深意在"。这深意，就是诗与画嵌入到他的生活之中，蕴含于他的精神世界之中，是他的生存方式与生活精髓。用海德格尔的话来说，这就是他的"存在"与"此在"。他至迟从17岁开始读诗、习诗、写诗，"与画结缘，那是我六十五岁以后的事"。（《林声自题画诗·自序》）据此可知，他自幼及老，始终与诗、画结缘。但这不是一般的"浅缘"，而是深缘。他在他的第二本诗集《灯花吟草》的"跋"中说："我爱诗，诗词是我生活的重要内容。"此言有深意。诗词不仅是他的生活内容，而且是重要内容。必须注意的是，作此陈述者，不是文人作家，也非画家，而是高官。位居津要，正面说，政务繁忙、人事纷杂，另一面来看，觥筹交错、迎来送往，"看报都没有时间"是常有的慨叹。这是当今官场习见。但他能以诗、画为生活的重要内容，足见诗与画在他生活中的分量。尤其他还提到："特别是在过去坎坷岁月里，言志之诗给我巨大力量，激励我在逆境中向前。"诗成为逆境中一种精神力量和寄托，一种化解精神危机的振拔剂。"诗言志"之古训，在此得到个案实例和人格化体现。接着，他细述缘由种种：

> 那时虽然头顶沉重的"帽子"，但诗词悟我以人生哲理，激我以理想追求，陶我以革命情操。诗的艺术形象和美的享受，为我在寒冷的逆境中，保留了一块春光明媚的小天地。因而，我进一步和古典诗词结下了不解之缘。（《灯花吟草·跋》）

此时、此境、此心，足可见对林声来说，诗词非身外之物、消遣之具，而是与精神血脉息息相通的文化能量与动力。以此，诗词及书画成为他性情中物"存在"与"此在"的精神显现。我不能在此多所征引，仅举此数端，权且以一概全，以一斑而窥全豹。

至于书法与绘画，林声有如此论述："诗为无形画，画为有形诗；诗以意为境，有声无形；画以境为意，有形无声。诗画以意境为纽带互补互映，催生着更好的艺术效果。"这样，诗、书、画"三位一体"，体现的是作者统一的知、情、意，亦即性情。

此外还有散文，亦林声文事中之要者，不可忽略。我们从《林声散文·后记》中，可以看出他的散文观和对散文的期许与审美追求。他在这篇关于自己的散文的后记中，述说了他希望读者能从中读到什么。他举出的主要内涵有："我的往事"，"关于社稷的安危、民族的兴衰"。（这里需要说明，林声所说的他的"往事"，实际就是他的革命经历和从政经文的生涯，并非一般往事旧情。）我以为，举此足矣：革命经历、社稷安危、民族兴衰，率皆家国大事，而非儿女私情。这经文圭臬和造文意境，与林声对诗、书、画的追求是完全一致的。

总之，诗、书、画、文"四位一体"，从主观到客观，显现出林声的性情，即他乃性情中人，他的文事、书画，皆其性情之所为、性情之所现。

本文集收录的第二部分序跋是为他人著述所作序跋。读这部分作品，使我想起海德格尔的另一句关于语言的经典陈述。他说，语言有自我陈述的能力。即你在使用语言——你在说话时，同时，语言也在"自我陈述"地说你。就是说，你在说"话"，同时"话"也在说你；你说别人的话语，同时这"话语"也在说你。"不仅你在说话，话也在说你。"据此，我们可以说，林声为他人著述所写的序跋，既是他在说别人（的人和事），同时，这些说别人的话语也在说他自己。也就是说，他在为他人所写的序跋中，也述说了自己，表现了自身的性情。那么，我们从林声同志为他人所作序跋中，读到了关于他自己的一些什么内容呢？

首先，这些序跋涉及众多的领域。我粗略统计，涉及历史、文化、教育、科技、新闻、书画、摄影、足球、建设、青年团（团史和青年团生活等）与政策研究等方面；作者（人物）则涉及老上级、老朋友、文化界人士和青少年等。这种情况反映了几个方面的意义。第一，林声同志为之作序的这些著述及其作者，人员属于各个领域、内容涉猎广泛，这不仅表明林声同志交友的广泛，更主要的是，他们之中没有达官显贵，亦乏大腕、大款，或为一般干部，或是文人教师，或者是作家、艺术家等，总之，用世俗的眼光衡之，他们的官职地位，均较林声为低。而他们既不避嫌高攀，索序于林声这一点，即说明他们知道林声为人之平易；同时，也反映出林声没有官架子，亦无矜持之态，欣然撰写序文。这种平等态度平常心，不是也透露一种性情么？第二，林声同志为这些著述和作者作序，表现了他对这些工作和活动的支持，对这些下属、朋友、故旧的友谊。第三，林声同志的序文，在实际上是对新闻、文化、出版等事业的支持，是对一般文化事业的支持。这是林声同志广泛的社会文化活动和文化倡导的一个组成部分。

其次，但却更为重要的是，前面提及海德格尔关于"语言具有自我陈述的能力"，这里我想引申而言：透析林声同志在这些序言中，如何在表述他人中而言说了自己。我想指出的是我明显感受到的几点。

第一是突出的爱国情怀。这一点，他在他主编的《"九一八"事变图志》序言和也是他主编的《甲午战争图志》跋中，都有鲜明的表述。"千秋纲鉴血书就，长城万里壮国魂"（《"九一八"事变图志·本书序言》）寄沉痛于家国之恨，"纵横天下事，风雨百年心"（《甲午战争图志·跋》）寓史鉴于百年风雨事：这都表现了他的家国恨、黍离悲的情怀。这种情怀，在为他人所写序言中，也有突出表现。且只举一例为证：在为由于他的启发而编辑的《血泪的回忆》一书所写的，以"我是中国人"为题的代序中，他说到，在深夜灯下，读了这些关于九一八事变当时和以后的国难家仇的血泪回忆，他"眼睛不觉湿润"，并回忆自己在敌寇侵略中的亲身经历，最后写道："我希望老一代人都来回顾这段历史，增强民族自尊心和自信心。让爱国主义思想代代发扬。"这种混合着亲身经历、深入思想深处的爱国情怀，不仅是情感的，而且是理智的，它贯穿于林声同志的工作、生活和思想情感中，成为他的精神世界中的重心。这是很可贵的。

第二是对历史和文化的尊重与关注。前面所述已经涉及林声同志对于历史的重视，而他对文化的重视，则既表现于对历史的尊重和对历史教训的注意汲取，也表现在一种对于历史的文化意义的揭示，和对于文化的深沉意义的注重。这包含诸多方面，其中特别是对于科学技术的重视，以及对于他为之作序的教育、文学、艺术等的重视。历史感和关注文化，是现代人的意识底蕴；而这种"现代意识底蕴"，几乎在林声同志所有涉及上面提到的诸多方面的序跋中，都郑重提及或流露出来了。这一点，无论作为党的高级干部还是作为现在的文化人，都是重要而宝贵的。尤其在林声同志身上更可宝贵，因为他的这种现代意识，不仅是个人的，而且是社会的，是会在社会上发挥引领和倡导作用的。

第三是不忘旧雨。忆往昔、重旧雨，在林声同志多篇为往昔同事、朋友的著述所写序言中，都鲜明地表现出来了。他们与林声同志曾经是青年时代的同志，或者是过去的同事，或者是老相识，如今却地位悬隔，但林声丝毫没有常见的"一阔脸就变"的行迹，不仅为之撰写序言，而且忆旧雨、叙旧谊，娓娓道来，毫无做作，自然而真诚。这也是很可贵的；尤其与时下注重利益和势利的社会风气比对，更是如此。

这些就是我从林声同志为他人所撰序跋中，体认到的思想情感的底蕴，它们嵌入文章之中，蕴于言语之间。这是这些序跋的可贵可赞之处。

读了林声同志的序跋集，略叙几点读后感以飨读者，并与共勉。不敢言序。

哲思心性诗人魂[*]

——对牟心海的人和诗的一种解读

对牟心海的这种解读是否准确，是否误解了甚至歪曲了心海，我没有把握，但我仍然这样来解读。按照接受美学理论，读者对于作家和他的作品的理解，都是按照自己的"前知""前识""前设"这样一个"三前"，来对作者的"原意"进行解读、诠释，而后创获自己的"意义"的。"意义"是读者在罗兰·巴尔特所说的"读者的工作"之后所创造和获得的。它自然和必然地会要加上自己的东西。因此，从学理上说，我的主观的解读，无论准确与否，都是允许的。

当然，我这种理解、诠释，自有我的依据、我的理由，以至我的主见和感情在。这就是我对于牟心海整个人的理解，对于他的经历、学识、审美情趣和审美理想的理解，以及对于他的创作心理、创作状态的理解；正是循着这种理路，我来把握心海。这是一种整体的观照和把握，我将作一总体描述，但不能作细致的分析。我之所以这样做，还因为我与心海的友谊使然。我想以一个老友的身份与心情，来诉说我的理解、我的解读和我的心。

用这样几组数字来概括和描述心海，就是：三个总体，两种思维，双重文化，一个特征，一种精神。

现在，我分别一一解说。

一

所谓"三个总体"，即丹纳在《艺术哲学》中所说，每一个作家和

* 原载《艺术广角》2008 年第 3 期。

他的每一部作品，都属于"三个总体"。第一，属于他所处的那个时代的作家、艺术家的总体。他说，杰出的作家、艺术家都属于这个时代的文学艺术的大树，只不过他们是其中巨大、突出的枝干。第二，属于他作为人的总体。就是说，作为作家、艺术家的人和他的作品，都属于他的这个人——或者如黑格尔所说的"这一个"，"作家、艺术家、作品"都是"这一个"的具体表现。第三，每一篇具体作品，都属于一个作家、艺术家的所有作品的总体。丹纳的这个"原理"，完全适用于牟心海。他和他的诗歌作品，都属于他自己的这样的"三个总体"。

第一，牟心海和他的诗歌作品，属于他所处的这个时代和其中的作家、艺术家总体。心海在20世纪60年代，即他的大学生时期，就发表诗作了；以后，一直没有中断过诗歌创作。他的每个时期的诗作，都是和那个时期的文学思潮、文学主流相吻合的。他没有故步自封，而是随着时代的前进演变而前进演变。他的诗歌作品的"流变"，一步步、一个时期一个时期地反映、应对了中国当代诗坛发展的时期性，也反映了他自己的诗歌创作的前进脚印。他的诗集，从《情海集》（1984）、《风采集》（1987）、《绿水集》（1989）到《丝路梦幻的寻觅》（1993）和《太阳雨》（1994）到《空旷也是宇宙》（1998）再到《身影》（2002），记录和标志着他的诗路历程和他一步步实现"诗'变法'"的扎实的履痕。他属于他所属的时代的"其时、其势、其群体"的总体。我们看得到，并不是每一位作家、艺术家都是这样地随时代脚步前行的。有的从开始到"结尾"，始终是他自己的层次渐高的重复（甚至有从高起点到低结尾的重复者），或者在前进的某个阶段停止了脚步，因此就不是始终"属于"他那个时代的总体。而牟心海却是坚实地一步步随着时代的脚步，与同时代人共同前进与发展。

第二，牟心海属于他自己这样一个现实的存在，即"这一个"的"总体"。牟心海"这一个"的总体是什么样的？我的理解、我的诠释是：质朴、淳厚、内秀而不张扬、热情而不外露、善思索而不外显。他的为人行事，如此；他的诗歌作品，亦如斯。我与心海初识于他在丹东市委副书记的任上时。第一次见面，见他作为一市的主要首长之一的为人行事，即留下深刻印象。记得是在丹东师专领导举行的一个宴会上，主人请他出席的用意是借此机会，请他解决学校的用地问题。一般说，这种事体，领导闻听只是点头说明知道了，回答回去研究就可以了，好的问问情况罢了。但牟心海却认真提出意见，并会同学校领导到现场勘察，实实在在地解决问题，丝毫没有官腔官气。其作风与心性，皆表露无遗。以后，在他长期担任省文联领导期间，也是这样一种一贯的行事风格和为人、为官心性。原省委宣传部领导，曾坦言他在任上时，处理文艺界问题，牟心海是他的主要智囊，而其主意、意见、建议大都合用、适宜。这也表现了心海的风格、心性。他的诗作也是如此：质朴、淳厚、内秀，热情深蕴、哲思深沉。诗文能属于自己"这一个"的总体，即为人、为文的一致，而不是分裂，不是双重人格，这是一个人、一位艺术家的完整的表现，是一个"完人"。实际上，历史上和现实中，为人、为文不一致，分裂人性、双重人格的文人、作家、艺术家，不属罕见。他们是"分裂人-两面人"。牟心海的这种一致性、完整性，是可贵的，在人际关系中，则是可信的、可交的。

第三，牟心海的诗歌属于他的全部文学艺术及其他作品的总体。心海是著名的诗人，但他不仅创作诗歌作品，也写散文，从事摄影创作，还从事书法和绘画创作，绘画中中西皆有，而且，他的这样几个艺术门类的创作，都有可观的成就。更需提出的是，他早年撰写发表过哲学论著，而近年更撰写出版了《彭定安的学术世界》这样大部头的学术著作，撰写了《武斌的学术世界》，正在撰写《王向峰的学术世界》这本大部头学术论著。这三部书显示了心海的学术根底的深厚，标志着他的创作生涯之外的学术生涯的活跃。这是一个相当全面的"作家、艺术家、学者"总体。这些"诗歌之外"的部分，是不是会反映在他的诗歌之中？我以为是的；这是必然的、自然的，是必然的潜入和显现，是自然的润化和流露。这必然给他的诗歌创作注入艺术的、思想的和气质的特质。

把牟心海的诗歌纳入这样"三个总体"，有利于总体把握心海，也有利于总体把握他的诗歌创作。文如其人，人如其文。它们的一致性和会融性，既把"其他"注入了诗歌作品，也给诗歌作品的诠释以依据。我们从总体可以窥见局部（诗歌创作），了解其思想艺术的特质，以及诠释诗歌作品的社会的、时代的、个人经历的"底细"。

二

牟心海的两种思维。

从上述"三个总体"的状况可以看到，心海作为诗人，却是形象思维、逻辑思维两种思维方式都具有，两种思维会融一体，成为他的思维特质。

他是诗人，他从事绘画、书法和摄影的创作，这些，当然都是运用形象思维的，是形象思维的产品，是形象思维能力的表现和创造。但同时还有理论著述和文艺评论。他的40多万字的《对话艺术文本》，汇集了他的文学的、艺术的评论文字，以及带评论性的序跋和文艺论文。这些文字，都是很理论、很理性、很学术的，是比较充分的理论思维、逻辑思维的表现，是这种区别于和与形象思维对称性存在的另一种思维的产物。从这些作品中可以看出、体察到，心海对于理论的运用，他的逻辑思维和运作，并不是隔生的、外在的和偶发的，而是对于理论的熟练的"操作"，是理性思维、逻辑思维的自然的流露和贯注，他切实地在运用理论来分析、估价、评论对象——文学艺术作品和作家、艺术家。这在他对于众多作家、艺术家的诗歌、散文、学术著作和艺术作品的评论中，在他就诗歌问题发表的论述中，都表现出来了。至于前面提到的，他就彭定安、王向峰、武斌三位学人的学术研究所写的"三个学术世界"，就更加是很逻辑化、很理论、很学术的；是理性思维、逻辑思维的系统的、全面的、深入的运用，是学者、理论家之所为，而不是诗人的、形象的表达。这很实际、很充实地表现了心海的逻辑思维、理论思维的一面。

当然，在撰写哲学论文和学术论著的时候，以及创作诗歌作品的时候，是分别发挥不同的思维方式的作用的，一个是运用逻辑思维方式，进行着逻辑思维的抽象、概括、推理、理性和论述的运作；一个则是飞扬着形象思维的羽翼，活跃着想象、具象、感性和表现的运作。但是，两种思维并不是截然划分、绝对隔绝，"河水不犯井水，井水不犯河水"的，而是混融渗透、彼此生发的，只不过在从事论著著述和诗歌创作时，某种思维方式为主，另一种思维方式为辅。不过，如果诗人的思维能力和思维方式是两种思维并存，那么，就会在一种思维方式为主、另一种思维方式为辅的时候，那为辅的思维方式会渗透、侵入其中，把自身的特质流泻于其中，使"为主的思维方式"之中渗入了另一种思维方式，使作品的内蕴和韵味别具特色。

这里，当然不是说作为诗人或者学者，两种思维能力都发达的，高于和优于只以一种思维方式见长者。在这种不同思维特质、不同思维状况的差异中，没有思维能力的高下之分，只有思维特质与状况的不同。同时，还说明不同的人，会有不同的作品类别出现。牟心海的思维能力和状况的"实际"，决定了他的不同类型作品的特质，比如诗歌和绘画、书法，以及文学艺术作品与学术论著，虽然类型不同，但具有共同的内蕴。比如他的诗歌作品，长于"思"；而他的学术论著，也显示一种形象思维的痕迹和文字表述的灵动活泼。这是他的特色也是特长。他的诗歌作品，就显现一种思想的、理性的、哲学的意蕴。这一点我在后面再详述。

三

牟心海的双重文化-知识结构。

牟心海毕业于大学中文系，受过系统的中国文学与中国文化的教育，奠定了他的中国传统文化的知识基础。这是他的文化根底，是他知识结构的"基础设施"。他写旧体诗，也说明了他传统文化的根基深厚。同时，作为中文系"文化出身"的人，对于西方文学、西方文化也应该是接受过基本知识的传授的，也有一定的基础。而在党校的哲学研究和教学的经历，他对于马克思主义哲学的研习与教学，又都具有对西方思想文化的接触、学习与研究。这又是他的西方文化的基础。它们和他的传统文化的根底结合，形成他整体的文化结构。他的双重文化结构以中国传统文化与现代文化为主体，而以西方文化为羽翼。但他的诗歌创作，却是新诗体系。从形式上说，这是非传统的、新兴的形式；虽然它从"五四"时期产生，但历经中国文人和中国文化的熏陶和锤炼，同中国生活结合，已经中国化、中国气派而非西方式的了。因此，在形式与内容上，它都是中国化、中国式的新兴文化和西方式形式。不过，如果侧重从内容上来看，从心态上来体验，从所反映的社会生活来考察，其精神实质又具有充分的"中国的"模态和精神。牟心海的诗歌在形式和内容上，就是这样地体现着他的知识结构和审美心态与情趣的"双重文化"。

心海的书法、中国画，其文化形态和文化底蕴、文化韵味，就更加是中国的、传统的了。徐复观认为中国艺术精神主要体现在绘画和书法上，"笔墨的技巧，书法大于绘画；而精神境界，则绘画大于书法"；他还说，"庄子所显出的典型，彻底是艺术精神的性格，而主要又是结实在绘画上"。①心海的习艺，他之从事绘画与书法的创作，这种活动本身，这种艺术创作的过程，就是对于中国艺术精神的研习与体会，就是中国艺术精神的表现；同时，也通过习艺与艺思，自然地体会、体验到庄子精神。而且，从心海对于"水"的心性与力量的吟诵，——《水潮吟》中，可以体察到那深沉处的老子对于"水"与"道"互喻的精神。诗中写道：

> 水有能动的长足
> 不用什么推拉自己流动奔跑
> 随心所欲什么山谷平原
> 没有道路自己开辟
> 面对它　是绝路也是通达
>
> 心脏压动的也是水
> ……
> 乳房挤出的也是水
> 这水哺育了人类的过去与现在
> 才有社会的存在　发展和更替

这里，透视出心海"水"的形象与象征中的中国传统思想的底蕴。因为，老子有言："上善若水。水善利万物而不争……故江海所以能为百谷王者，以其善下之"。老子以伦理性的评价称赞"水"的能量；但其"能"亦源自水是生命之源和它的"下为上""卑若以自持"。

但心海未曾一味歌颂水的力量，他还抨击水的危害："水给予生存，也给予死亡。"汹涌的波涛与水的泛滥，与灾害相连。这却显现了

---

① 徐复观：《中国世术精神》，春风文艺出版社，1987，第114—118页。

诗人现代思想的、辩证思维的另一面。

诗人的双重文化结构是一种文化态势，也是一种文化优势。它使心海的诗歌具有一种"新兴形式中国心"的韵味。我觉得他的诗中的天地和自然及树木、花草，都既有中国式的吟咏，又有西方现代思想的闪现。他那对于自然、世界、人生、人事的吟咏，是中国式的观照，又是西方哲理式的思索。

说到此处，我想冒昧提一点建议：从诗歌创作的形式上说，也许心海还可以考虑，再多一些对中国文化的接受-容纳-汇合-熔铸，以改革自己的诗歌创作。

四

牟心海诗歌作品的"一个特质"，即基本特质。

有的评论家指出牟心海的诗作是"思想着"的；有的评论家则指出他的诗歌作品是"历史的、哲学的"。我以为这种评论是准确的、到位的，是提炼出了心海的诗的特色与特质的。中国向来将诗分为叙事的、抒情的和言志的。这当然也是"大体的划分"，三种不同的诗，也往往在以一种诗体为主的情况下，掺杂着、混融着其他诗的成分。比如叙事-抒情诗或抒情-叙事诗等。而心海的诗，是不是可以称为"抒情-言志"诗？这"言志"自然只能是一种"大而化之"的说法；"言志"与蕴含、表达思想、理性、理念等都混合在一起。心海的诗是长于思想的，是在抒情、叙事、状物中，蕴含着思想、运用着思想、表达着思想的。"思想着"是他的创作心理、创作活动的特色，是他的诗作的特质。他不仅在表达、描述、歌咏人和事的时候是如此，就是在表达、描述、歌咏自然与自然物的时候——比如天与地、"树"和"树叶"——也是如此。所以我想给他的"诗思"与诗歌的特质，再加上一个自然的，更可以扩大为天地的，而为"天地的、历史的、哲学的"。

"诗"与"思"好像是矛盾的，甚至是不相容的。其实，这只是外在地看如此；在深层次、高层次上，它们是会融的、一体的。只是，在创作思维、创作意识中，要使两者自然地会融，而且在作品的表达中，也是会融的，所谓"羚羊挂角，不着痕迹"。如果只是外在的、强加上去的，自然"思"是"诗"之害。

海德格尔论荷尔德林和他的诗歌，是对哲思与诗情的经典式深刻解读。它已经成为美学、诗学的经典。海德格尔是重视"思"的，但他同样重视"诗"，他甚至期待、论证人应该"诗意地栖居在大地上"。"思"与"诗"，是海德格尔哲学巨著的"关键词"。

海德格尔很重视"思"在"诗"中的意义和价值。他赞赏四位作家–哲人是20世纪文学与思想领域的"四颗灿烂的明星"，他们是荷尔德林、陀思妥耶夫斯基、克尔凯郭尔和尼采。他们都是把思想和诗歌、文学紧密结合在一起的。他强调的是他们的思想与诗的结合。他强调"诗的伟大的精神使命"，他称赞荷尔德林是"书写诗之本质的诗人""他在自己的诗作中深思了诗的本质"。他说荷尔德林"思考着……每个人的此在之在"。他赞美"诗人与哲人之间的坚实的二元一体性是不能分解的"。[①]我从海德格尔的诗评中得到了解读牟心海诗歌的指导和欣赏他的"思"之诗的理由。我在心海的诗中甚至看到了这样的诗句：

> 天与地在此重合
> 模糊了这宇宙间的界限
>
> 这里没有遮蔽什么
> 也没有什么隐秘（《身影·莽原涛声》）

这与海德格尔的"去蔽""敞开"的哲学命题契合了，是它们的诗的、形象的表现和情感的抒发。

这是他的诗情和哲思的契合，是他的"思"的诗的表现；也是他的诗的"思"的蕴含。因为这"思"，他的诗有了深的内涵、思想的力量和厚重的分量；因为是"诗的表现"，他的"思"有了形象，有了想象，有了蕴藉的韵味。

五

牟心海的一种精神。

---

① 马丁·海德格尔：《存在与在》，王作虹译，民族出版社，2005，第50—55页。

牟心海在诗歌创作上，始终具有着一种精神，这就是不趋时、不媚俗，但又不停滞，而是不断地前行、革新、探索。

前面已经说过，他随着时代的前进和变换而前进，而变换自己的创作。但是，他并不是趋时、跟风，更非媚俗。趋时者总是媚俗的。而"媚俗"是昆德拉炼化出的对于当代西方知识分子的精神现象的揭示。心海从来不趋时、媚俗，但他前进。不过他的每一步，都是依据自己对于时代精神的领会和感应，又从自身的认知、生活体察和生命体验出发，去探索新的形式、新的语言和语言构造，以及诗的意境，还有"诗""思"的现代内涵。

他的不断前行的精神，还表现在他在退下来之后的这些年里，书法在不断进步，绘画也在进展，而且，在学术著述方面，还有了大的开辟和发展。一种理论家和学者的风光，在他诗人的身影中闪现。

祝福他，诗人牟心海，在他已经开辟的创作领域中，取得更大成就！

一位"完成了的艺术家"的成长与意义*

——为纪念韩少云而作

一

我"认识"韩少云有很长时间，从20世纪50年代初到21世纪初，跨越了半个世纪，可谓老相识、老朋友了。不过，我特意在"认识"二字上加上了引号，意在说明，在相当长的时期里，所谓认识只有一半的真实意义，即我认识她，她并不认识我。我们在完全意义上的认识，是

---

*　原文系王其珩、于文华主编《永远的小河流水·韩少云纪念文集》代序，沈阳出版社，2011。

在20世纪80年代以后的新时期；尤其是在90年代以后，才渐渐熟悉起来。

说起来话长。20世纪50年代初，韩少云这一朵艺术之花正处在从含苞到初放异彩的阶段，那时候，著名评剧《小女婿》正在创作加工的过程中。我那时候在《东北日报》当文艺记者，时常通过采访了解到有关《小女婿》的创作过程，尤其有时参加当时东北文化部部长刘芝明主持的内部会议，帮助他整理讲演稿，所以接触、了解"内情"比较多。比如如何选派那时候称为"新文艺工作者"的人员去帮助修改、创作新式评剧，请安波、李劫夫这些著名音乐家帮助加工等情况，都有所了解。这时，自然对主创人员的韩少云，也有不断增加的了解，"认识"了韩少云，但她不认识我。1957年的政治风暴之后，我劳改了一两年，再回到《辽宁日报》仍然当文艺记者时，却成为"隐姓埋名"的"见不得人"的人，虽然还是参加戏剧、音乐汇演的活动，甚至写报道、撰社论评论等，但不许见人、报上不得露名。这种情况，自然是我在台下、"外围"认识韩少云，而她的眼里是看不到我的。"认识"仍然是一半意义上的存在。直到20世纪70年代末，我在农村插队十年之后，回到沈阳，我们才有了直接接触，在完全的意义上认识了。不过，我这时转到社会科学院工作，不再是以记者身份与她交往了。我们偶尔会在会议上见面。

至今难忘的是，一次集会，由于偶然的原因，与会者多数迟到，而我们俩先到了。在共同等待的空闲里，我们做了一次长谈。她"从头到尾""从小到大"地历述了她的人生历程和艺术生涯，使我系统地了解到她的成长过程。这次交谈，不仅给我留下了深刻印象，而且让我把握住一条理解和研究她的时间的、人生的、思想的，特别是艺术的"线索"。她的不经意的"长篇自我叙事"，给我印象最深的有三点。第一，她好似一棵艺术的幼芽，生长在肥沃的土壤里，又得到阳光雨露及时的浇灌，因此得以一步步茁壮地成长；第二，新中国的政治、文化大环境，和她所处的具体地域、具体单位及她周围的同志和朋友，帮助了、促进了也成全了她的成长；第三，上述两条都是客观存在，是外在的、他律的，而决定性的因素还是她自己，是她自己不懈努力、刻苦学习、日积月累、不断总结，才能够成长起来。其中，特别是她自己的艺术灵性，起了最重要的作用。这是具有决定意义的主观内在因素。

在以后的历次接触中，我不断加深这种认识和对于杰出艺术家韩少云的"把握"，并不断深化这种"把握"。

二

我在总体上对韩少云的认识、"把握"，可以概括为："她是一位完成了的杰出表演艺术家"。所谓"完成了"，意思就是她把她的内在的艺术灵性、艺术感悟、艺术才能，都完满地表现出来了，都使之得到实现了。因此，也可以说她是一位"自我实现了的艺术家"。一个人的一生，能够得到这样一个结果，能够实现这样的目标，是很不容易的。有客观的和主观的种种原因，来"阻止"、妨碍这种自我-"内在"的实现。只从主观方面来说，所谓"江郎才尽"，所谓"半途而废"，以及古人之"伤仲永"，都是好好的"主观"-"自我"，由于自身的原因，而停顿了、失败了、有始无终，未能最后完成，未能自我实现。韩少云恰恰与此相反。她是自己努力了、发奋了，不断进步、不断创造，直到最后一息，才停止了脚步，从而展现了、留下了一位完成了的艺术家的优美的身影，为人们所永不忘怀。

韩少云完成了什么？她的这种"完成"，具有什么样的意义？我们从中应该和可以学习到什么？当我们研究她的时候，应该怎样来看待和认识、评价她的这种"完成"？这里，我愿不揣浅陋，略述己见，以求教方家，并借此纪念韩少云。

第一，她完成了从传统民间艺人到现代艺术家的历程和目标。韩少云少年从艺，进入一个民间评戏班，在此打下评剧艺术的基础。很快迎来解放，她参加革命，人生道路和艺术道路都起了根本性和革命性的变化。以后，她就在剧团里学习革命道理、树立革命人生观，同时，进一步学习、提高评剧表演艺术。大概应以演出评剧《小女婿》为转折点，也是为起点，她实现着艺术身份和艺术命运的转换，即在人生道路上，从以演戏挣钱的生活和人生，转换为"为革命演戏和为人民服务"的道路上，从而具有了新的人生道路；同时，以革命精神、以为人民服务的革命人生观为动力和指导，她以新的精神和新的方法及新的艺术思维，来学习新的艺术知识、新的表演体系、新的审美观，从而走上新的艺术道路。革命剧团里的生活内容和方式，以及艺术活动，都完全不同于旧戏班子里的，所有一切都变化了、进步了、革命化了。她在这个过程中，逐渐地、愉快地、全身心投入地实现着人生与艺术的革命性转换。以《小女婿》的创作和演出为例，我们可以探索到这种革命性的人生与艺术转换的情景与意义。《小女婿》是一个全新的评剧剧本，它的内容和意义、人物和故事，以及戏剧构成、叙事意识和方式，都不同于传统的评剧，而是一种新的戏剧范型。拿《小女婿》和传统评剧，比如《马寡妇开店》《桃花庵》及新编评戏《杨三姐告状》《枪毙驼龙》等来比，就可以体察到这一点。在《小女婿》里，表现着新的人物、新的人生、新的价值观、新的审美理想。这就要求演员从思想上，转换自己既有的一切，去理解、适应这些，才能去表演这一切。这样，《小女婿》女主角的饰演者韩少云，就在排练中体会人物思想、琢磨如何从内在到外在到形体动作地去表现故事情节和人物的思想感情。在这种体验生活和体察人物思想的过程中，自然地就改变着自己的思想和意识、行为和气质，以及艺术思维和审美追求。

而且，《小女婿》的唱腔、伴奏音乐及乐队组成，也都是新的，既保留了传统评剧原有唱腔的基本旋律、节奏和韵味，又有了创新的部分，甚至有的是新创作的，那是著名的音乐家安波参与的，还有王其珩同志这样的音乐工作者进到剧团，与评剧演员等共同进行创作。如《小女婿》中的著名唱段《小河流水》，就是新的评剧唱腔。在这样的戏曲音乐和新的评剧唱腔面前，韩少云又需要新的学习、新的进步、新的创造，并由此进入新的歌唱和表演的体系与境界。这是在评剧艺术上的"更上一层楼"，是韩少云作为评剧表演艺术家，在艺术领域更加深入的学习和向表演艺术家的更高峰攀登。

总起来可以说，韩少云在这样的过程中，从艺术的使命、性质到艺术思维和审美活动的性质与特点，从生活到艺术、从外在到内在地表现生活与人物，等等，这样一系列的思想与艺术的学习、锤炼、摸索和创作的活动中，一步步扎实地向表演艺术家的目标前进，最后终于完成了从评戏班子里的艺人，到中华人民共和国的革命文艺工作者、现代表演艺术家的过程。

当然，这里绝不能忽略了韩少云自身的资质和努力。她虚心学习、认真体会、深入琢磨、精益求精，在她的天生禀赋，即艺术的灵性、审美的特质和广泛的接受能力的基础上，加上她的主观的努力，外在与内在结合、自我与环境契合、生活与艺术吻合，便成就了一位杰出的表演艺术家。这里，一定不能忽视"环境"对于韩少云的成长，对于她的思想与艺术上的"完成"的巨大作用和不可抹杀的意义。中华人民共和国成立后的社会条件，前辈革命文艺工作者的引导和帮助，与她共事和共同创作、一起成长的长一辈评剧艺术家和同辈艺术家，等等，都明显地和潜在地影响了她、帮助了她。马克思说过："一个人的发展取决于和他直接或间接进行交往的其他一切人的发展；……单个人的历史不能脱离他以前的或同时代的个人的历史，而是由这种历史决定的。"韩少云正是与她的同时代人，包括她的长辈、同辈的艺术家们一起成长起来的。她是在这些外在力量的促动和帮助下，在他们的潜移默化下成长，来践履她的艺术与人生"完成"的历程的。说明这一点，丝毫没有降低韩少云本人的资质和努力的意味，恰好相反，这正证明了韩少云自身的条件与努力的作用和意义，说明了她的优越与优秀，她是他们之中的佼佼者、代表者。因为，在同样的条件下，取得了韩少云这样的成就，达到了"完成了的艺术家"的目标的，只有韩少云自己。（当然，同时成长的还有其他评剧表演艺术家，但他们有着别样的成长道路，不可类比。）这不是正好证明了她能够"好风凭借力，送我上青云"吗？"好风"有力，还得"我"能"凭借力"，才能"上青云"。承认前者是唯物的，肯定后者则是辩证法。

第二，韩少云完成了使评剧从通俗的、民间的、相对粗犷简约的艺术，到通俗与高雅结合、既具现代气质又保留民间朴素韵味的现代表演艺术-戏曲剧种的过程。她和她的伙伴们、师友同行们一起，共同努力、分工协作，尤其是和评剧音乐家王其珩通力合作，完成了这个过程，使评剧艺术适应了新的社会、新的时代、新的观众的需要，也使评剧艺术得到了发展，进到新的阶段，升到新的层次。这是戏曲改革的过程，也是艺术创新的过程，是"新评剧"的诞生与建设、发展过程。韩少云既是和大家一起完成这个过程，又在这个过程中做出了自己独特的、杰出的贡献，有着属于她自己的创造和贡献。

评剧来自河北和东北民间，长期在以农民和城市小市民为主体的北方群众中生存发展。这个条件、环境和观众，必然养育和促使形成民间艺术之花的评剧的具有独特性的剧本、唱腔、音乐和表演特点，自然也带来它的一些粗糙、落后的以至不健康的东西。前者是在改革中应予以保留和发扬的，后者则是需要加以改革的，因为已经不适应新的社会和新的观众的需要了。但不管怎么改革，评剧必须还是评剧，而不能也不应该成为别的艺术品种、别的剧种。这就需要一种辩证的、谨慎的、具有见地的改革。大概可以说，以《小女婿》为契机，评剧改革具体地、有目的地进行，它吸收先进的、进步的、新的艺术元素和审美意蕴，创作了新的唱腔和表演程式，最后成为新评剧的第一出新剧，标志着评剧改革的成功和新评剧的诞生。正是在这个改革和《小女婿》的创作过程中，韩少云脱颖而出，成为一位评剧艺术的新秀。从此她走上了自身的人生与艺术事业发展的康庄大道，也实践着评剧从旧到新的发展与创新。以后，她还创作、演出了许多评剧，或者是改革过的评剧传统剧目，如《人面桃花》《小姑贤》《凤还巢》等；或者是新创作、改编的剧目，如《洪湖赤卫队》《杜鹃山》《江姐》《红灯记》等。在这些改编和演出中，韩少云和她的伙伴们一起，共同完成了评剧艺术的革新性和新生性的转换。特别是韩少云，作为主创人员，她不仅要付出更多的辛劳，而且要有更多、更重要的创造，要改革、创新、设计新的唱腔和表演技巧，由此，她在其中做出了杰出的贡献，取得了骄人的成就。

第三，韩少云完成了一个新的评剧表演艺术流派的创造。"韩（少云）、花（淑兰）、筱（俊亭）"三大评剧流派，是辽宁艺术家们的创造和贡献，享誉全国。韩少云所创造的韩派，是其中之一。这是具有独特艺术品性和审美特质的，属于韩少云的流派。她的唱腔的新颖、流畅、委婉、幽雅，她的表演鲜丽、洒脱、纯朴和优美，整体音乐的传统与现代结合、继承与创新会融，既继承了评剧的传统唱腔和表演，又增加了、赋予了新的动听唱腔、音乐元素和表演技巧。这些都获得了成功，得到了观众的认可，受到广泛的欢迎。一曲《小桥流水》，响遍国中，历久不衰，而韩少云的唱功和表演，令人经久不忘。正是在此基础上，她不骄不躁、虚心进取，百尺竿头长进益，层楼更上不停滞，最终创建了一个评剧艺术的新流派。

一个戏曲表演艺术流派的产生，一般地说，需要有这样几个条件：一是有相对稳定的、具有独特性和创造性的优美唱腔；二是具有相对稳定又不断创新的保留剧目；三是有一位众望所归的杰出表演艺术家为代表和领军者；四是有一支团结在领军艺术家周围的，具有共同艺术理想、艺术追求的表演艺术团队。韩派艺术是具备这样几个条件的。这是韩少云和与她在一起工作的艺术家们共同努力创造的艺术成果。其中包括她的爱人王其珩同志的奉献。他是在《小女婿》创作过程中，被派到评剧团帮助改革评剧音乐的新音乐工作者之一。他一生与韩少云亲密合作，帮助韩少云创作新的唱腔，做出了自己的独特贡献。韩少云还收徒授业，把她的艺术心得和技艺传授给学生，为创建韩派艺术共同奉献力量。

第四，韩少云完成了自身多方面艺术灵性的展现。这表现在她所创作的中国书法与绘画上。韩少云的字画，是她在评剧艺术的创作之外，以及在退出舞台之后创作的艺术作品。这些书画作品，不同于一般的业余作者的作品，也不同于一般文人字画。它们展现着鲜亮、明丽、欢快的艺术品性和审美素质；它们是韩少云整体艺术灵性在评剧表演之外的显现。这也展示了韩少云在表演艺术之外的艺术才华。正是在这个意义上，我们说，韩少云是一位"自我实现的艺术家"。她在表演之外，用笔和宣纸，用花卉、鸟、树，用字体，展现了她的全面的艺术灵性。她在比较完全的意义上，表现出她是一位艺术家，并且是一位"完成了的艺术家"。

一个人的一生是很短暂的，生命的燃料是有限的，像韩少云这样能够在比较完全的意义上成为"完成了的艺术家"，是很不容易的，是闪光的；她身披永恒的荣耀之光。因此，她的一生是很有意义、很有价值的。人们永远难忘她，人们永远纪念她。

新视角多学科的融汇：中华文化的历史再现与重构[*]

——读《中华文化海外传播史》

这是一本我自告奋勇为之作序的书，又是唯一一本我从头到尾通读过一遍，而且在通读过程中进行了研习、产生过许多感想和心得之后才为之作序的书。如果仅仅从这一角度来衡量，而不论资历、学识、地位之类，那么，我可以说是具备写序资格的。说明此点，非为别事，盖可证明我将在序中所说的皆据事实，而非"虚言"，更非吹捧之词。是为序之序。

一

我的面前摆着一本大书，150多万字，卷帙浩大，然而主旨集中，专述中华文化在海外传播的历史。我陪伴着这部史学著作，延绵度过了一年多的时光，也可以说，这部史学著作陪伴我度过了一年多的时光。我看到了中华文化从古至今在海外传播的历程，同时也看到了本书作者在著述中成长的步履。

大约是在20世纪80年代中期吧，离现在已经十年时光了，武斌有一次来到我的办公室，我那时还负担着"管科研"的职责，俨然以"长者"的口吻，带建议性地说，你现在可以和应该写单独著述的大部头的书了。后几年，他就连出数本专著，其中，如《现代西方人格理论》、《现代中国人——从过去走向未来》和《人格选择学》，我都拜读或浏览过，感到是有内容、有思想、学术话语也较新的著作，我从中获益，也

---

* 原载《社会科学辑刊》1996年第4期。

认为于读者有益。这都是作为学人的作者的成长的业绩。不几年，他又在《中华文化在海外的传播》这本篇幅不大、然而获奖的著作之后，扩充、发展、提高，撰写了《中华文化海外传播史》这部大部头著作。我在通读全书手稿的过程中，感受到作者在知识的增长、资料的掌握、史料的分析、材料的运用、结构的营造、话语的遣使等"学术功夫"方面，都有了很大的提高、质的变化和成熟性的成长。甚至他的字也写得大有进步，稿中有他几年前摘抄资料的字迹，比现在所书写的，已经差得很远了。

这十年左右的时间，是商潮几次冲击、知识分子中浮躁之气炽盛而不少人坐不住"冷板凳"的时期。一些人走出研究室和书房，投身商海；一些人"身在曹营心在汉"，顶着"研究"的名，行着经商的实。然而武斌年轻力壮，却能在风浪激荡中坚持他的研究工作，而且从西方哲学的专业圈里走出，连类而及和拓宽领域，走进文化社会学、文化史的研究，迭出新作，这是难能可贵的。如果没有这种精神，是写不出现在出版的这部著作的。从我的角度看，是甚以为这种"向隅而坐"的精神和态度是可取的，自身的收获也是很有价值的。

就像做任何事情都各有其特殊的要求一样，从事学术文化工作所特殊要求的，我以为在根本性质上有两点：一是一种热爱的、追求的以至献身的精神；二是既能坐下来勤读书、广收资料，观点与思想又能融而化之，升华出自己的主题、观点、思想。凭此，才能既有兴趣、有热情、有毅力，又有进取、有提高、有创造地去从事学习、研究和著述。近些年来，我接触的学人多矣，从他们的成败优劣之迹中，我体会到这一点：所谓聪明才智固然是重要的，但是，如果没有热情、没有爱好、没有坚持的精神，那所谓聪明、所谓才智，也不过是只够俄国谚语所说的，扔进河里会"扑哧"响一声的一戈比而已。我在现实生活中见到了不少这样的例证。从这一点说，我觉得武斌在此十年左右时间中坚持科研和著述，是表现了这方面的优点的。这一点，对于广大科研人员来说，具有一般性的原则意义，所以在这里特别提出。

"文如其人，人如其文"，吾国之古训。在未言及本书之种种以前，略述著者之学术历程，对于了解其著作本身亦颇为有用，即可见其根基、识其文品也，所以我不避啰唆，约略作些介绍。

二

现在，我正式进入记叙我读此大部头历史著作时所产生的感想和体验，权作一种评析与介绍。

第一，这部书是目前为止第一部全面地、系统地、既区分阶段又构成整体地叙述和论证中华文化在海外的传播历史及其重大贡献的书。以前诸作，率皆分时段、分地区（如"郑和下西洋""东亚文化圈"之类）或分部类、分行业（如"四大发明"、丝绸、瓷器或交通、农业之属）叙述中华文化之传播，自不免限于片断、局部。像本书这样，地区之广泛及于全世界，时间之绵长自远古至现代，方面之周全囊括生产、生活、学术、艺术、习俗诸多领域；传播之途径及特征，遍数陆路海洋、东南西北、欧亚美非和各处各洲传播之渠道、形式、方法；影响之深邃，论及从宫廷到民间、从习俗到制度、从经典著述到学术艺文；作用贡献之论证，征引中文之典籍、外域之记载、生活之实证、精英人物之论述；传播与接受之双向互动流程方面，证之以史实，论之以学理；如此等等，实在是全面、系统、周全、细致，构成了体系，呈现了全貌。称之为皇皇巨著，盖不单以其篇幅之广大，且以其内容之丰厚也。

第二，即以上举诸项，就可想见作者阅读范围之广泛、收集资料之勤劳及本书材料之周详丰厚了。这一点正是本书之特色与特长所在。150多万字，如果稍有徒托空言或虚言杂述，则既难成篇，又不堪卒读了。本书却是由扎扎实实的自古至今的各种史料集中荟萃而成。其中，无论古今中外，均分历史时期、分历史阶段、分门别类和分地区、国家、民族地，按时序又分类别地做历时性垂直引证与共时性水平排列相结合的引述，古今之经籍典志、外域异邦之记载评述，相当全备，征引原著甚多，多方引证互相发明，引述各方见解亦多，参证考订，以见其迹、以求其真。的确，在我通读原稿过程中，既为其记叙论证所吸引，又对其绵延接续、钩稽梳理之原籍原文读之兴趣盎然，感到这部史书之学术性虽然很强，却又颇具可读性。我在通读过程中，不觉倦怠，更无沉闷之感。这原因，重要的一点就是资料丰富、引证全备，且多不常见之著述与典籍之引证。

第三，全书构成了一个完整的体系，是一个有经有纬、有史有论、地分亚欧至美非、时分上古到现代的叙述系统，有随着时间之流、历史发展而延伸、扩大、发展之轨迹，也有随中国文化之演进变迁、接受民族文化发展变化而产生之或吸或拒、或接受融进、或改塑创造之递进演变的行迹。时序上有远古、中古、近古、近代、现代之进展，地区上有从东向近邻到西亚走廊到欧洲大陆、从东南亚海上传播到北非美洲"登陆"的差别发展，内容、时序、地区，叙述上错落有致、繁简有别、轻重不同、特征各异，这在总体上不仅形成了体系，而且组成了一个以"中华文化向海外传播"为核心的世界性"文化构造"。这一点，应该说是本书的一个高层次的特点和成功。"资料详备"的著作，所见多矣，但有些所谓资料丰富的著作，却因为主旨不鲜明、缺乏梳理剔抉，而成为资料堆砌，上焉者也只是资料长编而已，下焉者则更是无序之资料拼凑、东拉西扯之杂碎堆集。本书贯穿全篇，没有此种缺陷。这说明著者不仅对于资料之收集勤且丰，而且对资料本身进行了梳理、经过了消化之功以后，再"取我所需，为我所用"地来从资料生观点、以资料证观点、为资料引观点，史与论结合、材料与逻辑结合，每有所征引，皆是水到渠成、言至材出，收到交相辉映、相得益彰之效。于此，学术性得之矣，可读性亦在焉。

第四，本书之作，聚焦于中华文化之向海外传播及其作用与贡献，这在中国历史之记叙方面，是一个新的独特的视角。这一视角立足于中土，而扩展于异域，因此，既有中国历史之叙述，又有外国历史之叙述，且在于两者之交流融合。这样，此书之历史视角和学术领域，就成为由中而外（传播）、由外而中（接受）的结合，成为一种既是从中国文化史"看"外国文化发展，又是从外国文化史"看"中国文化成就的"双向互动之历史叙述"，即"中国文化（成就与向外传播）→外国文化（接受与中国文化之贡献）"式的叙述。这样，就使本书具有了两重特点和优点。一个是这一新视角，实际上成为一种"世界史格局"的叙述，一种具有中外文化史结合的学术品格，而这一点即可见本书内容的丰厚与学术价值了。另一个是，从这一特殊视角所产生的教育意义是显而易见的。它可以是一部中国文化史方面的教材和读物，也可以是爱国主义的教材，它充分地展示了中华文化对世界文化的发展以至整个人类发展所做出的绵延数千年、影响至巨且深远的贡献。由此也还可以"顺便"使我们深入了解到中华文化的特性，它的构成和发展的经历。

第五，本书之学术话语，亦有值得称道之处。历史的叙述，凭借的"现实材料"是语言，但不能是日常言语或自然语言，而必须是一种学术话语。这种话语又必须是同其所述之内容相配合的，更好的状况是契合。本书之叙述，自古至今，由中及外，这里有两种语言的"张力场"：一是整个叙述话语必须是现代的、叙述的、学术性的；二是所征引的话语，却是"五花八门"的，有深奥的古语经典，有较浅近的古文，也有大量的译文，其中有文言翻译，有语体译文，还有日本、朝鲜等国的"汉文著述"，如此等等，纷然杂陈，它们是"性格各异，风格不同"的，却又统一组织在本书统一的学术话语之中。两者发生一种"话语张力"，利用这种张力，既使"扭合"，又使"独存"，就需要一种叙述整合。本书是如何做的呢？作者在总体上取一种目前中国在十几年的"学术研究与叙述"中形成的、有别于古典传统也有别于此前几十年所形成的学术话语的一种叙事体裁与话语，来从头到尾地叙述历史过程，这是可取的、合适的，是同其内容、同时代风尚相结合的；而同时，有时又取一种颇有"文白夹杂"的有点古典风格、文言姿质，常用四六对称、叠呈双叙风格的叙述范型；有时则又用一种理论型、逻辑型、略带译文风格的叙述范型，这往往是在引证古典文献或引证外籍译文时用之，也有时是在紧接这种"话语风格"之后交错用之，或者是在大段"记古叙外"之前或之后的话语氛围中用之。这种"大风格统一"中的"局部风格的变异"，这种话语，我以为也是符合本书之叙述范型所应取之姿的，而且，这种话语也有益于本书学术风格的呈现和可读性的增强（读起来不沉闷）。

　　托马斯·库恩认为20世纪以来，人文社会科学的一个广泛的运动是"范式改变"（paradigm change），而其中的一个组成部分便是叙事理论的变化。用华莱士·马丁在《当代叙事学》中的话来说，叙述其实是一种理解，即不是简单地"说点什么"，"叙述并非仅仅是用以代替靠统计材料的泛泛印象，而是理解过去的一种方法"。叙述既是对过去的一种理解，又是一种理解的方法。因此，本书作者所取的叙述话语，实质上蕴含了他对历史的理解在内，是他的"理解"的外化，是他的"历史解析"的一种方法论的语言外化。这从"内"到"外"地反映了作者对这一历史的把握。

　　第六，由上述数点，特别是资料之丰富翔实、史学的构造之形成以及独有学术话语之运用，便构成了一个史学-理论框架，而使本书具有一种理论风格。这仅从标题的"延续—理论—结构"的构造中，就能体察出来。比如第一章之"日出东方：中华文化的最初辉煌及其基本特征与品格"，即不仅止于介绍中华文化最初之辉煌，且更侧重于由"海外传播"视角而来的对于其特征及品格之论述，这便成为以后诸章记叙的铺垫和滥觞。以后，便是秦汉之际的文化开放，和由中土向朝鲜半岛与日本的早期传播，以及中华文化最早在东南亚的踪迹；继而转述西方对东方帝国的模糊印象（第六章），再下来便有盛唐气象及其文化传播，至此而一卷终。第二卷，是宋元至明初，乃提出"新的境界与新的传播"的标示与论证；这里，有宋元时代，高丽王朝对中华文化的"全方位、大规模地传播、吸收及移植"，有五代、宋元明时期日本对中华文化的"在消化整理后的再接受"，越南立国后"对中华文化的继续吸收"，更有宋辽两朝之际，中华文化在两朝与"西亚的交往及文化传播"，以及元代"中西交通盛世与中华文化的广泛西传"、明代前期中华文化的西向传播、宋元时代到郑和远航期间的"中华文化的南传高潮"（第十三章到第二十章）。至此则又暂断历史的纵向叙述，而做专题性的、纵横结合的叙述：关于"四大发明"与瓷器的海外传播，以及它们作为文化器物在西方、在世界文化发展中的巨大作用和深远贡献［第四编（第二十一章至二十五章）］。第三卷所叙为明清之际中华文化西传之高潮。然而又不仅限于一般地叙述这段历史，而是于叙述中蕴作者对历史独特理解的内涵，进行了"中西交流/沟通/传播-接受"这样多相架构的叙述，如西方使徒之东来，与中华文化之西渐（第二十七章），东方文化对西方文化的激励与开发（第二十九章），以及"西方人中国观的变化""海外华人：传播中华文化的生命之桥"等段叙述的插入，等等。更有第七编"20世纪：世界对中国的再发现"，更具理论色彩，关涉西方在兴盛时期对衰落阶段的东方帝国传统文化的"新的解释与新的接受""东亚奇迹与儒家文化精神"等重大具有理论价值与现实意义的论题。这样，这部史书，就充分显示了自己的理论色彩、思辨特点，具有了理论价值。

三

　　本书是一部历史学著作，但因为主题所关，又旁涉诸多学科，如传播学、接受学、文化学、文化人类学、比较文化学、民族学等，同时，关涉中国与海外诸邦之文化交流，所以便成为多学科、跨文化的研究工作。在叙史的过程中，自然地接触到，有时则是适当地展开了多重问题的论述，如文化的传播，异文化跨文化的传通，民族文化文本的内涵特征及外传后的变异、在接受方的历史条件与文化背景下的被接受，文化文本在不同语境中的被解读、诠释、吸收、改塑，文化文本在异域被误读的正负效应，民族文化文本对异域文化的"刺激—反应"所起到的刺激与激励的作用，中国的高度发达的、成熟的、独特的农耕文化，中国的发达的技艺和科学技术，中国学术艺文的独特性，如此等等，在本书中，都有结合历史之发展的理论的、具有学科专业性的阐释和论述，同时又理论与实际结合、中与外结合地论述了诸多重要史实，比如，关于中华文化在朝鲜、日本的民族开化、文化创建上的巨大的、根本意义上的作用和贡献；"四大发明"对西方文化的质的变化，特别是对文艺复兴所起的激励、启迪作用；关于明清之际，中华文化特别是儒家文化对欧洲启蒙运动的意义和作用，以及现代儒学对东亚经济奇迹之发生的作用；等等。这些不仅是历史的，而且是理论的课题，本书都在历史的记述中，或夹叙夹议，或设专节以至专章加以记叙和讨论。此外，还有许多理论的题目，在本书中也有讨论，如关于"东亚文化圈"的构成历史、构成成分及其性质与作用等，关于西方文化视角观照下对中华文化在不同历史条件与文化语境中的一再解读、诠释和做不同的接受，关于华侨之作为文化传播的生命之桥等，都有不少有趣的记述和有见地的论证。在所有这些论述中，都蕴含着和体现了上述诸多学科的理论背景，史论结合地做了发挥。这不仅增加了本书的理论深度，而且使之更有可读性，那些史实在理论之光的观照下，更加迸射文化的光辉了。

　　这样，也增加了本书的认识价值。它在对中国历史和中国文化的认识上，在对世界历史与文化史的认识上，在对中外文化交流史的认识上，在对文化学、文化人类学、传播学、文化发展规律及接受理论的理解与领略上，都有它的不同程度的作用。

我在通读书稿的过程中，一方面学到了不少历史的知识，增加了中华文化对世界文化发展之贡献的认识，另一方面也从历史事实而体认了上述诸多学科的理论内涵，或者引申了在上述诸学科领域中的一些观点、感想和收获。正是在这一基础上，我写下了附于书后的"读稿札记"。

<h2 style="text-align:center">四</h2>

20世纪70年代以来，在年鉴学派基础上汇合形成的法国新史学在国际学术界产生了广泛的影响并带来了新的学术景象。值得一提的是，马克思主义影响了这一学派发展的各个阶段，也可以说这一新史学从马克思主义中获得许多思想资源和理论支撑。这一新史学在历史认识论和方法论方面的更新，包括历史时段的划分、问题史学和跨学科研究。如果我们认为这种新史学的吸收和借取可以有助于我们传统史学的发展和革新，那么，研究和吸取其可用者而用之，对于我们的史学建设是有益的。在这方面，《中华文化海外传播史》也有一些值得一说和可资研讨之处。

我曾经约略整理排列过法国新史学的一些理论观点，如果拿来与《中华文化海外传播史》一书比照，有些可以"借题发挥"一下。法国新史学将历史划分为"短时段""中时段""长时段"，而以"长时段"为认识历史的关键。《中华文化海外传播史》一书，正是一种"长时段"的叙述（长达几千年），它对中华文化之海外传播及其对人类文化、世界历史的贡献，都是在"长时段"范围内的评估，因此，正是在认识历史的"关键"处立其论旨，其价值认定才是可靠的、可信的、有说服力的，是历史的必然而非偶然。"历史不是一个对过去的重现，而是通过智力活动勾画出的一个可以理解的世界"。通读《中华文化海外传播史》一书，感到深切的不是见过了"一个对于过去的重现"（如果做到这一点，作为历史著作，也已经是不错的了），而是理解了一个"世界"，这个"世界"就是"中华文化的历久地、延续地、有成效地向海外传播"，这是由于传播方与接受方的文化落差所形成的，也是中华文化所具有的特长而获得的；而这个"可以理解的世界"，则是本书作者通过自己的"心智活动"（即他的有意识、有目的地收集资料、深入地作连贯的思考并通过思辨加以构造、勾画）方能画出来的。

人只有认识了过去才有一个"真实的过去存在着"，这也是我很喜爱的一个法国新史学的命题。《中华文化海外传播史》一书，是根据作者的一个总体认识来形成架构的，又是根据作者对各个历史细部的认识来具体构筑的。只因为这样，才提供了一个"中华文化海外传播及其伟大贡献"的"真实的过去存在"并呈现出来。在这里理解并形成一种认识，是重要的、根本的。过去我们对于中华文化如何吸收、接受外来文化的影响的认识是足够充分的了，但是，对于中华文化的外向影响的认识却是很不够的。因此，作者在建立自己的这一"认识"时，是要进行独立的工作，要具有自己的识见的。与此相联系的是，法国新史学很注重心态史。历史的真实的写照是当时的人们共同的心态。这心态只能在留传下来的著述、文物、记录之中体现。我欣赏《中华文化海外传播史》一书中的许多原文的征引，特别是那些接受国，如日本、朝鲜、欧洲国家的史籍及精英人物的报告、游记、论述等，它们正反映了各个国家和民族当时的心态，好像是谛听那时的各民族民众对于中华文化以至中国人的言谈，这是真实的、客观的、生动的，有时是很有趣的。我常常不倦不厌地阅读那些大段大段的引证，"让历史来说话"，真是如闻如见古人的音容笑貌。而且，我同时也从中听见和看见中国人自己过去的身影。啊，这才是读历史。作者通过古人的声音，来传达他的心智活动所达到的认识，而不是单纯的自己的"饶舌"，这是好的，然而因此也就不是"饶舌"了。我于此，同时也看到了法国新史学所提的"历史人类学与精神状态史"的命题的一种体现。的确，这些原文的引证，再加以作者的引言和申说，使我们时时看到中外古人的精神状态史。

历史创造了人，人承受了历史，这也是一个有意味的命题。我们在《中华文化海外传播史》一书中得到印证。而这印证中，我们看到中华民族的厚重、丰富、悠久的历史如何创造了中国人，中国人又承受了这历史并创造了中华文化，又用自己的"生命之桥"将中华文化传播于五洲四海，帮助了各国各民族的历史去创造自己民族的"人"。

在上述认识和理解的基础上，《中华文化海外传播史》还证明着法国新史学的另一个命题，即"理解是一种重构（reconstruction），而不是经验的直觉"。在我于前面说到的本书的叙述范型和新的视角时，已经触及这一命题，用理解来"重构"中华文化的历史的一个侧面：向海外传播及其影响与贡献。这一重构，因为是第一次取此视角的全面、系统、周详的叙述，所以是作者自己借助于诸多参考文献来构筑的。

最后，我还要指出两点：一是历史使往昔的文化价值具有永久的意义，而且丰富我们的内心世界；二是当重新介绍历史价值时，历史在当代社会，又会重新获得一次实际的存在。这些也都是法国新史学的观念。我从中领略到读《中华文化海外传播史》一书的一种深层的文化感受。《中华文化海外传播史》一书之写作和出版，正是在期望能够使"往昔的文化价值"（中华文化自身的价值和向外传播的价值）具有永久的意义，而且，在现实生活中，"丰富我们的内心世界"。真的，在我读稿过程中，时常驰骋悬想。我想象于古代文化的天地里，感受那时的风光，如鲁迅之所言："遥想汉人多少闳放""唐人也不示弱"，我也写下了"秦时明月汉时光""盛唐气象"这样的"读稿札记"，其实也是自己的内心世界被"丰富"了。当然，同时也可以看到，《中华文化海外传播史》之"重新介绍历史价值"，便是使"历史在当代社会"又"重新获得了一次实际的存在"。这"存在"，便是"中华文化在海外传播及其贡献的存在"。它原来散处世界各国，散见于古今中外文献典籍之中，现在集中了，在新视角、新理解的组织下，被重新介绍出来了，具有了"物"的存在。这就是陕西人民出版社出版的这部多卷本《中华文化海外传播史》的价值，它将插架于中外公私图书馆，以及众多私家书架、书柜中。

五

写得够长够长的了，然而似乎意犹未尽，主要感到书中许多写到的历史的新见，未及更多地列出。但细想过多反不好，更好的是由读者自己去读、去了解。因此，也就应该止笔了。回顾一年多时光，倏忽而去，与此书稿朝夕相处，也是与古人对话，所思渺远，其切近者，其有实际意义者，皆写入我的"读稿札记"中。我并不期望它一定能够与本书之出版一同问世，虽然我又希望如此，觉得毕竟是读稿所得，并非浮泛之言，有些也许还于读此书略有裨益，甚或于此书之内容略有补助。但我写下这些札记却是愉快的。写时是"只问耕耘，不问收获"，现复如此。现在提笔写序，则思潮涌动，信笔所之，无需翻原作、索枯肠，而写得如此之长，算是我的"一吐为快"，但也许于引起人们一读此书之兴趣，略有一些作用。倘如此，则幸甚。

札记任去留，序文凭取舍。行文至此，我想起杜甫的《客亭》一诗。其后四句谓"圣朝无弃物，老病已成翁。多少残生事，飘零任转蓬"。我虽仍未"老病"，但却"已成翁"，然而又确实面对"多少残生事"的人生局面，而我却丝毫也没有"飘零任转蓬"的感念，只是常想要趁此"但得夕阳无限好，何须惆怅近黄昏"（朱自清句）的时光中，做一点我所能做的事。倘或略略于社会有益、于他人有益，则为之，欣然不惜劳顿。这就是我为《中华文化海外传播史》一书之撰写而做的一点工作的心意之所在。

人间六忆

彭涛是"一二·九"运动的主要领导人[*]

——追忆访姚依林谈"一二·九"运动经过

1979年冬季的一个明朗的下午，我就"一二·九"运动的经过问题，访问了时任国务院副总理姚依林同志。他详细地谈了亲身经历和了解的情况，并交给我一份打印的文字材料，允许我加以引用。

事情的原委和经过是这样的：彭涛的故乡江西鄱阳县的县委邀请我为县党史办采写一份比较详细的彭涛传记，因为我是彭涛的弟弟。彭涛原名彭定乾，我们本是同一祖父的堂兄弟，但因他在"一二·九"运动后，就与家庭失去联系，家里以为他已经牺牲，故将我过继伯父家。我接受这一任务后，就从沈阳赶赴北京，先后拜访了谷景生、郭明秋、李雪峰、孙敬文、宋黎、高惠如（彭涛夫人）等老同志，最后拜访了姚依林同志。

1979年11月14日下午4时，我按事先约定的时间，到达中南海姚依林同志的办公室。秘书先让我在办公室外面的一间小会议室落座，不一会儿姚依林就出来了。我们相邻而坐。因为事先已经约好访谈的主题，所以，一坐下，他就对我说："彭涛实际上是'一二·九'运动的主要领导人。"我听了他的话，感到一种兴奋和惊讶，因为以前从未有过这种提法。然后，他递给我一份打印材料，说："你先看看这份材料，然后还有什么问题，再谈。"我当即紧张急速地看完这份姚依林回忆"一二·九"运动经过的材料，感到不少情况同习见的历史记载不同。于是，我首先便提出了三个问题。我说："这份材料里的回忆，同现有的历史书上的记载不完全相同，是否应该恢复历史本来面目？"他很快又很干脆地回答说："应该按历史本来的面目反映。"然后我又问：

---

* 原载《炎黄春秋》2009年第10期。

"您这份材料准备发表吗?"他说:"不准备发表。"我再问:"那我可以在我将来要写的文章中,引用这份材料吗?"他也痛快地回答说:"可以引用。"过后又补充说:"你的文章发表前,寄给我看看。"

我当然答应一定照办。

然后,姚依林同志又做了一些口头补充。他说:"当时,学生力量大的是清华、燕京大学,所以,组织游行时,原计划从清华、燕京大学出发,一路上其他大中学校的学生参加进来,不断扩大队伍。但是,没有预计到敌人关城门,清华、燕京大学的游行队伍没有能够进城,后来主要靠东北大学。"他还补充说:"'一二·九'当天,成立了指挥部,我和郭明秋指挥,孙敬文当交通。指挥部设在北亚咖啡馆。在游行队伍里是黄敬指挥。后来,在新华门请愿后,举行示威,我们去到游行队伍中。彭涛作为领导人没有公开出现在游行队伍中。"

然后,姚依林同志又谈到材料中没有写到的、运动经过以外的事情。他说,"一二·九"运动当时,"主要领导人是彭涛同志。经验丰富的是黄敬。政治上更成熟一些的是周小舟"。接着,他解释说:"但周小舟当时主要抓'武委会'(按:即'民族武装自卫委员会'的简称)的工作,他除了参加讨论酝酿发动'华北水灾赈济活动'即后来的'一二·九'运动的'西山会议'外,以后再未参加活动。"他又说:"黄敬经验丰富一些,但他当时刚从狱中出来,从青岛来到北平,在北大数学系就读,党的关系还没有接上。所以这时还没有参加北平市委的工作。"接着,他又告诉我说:"当时年龄最大的是小舟,那时他26岁;年龄最小的是我,18岁。"

看了姚依林同志的材料,又听了他的谈话,我有了一点疑问,便大胆地提出。我说:"就我读到的历史记载来看,以及人们普遍的认识,都认为黄敬是'一二·九'运动的主要领导和代表人物。这种'历史的误会'是怎样造成的呢?"姚依林同志略加思索,回答说:"彭涛在'一二·九'游行中一直没有出面,而黄敬是游行队伍的指挥。特别是,在游行中,他曾站在有轨电车后面的铁梯上讲演,被记者照了下来,发表了,这张照片影响很大。"的确,这张照片差不多是"一二·九"的象征,在全国以至世界上都流传甚广,人们都熟悉这张照片、熟悉照片上的人,以至一提到"一二·九"就会想到这张照片,想到黄敬。因为我提起了这个话题,引发了姚依林同志的回忆,他接着说:"党的八大二次会议时，黄敬作为'一二·九'的代表人物，当选中央委员。那天会上，我和彭涛坐在一起。看到选举结果，我便说，他怎么成了'一二·九'的代表呢？彭涛说，'我们不要提这个事'。"

时间过去大约一个小时了，访谈到此结束，我告辞退出，踏着夜色离开中南海。

我从北京回到沈阳后，就根据了解到的情况，写了一篇纪实文章《彭涛与"一二·九"运动》，并按姚依林同志的嘱咐寄给他审阅。很快，他就在原稿上批示：

定安同志：

　　此稿已看过，根据我的记忆略加修改，供你参考。发表后请寄给我一份。

姚依林

六月十八日

我收到姚依林批示同意发表并略加修改的退件后，即寄《人民日报》。因为文章中提到刘少奇对"一二·九"运动的肯定，以及在运动展开后即加强了北方局对运动的领导等，所以，编辑部回信说，由于对刘少奇还没有公开平反，文章暂不能发表。后来，我便将其交给《辽宁日报》，并于1980年7月3日发表了。在这篇文章中，我根据姚依林同志所谈和打字稿中的记录，记叙了"一二·九"运动的过程。

记彭涛同志与"一二·九"运动

彭涛同志是"一二·九"运动的主要领导人之一。但他在"一二·九"运动中的活动，很少为世人所知，即使在正式的历史记载中，也很少提到。最近，我受有关方面委托，收集彭涛同志的生平事迹，访问了姚依林、孙敬文、郭明秋等同志。这些亲身经历者的回忆，真实地反映了中国共产党对伟大的"一二·九"运动领导的情况。现在，根据访问所得，作一简述。

1934年8月，中共北平市委被敌人破坏，市委成员被捕。这时，河北省委指定北平共青团市委代替北平市委的领导工作，由团市委组成了中共北平临时工作委员会（以下简称"临委"）。彭涛同志是"临委"委员之一。1935年7、8月间，黄河泛滥成灾。"临委"在北平西山召开的民族武装自卫委员会的会议上，商定成立黄河水灾赈济会，以此名义进行公开的群众工作。主持这次会议的是彭涛同志，此外还有周小舟（当时负责民族自卫会工作）、黄敬、姚依林等同志参加会议。会后，由郭明秋、魏宜咸同志负责推举了一名不大过问政治的女同学吴闺箴为主席，向国民党政府北平市社会局立案，这样，就取得了合法的地位，能够公开进行群众工作了。通过水灾赈济会这种合法形式，把当时各学校一批进步学生组织起来了，并且通过募捐活动逐步把二三十个大中学校原来被国民党搞垮了的进步学生组织恢复起来。募捐所得的两千来元除送山东灾区外，留下几百元，成了"一二·九"运动活动经费的一部分。

1935年5月间"何梅协定"签订后，国内形势发生很大变化，面临一个转折期。日寇铁蹄步步进逼；"华北自治"加紧进行。汉奸弹冠相庆，人民爱国有罪。国民党反动政府坚持推行"反共"的投降卖国政策，民族垂危。"华北之大，已经安放不下一张安静的书桌"，全国人民痛感亡国之祸迫在眉睫。团结御侮、奋起抗战已成为广大群众的迫切愿望。而且，这年十月，红军长征到达陕北，完成了北上抗日的战略转移，极大地鼓舞了全国人民的斗志。正在这个关键时刻，北平"临委"内部发生了激烈的争论，争论的焦点是如何看待当前的形势和怎样开展工作。一种意见，根据从外文报刊上看到的党中央公开发布的文件精神和中华民族武装自卫会的政治口号，认为形势已经起了变化，目前处在民族解放战争的前夜，党应当发动群众运动，提出"停止内战、一致抗日"的口号，在抗日救亡的旗帜下，结成广泛的民族统一战线。彭涛同志是"临委"成员中坚持这种意见的代表。另一种意见则相反，仍然坚持提出过"左"的口号，不肯搞群众运动、统一战线。意见分歧，引起了"临委"的分裂，连会都开不成了。彭涛和周小舟同志便找黄敬、姚依林、郭明秋等同志商量，决定自己干起来。他们组成了一个实际上的党的核心小组，但没有什么正式的名义。成员有彭涛、黄敬、姚依林和郭明秋同志。彭涛同志负起了领导的责任。

1935年11月，北平市学生联合会正式成立，选举郭明秋同志为学联主席，姚依林同志为秘书长。为了反对日本帝国主义的步步进逼和国民党的投降卖国政策，学联决定采取行动。学联在北平市立女一中召开会议，讨论决定请愿和示威游行的有关事宜。会上，一位党外同志提出，如果估计参加请愿的人数能达到八百，就可以举行，否则作罢。这时，彭涛同志坚定地主张举行请愿和示威。他认为，日寇疯狂地要灭亡中国，目前，全国人民特别是华北人民急需表达自己的意志："中国人民决不做亡国奴！中国的领土，誓不让日寇侵占一寸！不打倒日本帝国主义，誓不罢休！"因此，请愿示威是符合全国人民愿望的，不应当用能有多少人参加来衡量。他提出，请愿队伍从清华、燕京大学出发，进城后沿途经东大、中大、辅仁等大中学校，唱歌、呼口号，同学们就会参加进来。后来，"一二·九"当天，清华、燕京大学的队伍被阻于城外，东北大学等校的队伍在游行中，果然有不少学生越墙而出或冲出校门参加到行列中来。

这期间，蒋南翔等同志领导的清华学生会、宋黎等同志领导的东北大学学生会、黄华等同志领导的燕京大学学生会和北平市立女一中学生会等积极活动，成为学运的中坚。

12月8日晚，党内又开了一次会议，彭涛、黄敬、姚依林、孙敬文、郭明秋、高惠如等同志参加。会上，确定姚依林、郭明秋同志在游行队伍外面负责总的指挥，黄敬同志在队伍内指挥，孙敬文同志担任总交通。事先准备好的传单，都由孙敬文同志从"大学出版社"（在沙滩附近的一个私营印刷厂）运出，分发给学校。

第二天，几千名学生走上北平街头，发出了爱国怒吼，喊出了中国人民的心声。这就是载入史册的"一二·九"运动。

"一二·九"以后，伪组织"冀察政务委员会"预定于12月16日成立。为了反对这个汉奸政权的成立，也由于12月9日没有参加游行的许多学生和进步教职员要求再举行一次游行示威，于是，学联决定这天采取第二次行动。12月15日晚，姚依林同志和郭明秋同志走进开设在王府井大街拐角处的长安饭店（现已拆去），订了一个房间。不一会儿，彭涛、孙敬文、黄敬等同志也陆续来到。他们以打扑克为掩护，开会检查准备工作。会上，根据实际情况，讨论确定按原计划行动，并确定了游行路线，最后在天桥开大会。

12月16日，一万多名学生，以比"一二·九"更大的规模和气势展开了斗争。运动的发展从此更广泛、更深入了。

12月16日以后，面临新的问题：下一步怎么办？运动怎样发展？敌人这时宣布放寒假，让大批处在中间状态的学生回家过年，企图把少数进步分子孤立起来，以便进行镇压。同时，又采取同北平学联进行谈判的方法，企图收买北平学联，破坏学生运动。面对这些问题，党组织举行会议讨论。会议在彭涛同志的住处召开。这是在西单辟才胡同洋车厂（现已拆去）里的一间小屋子。参加会议的还有黄敬、姚依林和郭明秋等同志。会上，黄敬说，学运的发展是三个阶段：请愿、示威游行、武装暴动，敌人已经使用武力，我们已经流血了；但是，要暴动就得到士兵中去，也要得到工农的支持，我们要到农村去扩大宣传，血衣拿到上海去展览，扩大影响。他的意见得到大家的赞同，于是决定组织南下宣传团，并确定彭涛、黄敬同志随团南下，姚依林、郭明秋同志留北平继续领导学联工作。

这时，河北省委派林枫同志任北平市委书记，他于12月下旬来到北平。在这个会上，黄敬同志还传达林枫同志的意见说，学联这么广泛群众性的团体，如果没有个核心组织，是难于持久活动下去的，我们应当建立一个组织，请大家想一个名称。会上，大家拟出了一些名称，都觉得不大合适，便决定到群众中去酝酿。这便是南下宣传回来后在1936年2月初建立的中华民族解放先锋队的最早的考虑。

这次会后，党的南下扩大宣传的决定，于12月下旬在燕京大学举行的学联代表会上付表决，经过一番争论，经过党做工作，通过了决议。南下宣传团于1936年1月3日、4日从北平出发，几百名同学迎着刺骨的寒风，冲破军警的阻挠，分成数路，沿平汉线南下，开赴农村。南下宣传团共分四个团。第一团团长是韩天石同志（北大等校）；第三团团长是蒋南翔、黄华同志（清华、燕京大学）。四个团的总指挥部由宋黎、董毓华、江明三位同志组成。彭涛同志担任总指挥部的党团书记。各团分路进军，徒步七百里，历时三星期，一路风霜一路歌，到固安会合。许多学生走出城市与课堂，走进农村，看到了劳动人民生活的苦难，感受到了阶级的压迫，因而从单纯的爱国思想，提高到开始确立革命人生观。

1936年2月1日，南下宣传团回到北平后，正式成立了中华民族解放先锋队。李昌同志任总负责人。

1936年春，刘少奇同志来到天津，领导北方局的工作。他反复传达了党中央关于建立抗日民族统一战线的政策，申述了由"反蒋抗日"转到"逼蒋抗日"，后又转到"联蒋抗日"的策略口号，他特别注意肃清"左"倾关门主义的残余。这对于巩固和扩大学生运动的成果，对于广泛建立抗日民族统一战线、在全国范围内进一步开展抗日救亡运动，以及教育知识青年与工农群众相结合，都起了十分重大的作用。从这时起，到"七七"全面抗战爆发的"一二·九"运动的这一阶段，即"一二·九"运动的深入发展阶段，是同刘少奇同志的正确领导分不开的。

彭涛同志原名定乾，1913年生于江西省鄱阳县。他从小聪明好学，在故乡颇负文名。1925年大革命时期，他担任鄱阳县儿童团总团长、学联会代表；1926年加入共青团；1931年到北平上学，翌年，加入中国共产党，任北平市南区区委委员，活跃在学生运动中。1933年夏，党派他到吉鸿昌同志领导的抗日同盟军工作，并任张家口团工委书记；同盟军失败后回北平从事地下工作。在"一二·九"运动中，他像一只暴风雨中的海燕，在斗争的海洋上搏击，显示了卓越的组织才干，闪耀着革命的青春光华。这时，他年仅22岁。抗日战争期间，他先后担任冀西地委书记、第三地委书记和太行区党委民运部部长、宣传部部长等职务。在解放战争时期，他曾任第二野战军第三纵队政治委员，南进以后任皖西区党委书记，坚持大别山游击战争。全国解放后，他先入川工作，1953年调中央，任国家计划委员会副主任。1956年化工部成立，他担任了第一任部长，为国家发展化学工业贡献了自己的力量。1958年党的八大二次会议上他当选为中央委员会候补委员。1961年9月患肺癌，数月之内遽然而逝，年仅48岁。

【附记：原稿同时在《辽宁大学学报（哲学社会科学版）》1980年第4期发表。这里发表的是修改稿，个别地方有重要改动，有关史实应以此稿为准。特此声明。——作者】

永在的怀念*

——纪念乾兄（彭涛即定乾）八十冥寿

212

彭定安文集 *14*

　　访日甫归，即接家兄定新来信说，今年（1993 年）是乾兄彭涛（1913 年 11 月—1961 年 11 月）诞生 80 周年，问我是否能写篇短文，以为纪念。我想，我应该写一篇，以寄托我的哀思和一种永在的怀念。回想 1992 年，故乡举行彭涛铜像落成典礼，我理应参加，也极愿参加，但因正访学德国，海天悬隔，而未能如愿，十分抱憾。今年，也正该写篇文章，以补去岁之缺憾。

　　时光流逝，乾兄如健在，已经是八十老翁了。然而他在我的印象里，却永远是一个年轻的形象，而同老态联不起来。犹记少年时代，见到过他的一张半身画像，西装裤，短袖衬衫，金丝边眼镜，两手抱胸，风流潇洒，完全一派青春风姿。几年后，中华人民共和国成立，我从赣南驻地赶回波阳（即鄱阳）同他见面，又同他一起渡鄱湖，经南昌、过杭州、游上海，同到南京，一路上谈笑风生。访战友、讲革命、谈工作，处理一些亲友的事情，他也是风华正茂气派。事实上，他那时虽然已经是高级将领，但年纪也就三十五六岁。以后，我到东北工作，或去京，或他来沈，每次相见，他也都是风尘仆仆而又精力充沛，正如我们党在那时所显现的整体风貌一样：朝气蓬勃。而我想，他之所以始终给人以年轻的印象，就在于他总是朝气蓬勃，而不仅仅表现于年龄上。记得宋任穷同志和李雪峰同志都向我说过，他们一直叫彭涛为"小彭"。宋任穷同志还说，在 1961 年的庐山会议上（就在这个会议期间的一次偶然的体检中，乾兄被发现患了癌症），他们仍这样称呼彭涛。周恩来总理听见便说："人家已经当部长了，你们还叫他'小彭'？"大家笑

---

* 原载《沈阳日报》1993 年 11 月 7 日。

说："叫惯了。"但我想，恐怕也不在习惯，而在于乾兄工作起来生龙活虎、朝气蓬勃，休息时爱跳舞，平时幽默风趣，确实显得年轻。

我对乾兄的另一个深刻记忆，就是他过人的才华。这不仅得自我自己的感受，而是所有我见过、访问过的老同志都是这么说的。"彭涛有才华"，这是一致的称誉。他有文才，有口才，而且有干才。一个干部，尤其是知识分子干部，有文才或口才者不算难得，但难得的是具有实际工作、群众工作、领导工作的才干。"一二·九"运动、组织南下宣传团，这两大震惊世界、给中国现代史划下时代意义刻痕的学生运动，他作为主要领导人（党团书记），以二十岁刚出头的年龄，担起如此重任，而且实现了成功的领导，这是何等干练、何等干才。抗日战争时期作为八路军总部所在地的冀中第三地委书记，工作出色，成绩显著；中华人民共和国成立后，又出任第一任化工部长。在艰苦战争中，在创业工作中，他都表现了出色的干才。他酷爱文艺，著名作家赵树理曾说："彭部长看的中外小说比我看过的多。"他是颇具文才的。我有时想，他的干才掩盖了他的文才，也"耽误了"他的文才的发挥。

他有才，然而谦虚。恃才傲物，人之大忌。尤其是大人物，在事业、学问上卓有功勋业绩者，往往有此弱点和缺憾。但乾兄绝非此等之辈。记得我曾跟他说起过，人们告诉我：你哥哥有口才，作报告讲得特别好。他听了淡然一笑，说："我讲的都是党的政策，毛主席的思想。"意思是个人东西不多。这自然是谦辞。从"一般"到"个别"，是需要个人的才能去发挥的。但我认为他是出自内心的谦虚，因为他在一个幼弟面前是用不着故作姿态的。他从未谈起过"一二·九"运动的事，直到1956年吴老（玉章）请他到人民大学作纪念"一二·九"运动20周年的报告，我才知道他是运动领导人。这也表现了他的谦虚。李雪峰同志曾向我说过，在他的纪念文章中也写到过，彭涛思想敏锐，很能发现问题，向上级提出富有启发性和建设性的意见。但他同时说，彭涛所做，只是提出问题，如深入发挥一下就更好。言下自有其思想仍不够成熟之意。但彭涛回答说："我这是向你们说话嘛！"意在说明，向上级提建议，点到为止，领导决策吧。我以为这里蕴含着他的谦逊。这既是一种自谦，又是给领导以思索抉择的余地。

乾兄对我关怀备至。犹记20世纪50年代初，他知道我在酝酿写一部反映太平天国的文学作品，便在访苏过沈时，老远从四川带来一部书

给我用，难为他百忙中能记及这种事并给予关怀。他每次到沈都找我去谈，关怀体贴。但是，他对我的赞许之词，我都是从别人口中听来，而从未听他当面说过。1949年我北上时，他给在京的薄一波、周扬等领导同志和一些著名作家写信，意在推荐，然而也只说"尚可造就"，虽有褒义，且是有保留的。这些，我以为是一种更高的爱护。其中，也隐含着他的抑人之自傲和他自身的谦逊精神的。

回忆我与晚年舒群的交往[*]

偶翻书架，又一次发现一本薄薄的小册子《舒群纪念文集》，我也顿时又一次跳出一句心里话："其实，这本书里应该有我一篇……"可是，编者"失察"，不了解我与晚年舒群的一段"亲密交往"而"失之交臂"了；而我也由于种种原因，一直未曾鼓起勇气来写一点回忆文字。前些天，忽然老友文畅来电约稿，我由此想起鞍山，想起鞍山的一次"文坛盛会"，和由此生起的一些往事，也便想起了舒群，于是我决意抽开记忆的柔丝，把缠绕其中的那些尚未随流水时光逝去的陈年往事，引发而出。不过，据我的感受，这些"往事陈迹"，虽然都是些个人琐细及"人际纠葛"，但在这些"细枝末节"中，却都蕴含着现代中国历史、文化的曲折轨迹的刻痕，细思其中的因缘纠结，想起当事的人们都已归道山，不禁唏嘘慨叹而思索良多。

舒群，20世纪30年代活跃在沪上的东北作家群中的重要一员。他的文名，也许不如"二萧"（萧军、萧红）以至端木蕻良那么大，但是，他在党内的地位、职务却比他们高得多、重要得多。比如延安时期，他接替丁玲主编过影响甚大、与延安文艺座谈会的举行颇有关联的《解放日报》文艺版；中华人民共和国成立初期，他曾担任很红火、很

---

[*] 原载《辽海散文》2013年第6期。

有地位的全国文联副秘书长、中国作协秘书长这样重要的工作。而我作为晚辈，尤其是"右派分子"，是无从与他交往的。但在他的晚年，我们却从相识到交往，而且有一段时间甚至称得上是"亲密"的交往。在交往中，我也的确听到、看到一些事情，有许多感受，我们之间也有一些有意义的往还，这就是我为何想写一写晚年舒群的原因了。

1. 我们是怎样认识并熟悉起来的

那是一个寒冷的冬季即将消逝、和煦的春天已经迈步来到的冬春交替的季节——1978年与1979年就要更迭的一段日子，自然气候很冷，而社会空气和政治空气却很热烈红火。我们设法把舒群同志调入刚刚组建的辽宁社会科学院工作。——这里的"我们"，具体是指当时的辽宁社会科学院文学研究所所长戈扬和具体办事的我。舒群当时刚从"冬眠"中苏醒，从农村回到本溪市，并已经担任本溪市文联副主席。他自1959年落难，就被遣送到这个钢铁之城来了，还先后担任过本溪第二炼铁厂和合金厂的党委副书记和副厂长，后竟再度遭难，被遣送农村蛰居。一位20世纪30年代活跃于文坛的"东北作家群"中的老作家，在这个山城、这个荒村僻野"猫"了20多年！那时，辽宁社会科学院的副院长石光，一位东北籍老干部，文人出身，当过中共中央东北局文艺处处长，早年在抗战时期曾在重庆的东北抗日救亡总会（简称"东北救总"）担任一定的负责工作，后来则长期担任本溪市委宣传部部长；他与舒群相熟，在本溪时期，对舒群也多有照顾，大概调舒群来是他的提议。所以，上面说的"我们"，首先还应该说是石光。舒群很高兴来，准备把家迁来沈阳。但那时住房是个极大的问题，许多干部还是三代同堂共住在一二十平米的房子里。大批回城的插队干部、落实政策的干部、改正回城的"右派"，都在望眼欲穿地等待住房。所以我们就在东北饭店（在那时是沈阳数一数二的高级宾馆，现在却已经被淘汰、拆除了）租了一个套间，准备让舒群先到沈阳落脚。就在我们已经订好宾馆房间，准备去本溪接舒群，他也准备快乐地离开那个困居地时，忽然一夜传"檄令"：调舒群回北京。而且，不久，戈扬也奉调回北京主持恢复《新观察》的工作。这样，这件"欢迎舒群"的事情，就变成"欢送"他了。

但我们却由此相熟起来。记忆的柔丝就从这里抽开……

2. 和平宾馆里的"东北老大爷"与"周氏袄"

1978年冬季，舒群复出刚回到北京时，暂住在坐落于王府井附近的和平宾馆。这是一家当时为数不多的涉外宾馆。它是20世纪50年代在北京举行世界和平理事会时期兴建的高级宾馆，现在是冷落了，但70—80年代在首都宾馆业中，仍然是排名前列的。舒群后来移居北方旅馆。这时候，他一直披着一件只有东北人才穿的又厚又长又大的老棉袄，东北口音，言语豪爽。在服务员眼里，感觉这是个"东北老大爷"，但心里同时明白，这绝非等闲之辈，说不定是哪位复出的高干，刚从乡下钻出来或者才出狱。

舒群就披着这身老棉袄，在北京过了一段不算太短的日子。

我免不得有些奇怪地问他，为什么"不改旧时装"，舍不得扔了这件洗毁了色的老棉袄？

他回答了我的疑问，并讲了一个动人的故事。

那是20世纪50年代中期，反"右派"斗争之后，舒群得某周姓领导之"保护"，没有像他的东北作家群里头的老战友罗峰、白朗那样，被戴上"右派"帽子，而是被定为"反党"罪名，虽然也被开除了党籍。他被分配去辽宁本溪，因为不是"右派"分子，所以竟然被安排了一个工厂的副职。

那天，他冒着严寒，孤身一人，凄然离京。昔日围着转的文艺界人士、旧朋新友，没有一个敢于冒大不韪前来告别送行。北京站月台上，舒群孤苦伶仃，在寒风凛冽中等待登车，流放塞外。"风萧萧兮世情寒！"

就在此时，忽然一位人士出现在舒群面前，而且手捧着一件新制的大棉袄。"哎呀，你……你怎么来了！""啊，我来给你送行哪。"那人说，"舒群，东北那地方奇冷，带上件大棉袄挡挡风寒吧！"啊，这大棉袄，岂止是足可抵御北国的寒风暴雪，而且温暖着几欲冰凉的心！

舒群说，那位人士，就是著名作家周而复。

虽然时光流水洗去了许多记忆，但是此事他从未忘怀，以至今天对那老棉袄仍然珍惜之，不离身。舒群说到此事时，感激、感动之情依旧溢于言表。而我这个听者，一个同病相怜的人，也感动非凡，而且从此对作家周而复怀着深深的敬意，即使他因遭诬蔑被错误地开除党籍时，也丝毫不减敬重之情。

我对舒群说："这样说来，此袄可称'周氏袄'。"舒群问："此话怎讲？"我说："当年，抗日战争时期，郭沫若在重庆与苏联驻华使馆文化参赞费德林友善，费赠郭一支上好的钢笔。郭珍爱之，命名'费氏笔'，以为纪念。本此，这棉袄可称'周氏袄'。"舒群点头认可。

这件普通又不普通的老棉袄，体现和蕴含着中国特殊年代的文坛逸事，但更是带有《世说新语》意味的文化意蕴，引人思索。

但是，穿着老棉袄的东北老大爷，外表如此，内心却并不滞后。他告诉我，那时，少数涉外宾馆之一的和平宾馆里，住着来往的外宾，还有等待办理手续、出国探亲或认亲投友的人们。他就以在和平宾馆短暂居留时的观察、体验和思索，积蓄了素材，不久后就创作了短篇小说《别》。这《别》，思想内容别有风味。不是初开国门，初现"出国热"吗？不是"人心向外"吗？他却思索提炼了另样的主题，创作了一篇新作，表现了一位历经风霜的老作家，依旧创造力不衰，艺术感觉敏锐。关于此作品，后面再详述。

为了舒群"窖藏"二十多年终于平反复出、重归京华，周扬特在和平宾馆设宴款待。作陪的是两位文坛宿将沙汀和陈荒煤。周扬复出，担任刚从中国科学院社会科学学部分离出来、新组建的中国社会科学院的副院长，以他的经历，分工主管文学研究所自是理所当然；而他也就"驾轻就熟"地"拉"来沙汀、陈荒煤分别屈就所长、副所长。但是，为什么周扬没有邀请其他相熟的作家而特意找文学所所长来作陪，以及在宴席上都谈了些什么，舒群没有给我细说。但我可以说是准确地推测到了"底细"：周扬之设宴，欢迎、接风、抚慰、道歉诸多内涵，是皆在其中的；而宴席人员之安排，则与舒群的工作去向有关。因为这次宴请之后不久，舒群就去了社科院文学所。而周扬之所以这样安排，又与舒群在困居时期编著了一部《中国话本书目》有关，而且，沙汀、荒煤都是他的老朋友。既然在研究话本，那里的负责人又彼此相熟，那就去文学所吧。这是顺理成章的事情。

于是，文学所里除了两位作家所长之外，又多了一位"作家研究员"。

去向已定，舒群也就从和平宾馆搬出，到位于米市大街的北方旅馆暂住了。

3. 在北方旅馆及团结湖和虎坊路居住时期的交往

舒群搬出和平宾馆，就住进了北方旅馆。以后，相继在团结湖和虎坊路的中国作协宿舍楼居住。无论是在北方旅馆还是在后来居住的两处，我都是他家的常客，直到20世纪80年代末期。

在北方旅馆时，舒群依旧披着那身"周氏袄"进进出出，并到文学所去上班。他的诙谐说法是"到所里去坐坐"。这时期的文学所真正是中国学术文化界的"鼎盛之世"，于今是去而不可复了。那时，俞平伯、唐弢、钱钟书这些博学鸿儒，皆在其位。正当第三次思想解放时期，他们自是意气风发、宏论篇篇吧；但舒群却是"沉默着"的，所以他自说"去坐坐"。

我那时先是负责辽宁社科院文学所的工作，不久又分担院务。为了开辟和开展工作，不断赴京找人、办事、联络。由于舒群的关系，同时戈扬也暂时落脚此处，我便也成了北方旅馆的常客。那是一家相当平民化的旅馆。我去了住两人的标准间，只6元钱一张床，其"寒酸"可见。与和平宾馆相比，天壤之别。但舒群安之若素。

然而，很快他就离开了文学所。沙汀和陈荒煤也相继离去。舒群"归队"回到中国作协。接着，他就分到了作协在团结湖的住宅楼里的一套住房。再后来，又迁至虎坊路的作协更好的住宅，他住一楼，居住条件一再改善。

我后来很后悔，虽然那时常常在舒群住处走动，但却一门心思在外跑——比如创办内刊《东北现代文学史料》和《鲁迅学刊》，派人请茅盾题写刊名（他欣然应允）、组稿，联系、安排人走访东北作家群中诸多作家，等等，却怠慢了与舒群的直接访谈，而是另外安排研究人员采访他，真是失之交臂！

但是，平常素日、闲谈末议中，零零碎碎也听到一些他的生平事迹、"逸事""花絮"之类，其实却都不仅属于文坛佳话，而且具有时代的、历史的、社会的和文化的意义。历史细节中，往往蕴含着本质的意

蕴和价值。不过这些"往昔的故事",都已化成记忆的碎片,我只能惋惜而遗憾地追述一些片断了:

(1)他曾经亲身参与国际共产主义运动。

他在20世纪30年代曾经是共产国际的情报人员,并且担任过东北某情报站的站长,提供过许多情报。他曾经亲身参与国际共产主义运动,这是我完全没有想到的;我由此对他不仅以一位老作家而尊敬,更加以他的国际革命战士的身份而敬重有加。

(2)20世纪30年代哈尔滨的"红色文坛'三剑客'"。

在20世纪30年代初中期,他与"二萧"——萧军和萧红,可以说是当时有"东方巴黎"之称的哈尔滨的处于半地下状态的革命文艺、红色文坛的"三剑客"。他忙于革命的情报工作,但却业余创作,从事文艺运动;而"二萧"则在贫穷中,献身文学,辛勤写作,颇有影响。那时,两位才华横溢的年轻作家,筹划出版作品合集《跋涉》,然而阮囊羞涩,无以为计。困顿中,是舒群伸出援助之手,使他们得以自费出版这部处女作。《跋涉》问世,立即引起轰动。那以后,舒群转青岛从事革命工作。"二萧"于困顿中离开哈尔滨,又是"投奔"舒群,得以在青岛立足,并各自完成自己的处女作也是成名作《八月的乡村》和《生死场》;尔后,乃得双双携作品自青岛赴上海,投奔鲁迅并获提携,终于成长。舒群是他们的益友,在关键时刻对他们给予了关键性的帮助。这事迹是可入现代文学史的。

《跋涉》在20世纪80年代出版了重印本,萧军题签赠舒群一册。舒群拿给我看,翻开扉页,说:"你看,就这么简单一句话!"我一看,上书:"这部作品初版时得到过你的帮助。"

(3)《八月的乡村》创作素材源自舒群。

更可一述的是,萧军的成名作、代表作《八月的乡村》,其完整素材,来自舒群向他讲述的,自己的战友傅天飞掌握的磐石游击队血与火的艰苦英勇战斗历程和故事。舒群只是简略地、轻描淡写地说起过这件事,我得知后,经过后来的了解和阅读,构成了这样一个值得纪念的完整"历史-文学事件"。

傅天飞先给舒群绘声绘色地讲述了一天一夜,舒群又给萧军、萧红转述,甚至应要求邀请傅天飞到"二萧"家中给他们讲述。这些,就是《八月的乡村》的素材来源了。萧红在她的名作也是代表作《生死场》

中，也直接写到了"革命军在磐石"。

这是一次革命史上的，也是文学史上的历史性讲述，它催生了也帮助了一部现代文学史上的文学名著的诞生。

据我后来从我为之写序的一部党史著作中了解到的，傅天飞当时历任共青团满洲省委委员、中共磐石中心县委常委、桓仁特支负责人、东北人民革命军团政委、中共满洲省委秘书处编辑主任。他不仅是一位优秀的地下工作者、革命军领导人，而且爱好文学，踌躇满志意欲创作，并以磐石游击队的事迹为基础，形成了"腹稿"。他曾以团省委巡视员的身份深入磐石、海龙巡视和指导工作。那时，中国工农红军第三十二军南满游击队正式组建为东北人民革命军独立第一师。傅天飞在掌握大量生动材料并有切身体验之后，向上级党组织撰写了两份报告：《老傅关于海伦、磐石党、团、军情形的报告》和《老傅关于磐石人民革命军、反日游击队运动情况的报告》，这应该就是他的文学"腹稿"的事实基础。他给舒群的讲述，就是他的"腹稿"的陈述。遗憾的是，傅天飞不久就牺牲在血雨腥风的斗争中，成为烈士，未能让腹稿成为作品。但是，萧军利用他提供的素材，成功地创作了《八月的乡村》。这是对傅天飞最好的回报和纪念。我读到过傅天飞的这两份报告原文，那是一份有事实、有人物、有细节的，非一般事实陈述的报告。党史研究者把材料中的一些细节，与《八月的乡村》的某些章节对应比照，既揭示了两者的若干"相应性"，也体现了萧军使"报告"成为文学创作的创造性加工和改造，完成了使"史实"成为虚构"文学"的变化与艺术飞跃。

这里值得纪念的不仅有傅天飞烈士和萧军，而且，还有舒群！

（4）他一直认为鲁迅在20世纪30年代批评过他。

他给我说过多次，他认为鲁迅批评过他；这批评，是和鲁迅批评夏衍的《赛金花》同时的。而他，不能接受这个批评。他没有怨言，也没有不满，只是这样说，自然，内心是不愉快的。

他没有说鲁迅如何批评他，也没有说是哪篇文章批评了他的哪一篇作品。

我也算半个鲁迅研究者吧，但我没有看到过鲁迅批评舒群的文字，也没有在任何鲁迅研究论著中看到过鲁迅批评舒群的事。所以他每说及，我就说："鲁迅没有批评过你呀！"他不接受我的"说项"。但我们没有争论，因为他并不生气，只是说说而已。我也就不那么顶真。不过我隐隐觉得，他可能指的是鲁迅批评他的成名作、短篇小说《没有祖国的孩子》。而据我的查阅和"考证"，舒群可能指的是鲁迅逝世前所发表的《半夏小集》中的第二小节批评了他。这节文字不长，我且照录如下：

> 用笔和舌，将沦为异族的奴隶之苦告诉大家，自然是不错的，但要十分小心，不可使大家得着这样的结论：那么，到底还不如我们似的做自己人的奴隶好。

这节文字的内容，大体能和《没有祖国的孩子》挂上钩。因为这篇小说写到一个朝鲜孩子受到日本人的压迫而怀念祖国，热爱自己的国旗。这就和"沦为异族的奴隶"这句话对上号了。从彼此发表的日期看，也是切合的。舒群的小说发表于1936年5月的《文学》上，9月收入小说集《没有祖国的孩子》；鲁迅的文章则发表于同年10月的《作家》上。先作品、后批评，以《作家》对《文学》，似乎对得上号。

但是，这只是不能坐实的推测而已。究竟鲁迅批评所指是专对某个作家的某篇作品，还是泛指，无法推断。不过，我们且取"权且是吧"的态度，仍然可以看出，鲁迅此处的批评是完全不同于对夏衍的批判的。首先，他指出，"将沦为异族的奴隶之苦告诉大家"这一点——我们假设"这一点"就是指《没有祖国的孩子》的话，鲁迅对其主旨也是肯定的，他下断语说："自然是不错的"；接着说"但要十分小心"，也只不过是一句预警，警示不要造成"不如我们似的做自己人的奴隶好"的印象和认知。所以，这不是严峻的批评，而是善意的劝告和警示。

4. 他的文艺理论的灼见和创作实践

20世纪80年代，中国作协机关有一个老作家党支部，丁玲、罗峰、白朗还有舒群，都在这个支部过组织生活。舒群告诉我，他们支部有一次组织大家去颐和园"赋得浮生半日闲"。在人们分散活动时，他和丁玲在昆明湖边闲坐叙谈。丁玲忽然说："舒群，我觉得我现在不会写小说啦！"舒群一愣，不知其意何在。丁玲接着解释说："我们从'五四'起，就是照着外国小说来写小说，现在觉得不行，但是怎么写？……"丁玲的意思已经呼之欲出，就是说要继承和发扬传统，具有民族风格地来创造"文学的叙事"。

舒群复出后，没有停止过创作，短篇小说一篇篇陆续发表。在问世的几篇中，显然他在探索采用传统叙事来"讲现代故事"，也就是开辟继承传统的、有别于"五四"以来已经形成的外来的叙事模式。这是他老当益壮、烈士暮年的文学创举，虽然只是一个开头，虽然只是部分地实现。我指的主要是他改造、化用宋元话本的叙事语言和某些叙事范型的元素。应该说，他取得了相当的成功，可惜未曾引起评论界的注意。有一次我向他表示赞赏他的叙事语言和范型，我说，你的叙事是话本式的，但有的地方又长句型、"流水落花"般舒畅而又恣肆汪洋。我还说，只看到《人民日报》文艺副刊上有一篇千字文，在说别的事情时，"顺便"赞扬了你的叙事语言。他很高兴，有遇知音之感。我体会到，他不是一时的兴之所至，取用新话语"玩玩"，而是有意识的探索。他的这一文学探索，是很有意义的，对于中国文学创作的发展、改进，对于继承传统、创造中国叙事范型是一种创举，可惜，他没能继续下去，"天不假年"，这一有意义的探索与他的生命的终止同时终结了。后继无人！

这里有着他的文学创作理论的内蕴。——继承传统，创造民族形式的小说叙事范型。他的作品是他的文学理论的实践。

他还有一个文学理论方面的灼见。他多次跟我说："'文学是人学'不够准确，应该是'文学是人的关系学'。"不过他没有做任何发挥。我很同意他的观点。"人学"——写人，太抽象了，"人是社会关系的总和"，这是马克思的定义，写人就是要写人的社会关系，不写社会关系就无从写人。他一再督促我写出论文来加以阐述。我也愿意一试，因为我很同意他的这一论点，其中蕴含着广阔的理论空间。但我一直忙于其他，始终未曾动笔。不过我在一篇论文的结尾，把舒群的灼见以舒群的名义极为简略地发表了，同时"许愿"以后详论。然而至今未能还此夙愿。

在他发表了4篇短篇小说时，我自发地，也可以说是有所感而发地写了一篇评论《内容充实，艺术新颖——评舒群近年的短篇小说创作》，发表在1982年9月29日的《人民日报》上。这4篇小说都发表于1979—1981年的两年时间里，它们是《题未定的故事》、《思忆》、

《别》和《少年 chen 女》。它们的内容和主旨都及时反映了现实生活，揭示了社会情状和思潮；取材都来自作家自身的生活，思想意蕴也都是出自他对生活的体察和思索，都体现了他的"文学是'人的关系学'"的文学理念。

第一篇小说，写一个中年厂长在"三反"运动中被错整，但他对作为运动领导人的党委书记却不计前嫌，在其身处逆境时暗中给予帮助。而当这位领导在打倒"四人帮"后官复原职、向他致谢时，他回答说："李书记，想过去，看将来吧。"这个结语，出现在大批冤假错案获得平反和正在平反的1979年，其政治和思想意义及人生体验，都是很明显也很启人思的。《思忆》则写了周恩来总理关怀、使用一个曾因罪被判死刑的人，帮他重新做人，并发挥一技之长、报效祖国的故事。"设法使这种人为革命而有所用""而不是割舍和丢弃"，这一思想，同样于1979年问世，其社会意义和现实价值也是显而易见的。这两则故事，都含有舒群自身的生活经历。《别》的故事和思想意蕴，则是他居住和平宾馆时的观察和体验。他写了一个在中国定居多年的美国战俘，在这里娶妻生子，于1979年国门初开时决定回美国，但妻儿留在中国，只有待业的女儿随他离国去美，但提出要求：保留中国国籍。然而最后她还是拒绝了随父赴美，因为不愿舍弃祖国故乡，远走异国他乡。在初开国门，人们欣羡西方生活，许多人挖空心思去国离乡的1979年，这种爱国主义思想的表现，其针砭时弊、"逆潮"而思的创作意识也很突出。关于这篇作品，舒群还流露了这样的意思：有意挽回《没有祖国的孩子》的被误解，而凸显爱国情怀。

关于《少年 chen 女》的创作，他告诉我，直接来自他在团结湖宿舍的亲身体验。那时，刚刚兴起上班族雇用家庭小时工打扫卫生。他家就雇了一个外地女孩儿。他们的接触和交谈，展开了城里人和打工族之间的社会关系和人生差异。舒群由此提出了一个即时的现实的社会问题。

对于能够及时在《人民日报》上发表对他的近作评论，他是高兴的。

搬到虎坊路后，他仍然在创作小说。一次，我去他家，见书桌上正摊开一张稿纸，刚写了一行字："有一处高质楼……"，我说"应该是'高知楼'，就是高级知识分子等级的楼"，——这是当时流行的一种说法。他说："哦，原来这样，不是高质量的楼。"

不知道后来创作了怎样一篇小说？

5. 我帮他整理《中国话本书目》始末

1979年，我在隐姓埋名20多年之后，出版了第一本学术著作《鲁迅诗选释》，赠送一本给舒群以求教。他可能因此对我产生了误解，以为我对古典文学、文学史有一定修养。于是就产生了一个想法：要我帮助他整理他在遭难时期收集、整理的一本学术旧著草稿，即《中国话本书目》书稿。他向石光转达了这个意思，我却是为难，因为我对话本小说只有一点常识，其篇目更是专门化的知识，我毫无根底，所以实在无力承担此任。而且我手头的科研课题和打算写的论著，可以说是一大堆，又有日常的行政事务，所以婉拒了。但是，不久之后，在鞍山召开了一次文学方面的研讨会，舒群出席了。记得当时仍然蛰居鞍山的著名作家邓友梅也参加了。舒群在会上发言时，忽然当众宣布：他的《中国话本书目》已经由彭定安帮助整理。这造成了一个既成事实，我不便否认，又加石光借此再次叮嘱："已经这样了，你就接受了吧。"我当时是辽宁社会科学院文学研究所所长，常务副院长（即石光）再次"下令"了，他又是舒群的好友，我就只好勉为其难地接受了这个任务。恰好不久我就"烟花三月下扬州"，去那里参加中国社科院鲁迅研究室为纪念鲁迅诞辰100周年学术研讨会举办的撰稿会议。扬州的古旧书业是闻名全国的，我乘机到扬州古书坊搜购了一批有关话本的新旧著述，回来以后即开始阅读、学习，等于重新研习一门新学科。再以后的情况，从我近日偶然发现的一份标注有"重要文件"字样的私人档案中可以窥见。其封面上有一段文字，简述此事大致原委，我就偷懒引用如下：

> 整理旧书桌中杂物，竟意外获得此卷宗，中有舒群同志致我及景云函三封，视之不免追忆往事重重。
>
> 上世纪80年代，被舒群同志"强迫"性邀约为他整理其旧著《中国话本书目》。我于自身工作、科研及写作之百事缠身中，挤出时间，为其整理、抄录、补充。为此，曾购置大批关于中国话本之著作及相关书籍，常常于晚上自己工作、写作告一段落后，整理

《中国话本书目》。景云则利用大量时间为之抄录。我并转请当时在中宣部工作的一位年轻女同志有报酬地代为抄录已整理好的书稿。最后成书达40多万字，稿纸摞起来一尺多高。记得送达舒群面前时，我往地上一放，他倏地站起来惊呼："这么多呀！"而后则详谈此书出版之署名问题。他坚持要用我与他合作的名分，并坚持要加上景云的名字，均为我所婉拒，仅同意我曾增补的名义。……以后，他在报上发表片段时，在文后注明"曾得彭定安之帮助"。

这里有必要补充一下：舒群的原稿是写在小学生用的算草本上的，蝇头小楷，规规整整。每条书目均注明出处及有关事项，有些还有颇富见地的考订。其中辑录的关于梁山泊故事的连续性话本，约略构成了《水浒传》的雏形。对于认识《水浒传》的形成过程很有帮助。其考证中，如考出《水浒传》中的"石头孙立"应该是"石投孙立"，即石秀投奔孙立而不是孙立绰号"石头"。考证精详细致，颇有说服力，足见其学术之功力与风貌。我做的工作是：先将原文过录在稿纸上，然后根据我新掌握的资料加以补充。书目部分我只补充了"越时限"性的唐、五代目；主要的补充则是注释和考评。所以我曾主张书名改为《中国话本书目集注考评》，署名为"舒群著，彭定安过录、增补"。

书稿完成后，我建议交中华书局出版，因为他们曾经出版过多种这方面的书籍。舒群同意。而且，有一个有利条件，当时中华书局的总编辑李侃是我和舒群的老熟人。这样，某日，我和舒群一同往访李侃。我们进入当时的中华书局大楼，舒群就悄悄对我说："这就是原来的文联大楼，我就是在这里挨批判的。"我听了心头一惊，倏然而生无限感叹。当我去找李侃时，舒群就在一间房子的门口蹲下了。他告诉我，他患体位性高血压，站起就头晕。他那时仍然是一套旧干部服，在地上一蹲，纯然一老农形象。我真怕有人来看见，会以为是什么不三不四的人来寻事，因而发生不愉快的事情。幸好，静悄悄没有一个人出现。我心中更加伤感，谁能知道这位像老农蹲在地上的人，就是曾经赫赫有名，历任文界高官、文坛宿将的舒群！我找了一气，结果扑空，李侃外出了。

以后我与李侃书信联系，寄去书稿。他对舒群很尊重，回复我说，你们两人的事，我认真处理，即将书稿交编辑室主任审读。

在书稿寄给李侃之后，舒群曾给我一信，如下：

定安同志：

七月四日信，今日收到。

陈放同志逝世，令人悲悼。您的工作重担，亦将随之日益加重，虽年轻些，也应注意身体。

前有信由您转景云同志，不知是否收见。

不久之前，我二子去中华书局买书，曾见过李侃同志。《话本》付排前，免不了您再一次呕心沥血的劳作。

我未见刘绍棠同志文，已要二子找《读书》一阅。

感谢您的支持与鼓舞，或于明年编一新集。

问景云同志好，全家好。

敬礼

舒群

七月六日

我的新作《合欢篇》（《萍水相逢情》）即将完稿

信中所说的陈放，是辽宁社会科学院院长；景云即曾景云，我的老伴。她原是《辽宁日报》编辑，故舒群要她查找老《东北日报》里的资料。所说的刘绍棠文，可能就是赞誉他的"话本式叙事话语"的。

舒群致曾景云信，亦不长，也姑录如下：

景云同志：

感谢您为《书目》的辛苦劳累。

今再劳您代我翻阅一九四六年《东北日报》，其上曾刊有若干拙文；除《归来人》一篇已复制外，至少尚有一篇《妈妈底爱》，请予复制，费用照付。拜托拜托，谢谢谢谢。

问定安同志好。

敬礼

舒群

六月二十日

这两封信均未注明年份。但据陈放同志逝世于1984年，故可推定是这一年写的。

很遗憾，虽然李侃支持，但《中国话本书目》以后竟未被采用，此中机缘不便细说。

在舒群发表一节书稿文字后，因注明我的参与，被浙江人民出版社编辑铁流的一位同行看见，对书稿很感兴趣。铁流曾是我的《鲁迅思想论稿》的责编，所以那位有见识的编辑就通过铁流与我联系，希望书稿交他们出版。我很高兴有了出版机会，便与舒群联系，建议交去；但他拒绝了。

至此，我帮助他整理《中国话本书目》就此终结。

再后来，我听说书已经出版了，但我未能见到，也不知"集注和考评"部分是否留用了。

现在，我所补充的唐、五代的话本书目及其集注考评的打印件，仍留我手中。我且选录一短篇，以为例，一窥《中国话本书目集注考评》的学术面目。

3.（三）师师慢语话

【集注】诸话本小说研究著作均未著录。仅《话本小说概论》列为唐代话本。……《敦煌变文》收入，题作"【不知名变文】"。……

【考评】此变文仅一页，前缺，文后注明"原文至此完"。在韵文前有句："以下说明明阳人语话，更说师师慢语话。"可见为说话人底本。本篇宣传老子思想："故老子曰：'吾有大患，为吾有身，及其无身，患何有。'身是病本，生是死源，若乃无病，死何有。"

我以为，《中国话本书目》是一部集大成、有填补空白意义的学术力作。可惜由于作者是一位著名作家，竟掩盖了他的学术成就，未曾引起学界注意。

悠悠往事，倏忽三十年。回忆似水年华，恍如隔世。如今舒群离世多年，李侃早归道山，景云也于前年先我而去。呜呼，只剩下我独自在这里回溯过往旧事，夫复何言！

怀念季羡林先生*

季羡林先生离去多年了，但我常常忆起他，一直怀念他。不仅是那种类似师生之谊的怀想，更是一种对于朴素而崇高的文化性格的"高山仰止"仰慕式追怀。对于季先生的怀念，不仅是对他个人的，而且是对一种日见式微的学人风范和文化心理–性格的怀念。

当他离去时，我不仅伤痛，而且很想为文悼念。但那一时间的报刊，连篇累牍发表文章、报道、悼念，先生备极哀荣。我既不想凑热闹，更避嫌攀附，只把一腔哀情深埋心底，暗地里遥寄哀思，一个字也不写。然而内心响着无声而深沉的慨叹：又一位大师离去，他们那一代学人的崇高学德风范，又一次随风飘去了！即如眼下，面对这一片喧声，季先生如若有知，当不安于九泉。季先生生前喜欢低调、不事张扬，做学问深挚厚重，处世宁静淡泊。他不会愿意这样地给他"死后的荣光"，何况其中还夹杂着借逝者之荣光照亮自己的人。

季先生曾经很素描淡写但蓄意深沉地写过他心爱友善的猫咪之死，更加借此抒发了他的"生死观"。

季先生写道：

> 我同虎子和咪咪二猫都有深厚的感情。……
>
> 有一天傍晚，我看咪咪神情很不妙，我预感要发生什么事情。我唤它，它不肯进屋。我把它抱到篱笆以内，窗台下面。我端来两只碗，一只盛吃的，一只盛水。我拍了拍它的脑袋，它偎依着我，"喵喵"叫了两声，便闭上了眼睛。我放心进屋睡觉。第二天凌晨，我一睁眼，三步并作两步，手里拿着手电，到外面去看。哎呀，不好！两碗全在，猫影顿杳。我心里非常难过，说不出是什么

滋味。……

在我心情最沉重的时候，有一位通达世情的好心人告诉我，猫有一种特殊的本领，能知道自己什么时候寿终。到此时此刻，它们决不待在主人家里，让主人看到死猫，感到心烦或感到悲伤。它们总是逃了出去，到一个最僻静、最难找的角落里，等候最后时刻的到来。

季先生最后写道：

……猫临终时的所作所为给了我最大的启发。人难道就不应该向猫学习一点经验吗？有生必有死，这是自然规律，谁都逃不过。中国历史上赫赫有名的人物，秦皇、汉武，还有唐宗，想方设法，千方百计求得长生不老，到头来仍然是竹篮打水一场空，只落得黄土一抔，"西风残照，汉家陵阙"。我辈平民百姓又何必然费苦心呢？……现在有些思想开明的人士，不要遗体告别，不要开追悼会。但其后人仍会登报、发讣告，还要打电话四处通知，总得忙上一阵。何不学一学猫呢？它们干得何等干净利索呀！一点痕迹也不留，让人们用不着落泪，照旧做着花花世界的梦。（引自《只做花花世界梦》）

季先生说得何等好啊！隐匿到最僻静、最难找的角落里，"干得干净利索，一点痕迹也不留"，让人们照旧做他们的"花花世界的梦"去吧！吾去也，不要一切悼念追思。他对自身后事做着怎样的干净利索的安排，给世人又留下了怎样的含着几分讥刺却又深沉的诤言啊！本此，我以为季先生对于自己的"备极哀荣"，是不会喜欢的。

季先生这种沉潜豁达、宁静淡泊的文化襟怀，生前一直表现于任何时候、任何地方。他曾经说，他最喜欢的知识分子是：质朴、淳厚、诚恳、平易，怀真情、讲真话，关键是一个"真"字，是性情中人，最高水平是孟子所说"富贵不能淫，贫贱不能移"。其实，这种表述，不仅是先生欣赏赞美的人格典范，实际上也是他自身的实际行动、日常表现的真实写照。季先生服膺汤用彤，自称是汤氏"私淑弟子"，他在为装裱成轴的汤用彤学术著作上书写的题跋中，有一段赞誉汤氏的话语，今日视之，用来称颂季先生自己，也是很贴切恰当的。题跋中有言：

学坛祭酒，佛学士师。神州蜚声，域外驰誉。……学贯中西，融通华梵。先生之风，立德立言。渊懿淳厚，冰心玉盘。山高水长，永远垂范。

对于季先生此种学德与人格风范，我有几次切身的体认和感受。

我无缘"立雪季门"，但一直私心自许为季先生的"私淑弟子"，慕之仰之，"学而时习之"。他八十大寿时，他的亲近大弟子邀约门人弟子撰写文章出版庆祝文集时，亦约我撰文。从这一点看，我以弟子身份敬仰先生，好像为先生和他的及门弟子所认可。那次为文，我就写到了我与先生接触时，从亲见亲闻的一些逸闻趣事中照见的先生感人、诲人的风范。现在，温故而知新，我愿意再次写一些这种"见闻"与感受，但加上了历经时光淘洗后的沉淀和依旧闪现的内蕴。

那是1984年春夏之交，上海。当时的上海外语学院为筹办中国第一本比较文学刊物（即后来的《中国比较文学》），召开小型筹备会并酝酿第一届编委会人选。季先生当然是最主要的与会者且是会议的灵魂。季先生身着陈旧但整洁的中山装，布鞋。这在当时西装已经普及的时风中，是很特出的。但先生温文尔雅，却没有一点留洋多年、深通西方文化的大学者的逼人派头。记得与会的老先生中还有贾植芳教授，也是比较文学学科的老前辈，自然也是会议的主要角色。他坐轮椅，一样衣着简朴。我在会上，从这两位老先生的身上，真正领略了一种名高、学深、调低的学者风范。贾植芳先生发言不多，而且谦逊有加，对他人的发言颇多赞许。季先生作为中国初兴起的比较文学学科的主要首创者之一、最负盛名的比较文学大家，这种情况，按惯例，也常常见于他人的表现，自是古今中外、纵横捭阖，从理论到实践，从自己到他人，从规划到安排，指手画脚，高谈阔论一番，为会议定调子，指示方向、确立方针等。但季先生完全不是如此这般，恰恰相反，他静听他人述说，自己发言无多，只是肯定一些发言的可取之处，很实际地指出办刊的宗旨和编辑方针，侃侃道来，话语无多，要言不烦，平易近人。晚间，就我们两人，于晚餐后，在小巧寂静的"外招"庭园里散步，自然地谈到他的留学生活。先生也没有什么高谈阔论，只是一般地说到，因为"二战"，未能学成归国，当时生活极为艰难，印象深的有两点：一是他说到他的房东老太太很好；二是颇为赞誉德国科学家的科学精神，为了观察炸弹爆炸的威力，竟然不顾生命危险，在轰炸时趴在阳台上观察爆炸情形。——后来在《留德十年》中读到先生在那时还有一段刻骨铭心的异国恋情。不过在我们散步庭园时，他自然不会同一个晚辈学生谈及此事。

第二天休会，东道主安排我们参观游览。当我们登上面包车时，自然请先生先上车，不意他上去就直奔第二排座位坐下。我接着上车，无论如何请他移到前排就座，他坚持不动，并两手按着我的双肩，微笑着说："既来之就坐之嘛！"我只好从命，但留下了我永远的愧悔和憾恨。恨自己怎么可以坐在了先生的前面！不过，从这件事我深深体验到先生的平易随和与发自内心、自然而然的谦逊风范。

参访的第一个地点是刚刚竣工而尚未落成的宋庆龄陵园。当车快到、陵园在望时，先生在后面轻拍我的肩膀，说："哎，真正是千古一女性哪！"我立即领会到他指的是宋氏，便频频点头赞同说："对，对，对！"心中想：季先生的赞誉多么深刻而贴切，从未有人做过如此评论，但其中含着深沉丰厚的中华传统文化内蕴，而且我私心以为还含着一种脱尽尘俗的佛家意韵。此语只能出自季先生。进得陵园，我们惊诧地发现，宋庆龄的墓碑的确如她所遗嘱的，平躺在她父母耸立的墓碑前面，好似女儿匍匐在地上，伺候双亲似的。而尤其令人肃然起敬且所思深沉的是，宋氏墓碑旁边与之并排而卧的，是伴她终身的保姆李燕娥。这也是宋庆龄生前的嘱咐。我们站在墓碑前，禁不住深深赞誉感叹一番。一位享誉世界、国人崇敬的国家主席，竟遗嘱要与平民保姆平等安葬，相伴在另一个世界里。我不由得又想起季先生的赞语，那是多么的深刻而贴切！我想，人们在述说评骘他人时，总是同时照见了自己。季先生对宋庆龄的评语，不是也反映了他臧否人物、体察世事的文化标的吗？以至映照了他自身的人格风范。参拜宋氏陵园之后，有人请季先生站在陵园小广场的中央给他拍照。季先生不愿独享，却向场外的我招手。我敬谨摆手，请先生拍照。不意先生忽然招手，说："既来之则照之嘛！来！来！"我只好过去与先生合影，心中又一次领略了先生的谦逊与随和。这是我与先生唯一的一张合影，留作永久的纪念。

离开陵园我们去龙华。听说"龙华"，我立即想到"龙华警备司令部"，那是"左联五烈士"牺牲的地方，心头不禁悚然。但安排往访的却是龙华寺，那里现在是佛教圣地，也是善男信女求福祉、保平安的福

地。由于季先生的到访，龙华寺住持亲自接待。我们在住持禅房外的大客厅落座，闲话家常，——的确只是主人一般地介绍寺庙状况。我们询问一般的香客信徒朝拜之类问题，丝毫没有涉及佛学、经卷这些学问。而到访的首席嘉宾，正是享誉世界的佛学家、印度学家、通晓多种佛经著述的梵文与吐火罗文的大师，他赫然在焉。但他话语无多，无一字一语关涉佛教、经卷，亦不谈论印度，更不涉及世界上只有他和少数几位语言专家才识得的古文字及其佛教经卷。他和普通的参访佛寺的人们，毫无二致。我曾经多次恭逢学界盛景，只见领军人士就自己的专业甚或越过"学域"，海阔天空、颐指气使，诲人不倦、独垄专场。但季先生绝非如此。他丝毫没有显示自己的博学专长，更无丝毫大师行迹，只是和普通人一样，静听，寡言少语。一直到后来。我们享用寺中素餐盛宴时，席间大家谈笑风生，季先生依然是如此这般，就像一个普通人。在这整个过程中，我体察着、感受着、思索着季先生这种令人感叹、令人敬佩的真正大师的风范。心中感佩，仰之慕之，虽不能至，心向往之！

我与季先生有几次以自著互赠。1988年，我将《突破与超越——论鲁迅和他的同时代人》奉呈季先生求教，先生回信说："接到寄来的大著，我立即翻看了一遍，我觉得这是一部很有意义的著作。研究鲁迅者多矣，然而从这个角度来研究，似不多见。"我想，先生接受来赠书籍，大约是无日不有的，但他竟忙中翻阅拙著，并首肯其对研究视域的开拓，对后学晚辈的提携鼓励之意溢于言表，令人感奋。有趣而令我感动的是，有一次先生在《光明日报》上发表了一篇散文，我的老伴读后十分赞赏，拿了报纸到我面前，指着文章说："你看看人家季先生的散文，写得多好！朴朴实实，亲切感人。"我本已拜读过，就连连点头表示同意说："对，对，写得真好。"老伴却又坐下对我笑着说："可你的文章……"我问："怎么样？……"她笑笑说："不怎么样！你好好学学季先生。"事后，我给先生写信，说及这一"家事"。不意，不几日，先生就寄赠《季羡林散文集》一册，在扉页竟题写了这样的词句："敬赠/定安先生/季羡林/1993，11，25"。先生题签，竟使用敬语，使我十分惶恐不安，但也深深体验到先生的谦逊大度。

1993年11月，美国夏威夷大学东西中心（East West Centre, University of Hawaii）来信邀请我去中心访学研究一年，给予丰厚的研究资金和生活费用，但要求提交几位国内著名学者的推荐信。这对于我来说是一次很好的游学海外、从事研究的机会。而推荐信，我首先想到了季先生，另一位则是王元化先生。季先生接到我的请求后立即回信，并写了带有鼓励性的评语和推荐意见。信上说："遵嘱写好一封推荐信，请查收，转寄。我预祝你的愿望能够实现。"又说，"到国外去住上一段时间，做点研究工作，也颇为理想。"并附上了推荐信的英文文本。信写得亲切温婉，鼓励提携之意蕴含其中，而丝毫没有俯就敷衍的痕迹。

我原以为，我敦请的推荐人——"南王北季"，乃学界翘楚，且评语恳切良好，应是稳操胜券的；事情本应如此，惜乎事有变故，邀请方后来告知，原来申请的美国某部门的研究资金落空，原议只好取消。事败垂成，我不无遗憾。季先生的评语，还有王元化先生的评语，都对我鼓励有加，使我既愧赧又振奋，成为我加强学习以求进益的动力；但愧对两位先生的热诚鼓励、提携，至今难以释怀。

季先生生前提出过一个学术论题：世界文化，"三十年河东，三十年河西"，21世纪当是东方文化、中国文化的世纪。此论在学界有赞同者，也有质疑者。反对者中，且不乏并非等闲之辈，亦是学贯中西、思想开放的大家。虽然如此，但先生认定主旨不放松，多次论证，详尽阐释，而且胸襟开豁、心意坦荡，坚持己见，颇有当仁不让的气概。这显示了先生诚朴谦逊的另一面：认准的文化学说理论，便有依据、有见地更有担当地、理直气壮地坚持。在争论后期，他更一改向来委婉而言的为文风格，直白论断，不存谦抑，不怕攻难，表现了在自己认定的真理面前，在学理之争中，屹然而立的"学术硬骨头"气势。在一篇就此论题的长篇论文中，他写道："这个文化（按：指西方文化）已呈强弩之末之势"，"西方文化衰竭了以后怎样呢？我的看法是：自有东方文化在"。说到各种文化的融合，他强调："融合必须是不对等的，必须以东方文化为主。""我理解的不是对等的融合，而是两个文化发展阶段前后衔接的融合，而是必以一方为主的融合，就是'东风压倒西风'吧。"

由此可见，他的谦逊不是谦谦君子那种处处事事谦抑自己的低姿态、以弱示人以保护自己，而是发自内心的开阔豁达、谦逊宽厚的文化胸襟与坚持真理、当仁不让的学术风骨，两者的完美结合。

祭奠、怀念与反思[*]

——范敬宜逝世之于我

范敬宜，《人民日报》原总编辑、清华大学新闻学院院长，誉满国中的党的著名新闻工作者，于上月逝世。我外出归来，进屋未及脱衣就接听电话，从中得此噩耗。这噩耗来得太突然，令人猝不及防，情感上轰然受到震惊。我怔怔地跌坐在沙发上，头脑一片空白！良久，才渐渐缓醒过来。而后，思绪万千……

我们曾经共事多年，特别是曾经一起度过"右派劳改"的艰困岁月，可谓共患难过。以后虽然分开了，友谊的维系却未曾断过。这友谊长达一个甲子之久。所以我在他逝世的第二天接受记者采访时，情感波动、思绪紊乱，以致词不达意，其情状自己感觉是平生头一回。不数日，报社编辑又约写悼念文章。

我已经热泪盈眶，——当接听编辑部的约稿电话时。我当即回答说："我写！我应该写！"

而题目也同时出现在脑海：《范敬宜逝世之于我》。

这不是心血来潮，也不是临时想起，而是早在脑际酝酿的"心声"。不过我只是准备有朝一日来好好地写，写出我的追忆、我的心、我的情，以及我的愧悔和反思。自从得知他去世，我便情郁郁、意沉沉、思纷纷，累日不去；六十年时光、六十年往事，六十年风风雨雨，六十年"相知甚深"，曾经的携手共进、曾经的"联盟"、曾经的"隔阂"、曾经的"疏离"都涌上心头，我要祭奠他，也很怀念他，我更想反思和"总结"一点私人的和时代的印迹。

---

* 原载《记者摇篮》2010 年第 12 期。

一

　　我在他离去的第二天接受记者采访时就说过，他的一生有大成功、有大成就、有大意义、有大价值，他是"四有"之人。我还说，他极具才华，而其最突出的表现则在新闻工作上；他善与人处、善与人同，他随和，平易近人，从无架子，深具亲和力；他从不好高骛远，总是踏踏实实地做事；他是洋学生出身，又通国学，但他从来没有洋派作风和学究气；在"右派劳改"时期，他不怕脏累，干得认真踏实，是真心干不是给人看；他在出任国家外文局局长的履新之日，看遍所有机关员工，连收发室老头也不例外；他在大澡堂里和大家共浴，仍然居住在狭小的单元房里。他朴素，从衣着到生活方式，从言谈到行为风范，都是朴素的。他身居高位，名满国中，但依然保持着这个风度气质。这是很不容易的，但可贵的不仅在于他一贯如此，更可贵的是对待昔日的老同志、老朋友，虽然地位悬殊、差距颇大或者很大，而他则已是高层人士，但仍然不忘"旧雨"，仍然交往如昔时。这在当今社会情状中，尤显可贵，在他这位介于文化界与官场之间的名流闻人身上尤其可贵。

　　说到他的成就和贡献，当然主要在党的新闻事业上。他是改革开放以来新闻界的杰出记者和代表人物，他做出了别人无法替代的独特贡献；后期他更在清华大学新闻学院培养新一代新闻人才。就个性特点来说，他是天生的新闻干才，因为确确实实对新闻工作情有独钟、才华独具。记得青年时代，《辽宁日报》编辑部举行"言志"活动，他的志向就是"当报人"。他确实终身服膺新闻工作，并留下名言：如果有来生，还要当记者；可谓矢志不渝。他杰出的新闻才干，主要表现在新闻意识和新闻敏感上。他总是目光四射、耳听八方地以"新闻眼"观察现实生活，观察世界，而后敏感地捕捉到重大题材并及时而巧妙、高超地予以体现。他这种"天分"是他对理论的把握、对政策的精熟、对实际的深入、对新闻特性理解透彻的综合体现。正如马克思所说："意识直接表现为理论家。"他的新闻杰作的出现，是这种"形成新闻'意识'的'理论家'"的储备的闪现和实践。

　　但他的才能并不仅仅限于新闻工作。他诗、书、画皆精。他完全足称诗人、书法家和画家，而且是训练有素、师从名师大家的，具有高文化素养的诗人、书法家、画家。我看他赠我的《范敬宜诗书画》，早期诗作富有才气，后期诗作精深纯熟；书法则遒劲有力、挥洒自如而具书卷气；画亦如此，得中国画之精粹，传统中隐存现代气韵。只是他的杰出新闻才干和事业成就，掩盖了他的艺术成就。

应该指出，范敬宜的一切成就，除了他的杰出才干这个主观因素之外，绝不可忽视时代给予他的"恩赐"。是改革开放的时代成全了他，也成就了他。伟大时代的社会环境和条件，给他提供了施展才干的机会和舞台。没有新时期的条件，就没有今日之范敬宜。但能够抓住机遇并具有杰出才干给时代以奉献，则是范敬宜个人的才能、成功和成就。

二

我在接受记者采访时曾说："我说到范敬宜的所有优点和成就，都是以我的与之相对称的缺点和欠缺作背景的。"这是我最近几十年尤其年过古稀之后的人生感悟的切近表述，也是我对老友的真诚敬意和我真心的愧悔。我这番"感言"，不是随意道来，而是我们几十年来的共同和不同的经历、我们的人生轨迹的概括，而且，其中蕴含着时代的印迹和社会变化的刻痕。

至今鲜活地映在我眼前的是60年前，我在《辽宁日报》一经街宿舍餐厅用早餐时，足音响处，看见一个身穿那时上海流行而东北少见的羊毛衫的标致青年从二楼下来，走进餐厅。"上海洋学生"，这是我的第一印象和感受。他就是范敬宜。这是我们的第一次晤面。从这一天起，命运，其实是时代，就把我们两个来自南国的知识分子紧紧地连在了一起。而且，我个人的感觉是，我们大体相同的文化状况和同在文艺组工作，隐隐中也成为竞争对手、比拼"对子"。

我们有过亲密的合作。我们的艺术趣味、文艺思想、文化思维大体相同，尤其对新闻工作，都很热爱。我们很谈得来。一时间，我们被称为《辽宁日报》文艺组的"哼哈二将"；但我们也产生过芥蒂和"不睦"，其责任则主要在我。然而我们在"五七风暴"中，却被打成了"彭范反党联盟"。这真是所谓"历史的吊诡"。不过，我们在"右派"改造时再度"合作"，我是"右派"改造小组组长，他是副组长。而后我们先后"摘帽"，都重回《辽宁日报》。他"猫"在农村版编编"豆腐块"，真正的大材小用，但躲过"文革"一劫；我则编《星期天》副刊，惹得一身罪，在"文革"中因此成为辽宁日报社第一个被揪出来的"牛鬼蛇神"。在"以阶级斗争为纲"的年月里，我们常常被人们口头上拎出来，以"彭范二人"的恶名分予以批判，意思是唯此二人是"最坏的人"，至少在知识分子中是"最坏的人"，故拿出来警示人们警惕和鄙弃我们。至今我还记得那种情景：一位同志胳膊肘顶在膝盖上、手腕托着下巴，恶狠狠而又鄙弃地谴责"彭范二人"如何如何"资产阶级"、心存"反党反社会主义黑心"，同时责问为何我们竟受领导"重用"。我说起这些"细节"，并无心存芥蒂的意思，事实上我和范，后来还和这位曾经鄙弃我们的同志共事和交往，没有"秋后算账"，并真心帮助过他。我提起这些，只是想反映一种"历史的状貌"："我们曾经这样看人"，而予以思索。

以后，我们分别在插队的农村以"摘帽右派"之身入党。一时间"彭范入党"成为话题，尤其在"右派朋友"之中。那时他写了一封长信给我，互勉互励。分别十年后，我们恢复了联系。

1978年，那个值得纪念的20世纪70年代末期，我和他分别在内蒙古敖汉旗和辽宁建昌县插队落户十个年头之后，同时回到沈阳。他重新回到辽宁日报社工作，我则由于自己的坚持，改行转到辽宁社会科学院从事学术研究。我们又一次分手。次年春季，"右派"改正工作开始，范敬宜被临时抽调到辽宁日报社落实政策办公室工作，并负责起草"右派分子"改正的意见书。一天，他通知我立即去辽宁日报社，阅看给我的改正意见书草稿。我到了报社，他热情亲切地接待我，说："你的改正意见书是我起草的，领导已经同意。你看看，如果同意，就签字。"我当然同意而且立即签字。昔日的"彭范反党联盟"，今天竟然是由范给彭起草改正意见书，而且是由范接待彭，谈话、听取意见、签字。整个过程，就彭、范二人办理完毕。昨天的"彭范联盟"结论，今天竟是由彭、范二人根据领导的安排、依据党的政策，来具体执行推翻、改正的工作。观念、观点、政策一变，一切皆变。这种"笑着向历史告别"，是怎样地反映了时代的变化、社会环境的改变和时代精神气质的变化啊！

改正之后不久，1979年的冬季，一天晚上，范敬宜打电话给我，要我立即去华侨旅行社大厦（它在当时的沈阳是高级宾馆之一），说

《人民日报》国际部一位领导约见我们。我们去了，竟然是拟调我们去人民日报社担任第一批驻美记者，征求我们的意见。我们当然立即欣然同意，并且是喜出望外。归途上，在那个东北寒冷的冬季的夜晚，我们俩骑着自行车，并肩缓缓而行，心中热乎乎而感慨万千。我说："做梦也没有想到会有今天！以前任人鄙弃嘲骂的'彭范二人'，现在竟要'联袂赴美'！……"他表示很有同感。但我又说："你是圣约翰大学出身，英语呱呱叫，我的英语可是呀呀乎！……"这件喜事，虽然后来由于整体计划的改变而被取消了，但是，对于我们的触动和鼓励是十分深重的。这当然更加反映了我上面所说的种种变化，反映了这种变化带来的个人命运的变化。

仅仅四五年后，他就进京赴任，并事业日隆、职位日高。而我则始终停步在某一点上。我们共同走过了三十多年的风雨历程，至此"分道扬镳"。这里潜存着个人的因素和社会的选择，以及二者的结合，而历史的合理结论是：风雨载途，起跌浮沉，时光淘洗，我失败了，他成功了。

比如，我也是从小立志当记者，崇拜邹韬奋、范长江，我"言志"是要"当记者兼学者"，但20年的新闻从业，我成为溃退下来的败兵，而他则达到中国新闻岗位的职务顶峰，成为新闻界的泰斗。在性格上，他宽厚随和，能忍能让，有古君子风，有大肚量，远非我所能及。我以为这是他能够达到事业和学识顶峰的个人因素之一。而我，有一位领导正是以我在青年时期与范敬宜的"不睦"，来论证我的"不能团结人"，而坚持否决了我担任某机构"一把手"的既定组织安排。对此我倒也并不在乎，盖"志不在此"。但从性格上论短长，确实有高低之别。

他从不好高骛远，总是踏实而集中精力，做好主要的事情。记得我曾约他共同担任《中国新文学大系·杂文卷》东北片主编，他向来是《辽宁日报》的杂文编辑，做这件事正合适，但他婉拒了，他正忙着他的农村部主任的工作。他以此为起点，由主持辽宁农村报道而主持全国经济报道进而主持中央党报笔政，取得了令人瞩目的巨大成就。反视自身，我当记者失败，当学者又如何？旁骛太多，所谓志大才疏，结果如郭沫若所言，"十个指头按跳蚤，一个也没有按住"。述说这些，一面是我对已经离我们而去的范敬宜表达敬意和愧悔，而另一方面更重要的是，我想告诉后人，人的事业、学问的得失成败，人生的意义获得与创造，皆与性格有关。性格即文化，性格即命运。

三

我怀着歉疚来祭奠范敬宜。

他到京工作以后，二十多年来，我虽然常去北京，却只去过他那里一次；而他每年固定给我寄新年贺卡，打几次电话。书信往还，也总是他"来"我"回"。当然，我每有著作问世都会赠他，他也寄给我他的著作。但我们的往来不很频繁密切。这责任也主要在我。记得有一次他在电话里有些感伤地对我说："你多次来北京，也不来我这里……"我懂得他的意思，只好掩饰说："种种原因、原因种种。"其实，我确实是心存隔膜，不想"攀附"。虽然是老同志，共患难过的朋友，也难除身份差距的隔阂。其实范敬宜绝没有那些世俗的气息和官场的"陋规"，倒是我多想了。在纪念《辽宁日报》创办50周年时，我们见面。患难朋友聚会，他言谈间，犹如昔时模样，毫无显示高位的傲岸，也没有居高临下的矜持，依然是昔日朋友，唠家常、叙往事、忆旧谊，完全是平常人、平常心、平常仪态。自然出之，毫无做作。难怪他会因坐出租车去人民大会堂参加全国人大会议而被阻挡。他这一点，较之官场做派真是高得多多。

他那次来沈阳，我本想约他单独聚谈一次，但他的日程安排多多，我不免想起鲁迅的"'包围'说"，意思是中国的大人物每到一处，总是里三层、外三层被包围着，一般人难得近身。故此我不想"往前挤"，没有约他。这是"世情"，我理解范敬宜，也懂得世情。"隔膜"是自然的，甚至是"必须"的。"疏离"也由此产生。这种"世情"，我以为是真正的"中国货"，中国人不能不买账。但我其实早已经"改悔"。在我的带有自传性质的长篇小说《离离原上草》中，我以我们两人为基本原型，通过主人公欧阳独离对上官元亨的评说，总结了我们的"性格分野和人生得失"，但我依然很想而且计划着今冬去京开会时，与他相聚，促膝谈心，亲口向他检讨往昔的交往史，和我一直的"隔膜"与保持"距离"，表达我的歉疚和愧悔。但是，他却匆匆离去，永不回还了。

四

我很后悔，在20世纪80年代末，不知天高地厚，缺乏自知之明，竟举办了一次纪念我的所谓学术活动40周年研讨会，为此，出版了一本纪念文集，约请朋友们撰稿。范敬宜自然是必邀之人，但他没有写。对此，我确实有些想法。这也是我的坏脾性作怪。后来，他来信问起此事，我说了一点"想法"；但信中却述说了一些我记得的他曾经为我做的事情。比如，他为了我写电影剧本《忠王传》而刻写蜡版印制《太平天国大事年表》；我生病他来为我擀面条；我们在插队临别前夕，他携相机为我拍照，留下了珍贵的家庭照；我们分别在农村入党后，他热情洋溢给我写信，互勉互励。尤其1982年我的《鲁迅评传》出版，他欣然写诗赠我：

> 三十二年磨一剑，
> 精诚真使石金开；
> 辽阳夜月寒浸骨，
> 漠北狂沙惊入怀。
> 落笔行行都带血，
> 剖心寸寸应无埃；
> 鲁翁今日当添笑，
> 新彦如林多异才。

诗末附言云："定安同志百折不回，终成《鲁迅评传》一书，读之感奋不已，爰赋一律，以表贺忱。"

我历数上述往事种种，用俗话说他"够朋友了"。所以，如今主政《人民日报》，百事纷繁，不为我写纪念文字，甚至由于地位变了，不便写，又有何不可、有何不可理解的呢？同时也说及他的大成功，我则一事无成。后来，我的文集1~4卷出版后，仍然赠他一套，也述说了纪念文集中没有他的文字的遗憾。他回了一封长长的信，他说我信中所说他为我做的事情和给予的帮助，他统统忘记了，但却记得不少有关我的事情；他还解释没有撰文的缘由。他写道：

定安兄：

　　昨天收到来信和文集，非常高兴。

　　收到书后，立刻急不可待地翻看了一遍，不胜感慨，也不胜歆羡。造化赋予我们相近的年华，你是用足了每一分钟，而我则浪费了好几十年；你是硕果累累，我则只开了几朵"谎花"（还记得这个在辽阳农村学来的词否？），应该慨叹"一事无成"的是我，而不是你。在真正学问的跑道上，我们可以说在同一条起跑线上，几十年过去，你已达到光辉的顶点，我则遥遥落在后面，而且也不可能再跑，也没有时间再跑了。

　　信中提到的几件往事，我已都记不起来，但是不会忘记的事情很多。比如你……

　　…………

　　纪念你学术生涯40周年的时候，我本该（也非常愿意）写一点回忆文章的，但当时觉得以我们相交之深，总该写得更具体、更深刻一点，不能写成应景之作；而事实上《人民日报》的工作太繁重，很难安安静静坐下来写点东西，结果是最想做的事情却没做成。除此之外，没有任何其他原因。如果这件事伤害了你的感情，我在这里向你诚挚地表示歉意。我想，我们都是经历过"辽阳夜月"、"漠北惊沙"的岁月，不会在心里留下阴影的。

　　…………

　　"在同一条起跑线上"，他说对了；达到"光辉的顶点"的，则是他，而绝非我，他错了。然而，我颇庆幸无意间保留了这封宝贵的信函。我之所以大段地引用，是以此反映一种"人世的现象"：人们彼此的评价往往是"自评"与"他评"相差甚远的。我也想起海德格尔所说：我在说话，"话"也在"说"我；语言有自我陈述的能力。在这封信里，他在说我，但他说我的"话"，也在"说"他。他的谦逊，他的真挚，他对我的情谊，都自动地述说出来，跃然纸上了。而我重睹此信，心中的歉疚与愧悔，也油然而生。

五

我为范敬宜之逝，累日不能释怀，因为内心感觉六十年情谊、六十年风雨，如今突然了结，要想的很多，要说的很多，要回顾、总结、反思的都很多，但却一时间理不出头绪抓不住纲，唯乱纷纷一团麻在心中纠缠。但感觉一种内心的精神维系被剪断，如逝水落花流向永恒。

我们曾经拥有六十年友谊，我们是朋友，但在客观上，在我的精神上，他又是我的反光镜、对比色、矫正系，是我精神上的诤友。要诉说的很多、很复杂而深刻，但应邀为文，来不及细细梳理，只是由情牵系，信手敲录，以略表寸心，并以此遥寄我的祭奠、追思和怀念。

彭范彭范，今范去矣！维诤友之系念，"献兹文而凄伤"！

"我与雷锋"三篇

学雷锋活动是怎样兴起的[*]

学雷锋活动已经持续40多年了。一个全国性的、具有广泛群众性的活动，能够持续这样长的时期，绝不是偶然的。可以说，这一活动的内容本身，具有群众性，容易为群众所接受，也满足了群众在日常生活中的需要。但更重要的是，雷锋精神和学雷锋活动，参与了现代中国人的精神世界的建设，满足了时代的需要。然而，这个持续不断的群众性活动，最初是怎样兴起的呢？

毫无疑问，这个遍及全国、影响深远的学习英雄典型的活动，是由于毛泽东主席题写了"向雷锋同志学习"的题词而掀起来的。但是，毛泽东是怎样知道雷锋事迹并题词的呢？尤其是，雷锋这个典型，是如何第一次全面被描述和颂扬"成型"的呢？是怎样引起轰动，走遍全国的呢？在毛泽东题词之前，有哪些"预备事件、预备活动"发生过？在领袖题词、全国掀起学雷锋活动之后，又发生过哪些与之有关的事情？所有这些，是不大为世人所知的；特别是，一些涉及直接当事人的个人命运的跌宕浮沉和幸与不幸的"过节""细节"，更不为世人所知。历史是细节所组成的。忽略或者不明细节，也许就失去了历史的更诱人的真实性、生动性和"个中意味"。

我愿意以直接当事人，而且是"处于关键位置上的当事人"的身份，提供一些历史资讯，以供读者知悉，并供史家研究体察。我以为，其中蕴含时代的面貌和历史的轨迹。就是说，只有在那样的时代精神和历史条件下，才会发生我在这里要写的那样的事情。

历史要翻到20世纪60年代初期。

那是1962年的年末，我当时在《辽宁日报》政教部文艺组做编辑

---

* 原载《百年潮》2007年第12期。

工作。但我当时的政治身份和称谓为"摘帽右派"，职务是二十级干事，是隐形人，可以编稿、写报道、写文章，甚至写社论，但不可署名。这年，我自1948年离家、1949年参加革命，已经14年没有回家。当时政治气候有些松动，我便请准假回故乡鄱阳探亲。临动身前一天，忽然接到副总编辑邢真的通知，要我去接受紧急任务。他说，现在有一项紧急任务要你去完成，先进战士雷锋牺牲了，报社决定大宣传。他说："雷锋是和平建设时期的英雄，我们要发一篇大通讯。领导商量，决定由你来写，一周完成。"又说："你要回家探亲，先推迟几天，完成这个任务再走。"我当然愉快地接受了这个光荣的，对于我来说更是"获得重大信任"的倍感荣幸的任务。邢真告诉我，具体任务由霍庆双向你布置。霍是政教部副主任，具体负责军事报道。我去到霍处，他交给我一份油印材料，是雷锋所在团俱乐部主任所写。他说，已经联系好我去抚顺部队采访、参观雷锋事迹展览等事宜。

这时，我才知道此前的事情经过。原来雷锋牺牲后，雷锋所在团驻地抚顺市，即展开了大宣传。当时的抚顺市委书记沈越（辽宁省委常委）给《辽宁日报》总编辑殷参（辽宁省委常委）打电话，建议《辽宁日报》宣传雷锋事迹。殷参接受了这个建议并且十分重视。这样，《辽宁日报》编辑部就组成了一个分工明确的、规模比较大的临时报道班子。一部分人写消息和通讯；一部分人撰写社论及其他配发的言论；军事报道组则负责整理、挑选雷锋日记、笔记发表。殷参抓总，邢真负责战役指挥，霍庆双负责一线调度和初审稿件。由我撰写大通讯，是总编辑殷参点将。本来，我在文艺组工作，与军事报道不沾边，又是"摘帽右派"；只因我是报社里所谓"快手"，任务紧急，就用上了。（以前曾多次分配我完成这样的紧急任务。）

应该说，当时《辽宁日报》领导是具有很高的新闻敏感度的；他们对雷锋的认识也很高，评价也很高；对雷锋事迹报道的重视程度，也很到位。以历史的眼光来评论，这一切对于学雷锋活动的兴起，是有历史功劳的。如果没有他们的重视和有力地组织大规模报道，也就没有以后的一切。雷锋也许就沉埋在历史长河的河床底了。

我在接受任务之后，便投入采访活动，又去参观了雷锋事迹展览。经过一段时间采访活动，经受实际的体验，我形成了一系列认识与想法。当我走出雷锋事迹展览大厅时，一个直感的想法是："雷锋不死，能当将军。雷锋永生！"而当我整理了掌握的全部资料后，我的系统认识是：雷锋是一个热心肠的人，愿意在任何时候、任何地方帮助需要帮助的人，"做好事""助人为乐"是他的最大特点，因此他的英雄典范，是由一件件小事构成的。"伟大出于平凡"，这就是雷锋。雷锋之所以如此，成为"这一个"，是因为雷锋在旧社会经受了超乎常人的苦难，对旧社会具有超乎常人的恨，因此，对于新社会，对于共产党、毛主席，有一种超乎常人的爱。出于这种炽烈的爱，他随时随地表现出爱心和助人行动。这时，我本可以写作通讯了，但是，由于雷锋不在了，没有直接采访他，缺乏感性的材料，有些事迹也缺乏现场感，这样我就想到了写了一本油印材料的那位俱乐部主任，于是便约见他。在一个寒冷但晴朗的冬天，我们在辽宁日报社编辑部里见面。他谈了雷锋生前的一些状况，我又问了一些材料中写到的事情的具体过程和细节。

我怀着激动的心情写作。我决定以"传略"体式来写，即按"苦难童年→解放、参加工作、参军→一系列事迹表现→不幸牺牲"这样一个进程来写，因此，用了循序渐进表现发展进程性的小标题："血泪九年"→"新生"→"启蒙"→"斗争"→"熏陶"→"苦学"→"功业"→"入党"→"向前进"→"谦逊"→"永生"。整个叙事尽量采用文艺笔法。我确定题目为"永生的战士"。写完，我署上了那位俱乐部主任的名字，然后拿去交给一线调度霍庆双。我至今记得，我们在走廊上碰见，我把稿子交给他。他一边走向他的办公室，一边看。他忽然说："这稿子不是你写的吗？怎么没有你的名字？而是他？"下面的情况，霍庆双曾经在一篇文章中写过。他是这样写的：

> 老彭……带着深厚的感情写出了长篇的深刻、生动、感人的报告文学《永生的战士》。在发稿时他没署自己的名字，我问他："你写的为什么不署名？"他说："不用署名。"我说："不用真名，那就用个笔名吧。"这样，《永生的战士》就用波阳的笔名发表了。(《超越忧患的求索·说说老友彭定安》，辽宁人民出版社，1998年)

我的故乡鄱阳当时改名为波阳（现已改回），因我即将回乡探亲，故仓促间就用了故乡的名字作笔名，写在那位俱乐部主任、我的"合作者"名字之后。

稿子排印小样后，我寄了一份给我的"合作者"。第二天，他就回了电话，说写得很好，我没有写，还署了我的名字，我没有意见，等等。

《永生的战士》由我和我的"合作者"联合署名，在1963年1月8日《辽宁日报》上发表了。发表当天，在辽沈地区就引起巨大反响。我自己就收到从文笔上看出是我写的外地老朋友来的电话，表示震动很大，周围人们也反映热烈。当晚，我就和全家人登上赴京的列车。

我在鄱阳度春节，过了元宵节北返沈阳。回来后，得知在这半个多月中发生了一系列事情。接着大通讯发表后，又发表了整版的雷锋日记和笔记。这些文字引起了广大读者对雷锋的更大兴趣，更尊敬和热爱他了。大量的读者来信涌向编辑部，编辑们连日选发各阶层的代表性的来信。我的"合作者"原已决定转业，现在则作为雷锋生前战友，去京为部队领导机关作报告。与此同时，《人民日报》约我为他们撰写雷锋报道；《人民文学》为我请半个月创作假，专为他们写长篇报告文学。这些，自然都以"众所周知的原因"被婉拒了。

从此，我与雷锋报道及雷锋，就不再有任何关系了。而我的那位"合作者"却不断进步，成为宣传雷锋的首创者和功臣，并从此改变了人生道路，得到美好的前程。这是后话了。

《永生的战士》发表并引起巨大反响后，《中国青年报》于2月5日予以转载。他们做了编辑处理：略微删去一些内容，把作者名移到文末括弧里。不久（2月16日或17日），《中国青年》杂志编辑部几位同志写信请毛主席题词。毛泽东主席收到信后，多日未曾题写。一天，毛泽东午睡醒来，秘书提起题词一事，他便提笔来写。秘书本已起草了几个题词，他看了不满意，便自己提笔写了"向雷锋同志学习"。3月5日，全国报纸发表了毛泽东主席的题词。一场学雷锋活动于是在全国兴起。

这期间，我与"合作者"失去了任何联系。我依旧当一名隐形人，"埋头工作，低头做人"。

过了不到3年的"安静生活"，1966年5月，"文化大革命"开始。7月，我就被违背事实地以"炮制'辽宁的《燕山夜话》'"的罪名揪了出来，成为辽宁日报社第一个被揪出的"牛鬼蛇神"。我承受从一楼到三楼铺天盖地大字报猛轰的巨大压力；我忍受诛心之论和无限上纲批判的冤屈，遭受种种人身攻击和造谣污蔑的屈辱。在这种心之深疼、生不如死的时候，那篇雷锋报道《永生的战士》，像一盏明灯，照亮我灰暗的心，抵御了结束生命求得永宁的"死的诱惑"。我想，雷锋这位伟大领袖肯定和树立的典型，是决不会倒的；在运动后期处理问题时，讲究政策，这应该是我正面得分、争取"按人民内部矛盾处理"的好结果的最有力证据。

可是，正在此时，却出现了几张足可置我于死地的大字报。第一张是"顶天立地"的"大字报"，题目是：《〈永生的战士〉是一株不折不扣的反毛泽东思想大毒草》。内容说：雷锋是"毛主席的好战士"，但彭定安却篡改成什么"永生的战士"；《永生的战士》还恶意宣传雷锋是"伟大出于平凡""小事铸就的英雄"，这是明目张胆地宣传刘少奇的"吃小亏占大便宜"的黑货；等等。接着是第二张"大字报"：我的"合作者"的严正声明。他说，《永生的战士》发表前，他一无所知，是彭定安斗胆包天盗用了他的名义！接着是第三张"大字报"，据某红卫兵组织访问沈阳部队领导，他们提出抗议，认为"《辽宁日报》走资派让彭定安采写雷锋事迹，是对毛主席的好战士的极大侮辱"。

这一系列炮轰，不仅把我心中那盏自以为是"不灭的明灯"彻底地掐灭了，而且粉身碎骨了。但这也是一种置之死地而后生吧，既然如此，夫复何言？而且，"走资派"一大批在那里，我"不孤立"，等待命运宣判的人多的是。心倒解脱了。

以后，从1969年到1978年，我全家在内蒙古插队十个年头。回城后，我要求转到辽宁社会科学院工作。1979年辽宁省召开文代会，我与我的"合作者"正好分在同一个组，他是召集人。但我们已经互相认不出了。我想，他是召集人，只要他一主持会议，我就认出来了。果然，他一宣布开会，我就断定他是谁了。我们竟是紧挨着坐的。于是，我悄悄地对身旁的人说："你是某某同志。"他回答说"是"，我又说："我是彭定安。"他猛然瞅我，说："你吃苦了。有什么困难，需要我帮助吗？"我说："没有。谢谢！"我们的对话就此结束。

此后，我们也没有什么联系。1984年"整党"期间，一天，忽然来了两位进行外调的校级军官。他们向我提出，在部队"整党"期间，有人提出，我的那位"合作者"使我在"文革"时期受到严重迫害，是否如此？我回答说："我在他提出抗议声明以前，已经被揪出来了。他的大字报，的确使我的'罪行'加重。但那只是'雪'上加的'霜'，

并不是仅仅因为他的声明，我就受到迫害了。"我的回答，使两位军官颇为感动。他们说，如果我对问题是肯定的回答，那么他是否可以重新登记，就成问题了。他们问我是否可以写一份证明材料。我回答可以，并立即写了证明材料。他们高兴地走了。

1990年，《辽宁日报》高级记者、著名作家李宏林为了替我正名，特意安排在他主持的一次辽宁新闻界电视文艺晚会上，由他出面采访，我和我的"合作者"再次合作，共同回答关于雷锋宣传最初情况的有关问题。我们诉说往事，握手言欢。"笑着向历史告别"。

近年来，众多媒体多次报道关于雷锋宣传的最初情况，总是语焉不详，在关键地方"打马虎眼"，要么是说"《辽宁日报》发表了雷锋事迹报道"，但未言明具体是什么时候、是哪篇报道、作者是谁；要么就是略过《辽宁日报》报道这一段不说，但是，却没有说明哪一篇报道及何以引起了轰动，毛泽东主席何以"想起了"给"学雷锋"题词，好像这些都是无风起了浪。这不是真实的历史。现在，当事人逐渐离去，知道真相的人越来越少了。我再不说明，历史的真相就不免有缺陷。

我常常想起许多人，在这样一个"事件"中，是起了作用、不应该被抹杀、也不应该被忘记的。比如沈越，是最早的"学雷锋"的发动者、推动者，这是很少有人知道的；又如，殷参、邢真、霍庆双，对雷锋报道的重视，组织报道的用心与努力，对雷锋精神和这次报道中心的正确把握，从新闻业务来说，从历史来说，都是功不可没的。再大的历史功绩，后人是否了解和记得，对于当事人来说，是无关宏旨的；尤其对于死者，毫无意义。——这里提到的几位同志，都先后作古了。但是，对于客观的历史，后人应该准确地了解。这是历史主义的态度，也是现实主义的态度。

雷锋精神永生*

一

雷锋精神可以用四个字、一句中国成语来概括：助人为乐。更详细一些的表述则是：毫不利己，专门利人，时时处处，遇到需要帮助的人和事，就毫不犹豫地去帮助，还经常主动寻找帮助的对象，比如医院、养老院等。

不过，在这样的表述中，却蕴含着许多具有雷锋个性、雷锋特点、雷锋经历的重要内涵。而了解这些个人性内涵，是很重要的，是我们深层次理解雷锋精神的前提。在这个意义上说，也可以理解为，雷锋以他一贯的、实际的、丰富的、热情的"做好事"的行为，丰富了、发展了"助人为乐"和"毫不利己，专门利人"的意义、内涵。而这正是雷锋精神的价值所在。

记得我在雷锋牺牲后，为了撰写《永生的战士》这篇长篇通讯，在采访过程中，曾经参观了最早开辟的雷锋事迹展览馆。那是管事人员在休息时间特意为我开馆，因此只有我一个人参观。这样，我得以慢慢地、细细地观看，包括那大量的读书笔记、日记等，我都可以细细地品味，并做摘录。而我当时的采访任务，也要求我细细地观看和思考，并初步地思索、概括所得的印象和认识。即在众多印象、感想的基础上，得出初步的理性的、理论的结论。这是撰写通讯所必需的。于是，当我梭行于众多展品中时，便逐渐形成了这样的认识，或叫"理性概括"：

雷锋对新社会、对中国共产党、对毛主席，有一种超乎常人的热爱之情，而这种感情的产生，又是由于他在旧社会经受了超乎常

---

* 原载《记者摇篮》2002年第4期。

人的苦难，他对旧社会有一种刻骨的超乎常人的恨。他对新社会和共产党、毛主席的超乎常人的爱，植根于这种对旧社会的超乎常人的恨。

这样，他对新社会的一切，对新社会的人们，都充满了爱，总是想要为这个社会、为全社会的人们做点什么，贡献自己的力量，奉献自己的爱心。因此我当时直感地得出一个对于雷锋的总体印象，这就是"雷锋是个热心肠的人"。而这个"热心肠"的"心"，就植根于也包含于上述的他的超乎常人的恨和爱之中。这些，大概就可以概而言之，是朴素的阶级感情和初步的阶级觉悟了。这里，值得注意也是属于雷锋并打上"雷锋的"印记的，就是两点：一是超乎常人！这就是不同于常人，超过常人，高于常人，也就是一种英雄本色；二是总想为他所爱的人们和社会做点什么，即随时随地想要做好事，想要有所奉献，这就是成为英雄的思想基础。

但是，如果雷锋停留在这个水平上，雷锋则不成其为雷锋，也产生不了雷锋精神。雷锋从这个朴素的阶级觉悟和阶级感情出发，通过学习，几乎可以说是"计日程功"地在思想上、理论上提高和成长。雷锋不仅热爱学习，而且善于学习，更善于吸收，将学习所得变为自己的思想血肉、精神资源。在他的大量的读书、看报的笔记中，在他的大量的日记中，他摘抄了大量的富有思想性、理论性和道德含量的语录、警句、名言、座右铭、诗词和大段的言论性的、理论性的、抒情性的文字。并且，有的附有他的学习心得、体会，他的感想、感言，以及他的发挥。这都是雷锋思想前进的脚步，他逐渐登上思想高峰的阶梯。在起初的雷锋宣传中，对于这些笔记、日记中的摘抄，未曾做明晰的说明，更没有进行必要的剥离，因此，一时间曾经引起一些人的误会，认为是雷锋"抄袭"。其实，雷锋在写下这些笔记、日记的时候，完全是一种个人行为，是随手、随意写下的，他完全不可能想到有一天会要发表，所以并不存在抄袭的问题，倒是相反，这从客观上证明了雷锋把那些别人的思想，别人的理论，别人的心得、体会、感想，都化为己用，甚至化为自己的思想血肉、精神资源和道德的及审美的理想。这样，雷锋就"站"在别人的思想、理论、道德、审美的高坡上，"站"在自己用心去学习体会的、层垒式地累积起来的思想、理论、道德和审美的高坡上，从而使自己站在高处了。记得我在参观那最初的雷锋事迹展览时的第二个感想就是：雷锋不死，能当将军。意思是雷锋这样用功学习、善于学习，又学而能思、学而能用，他在思想上是会成长得很快的，也会发展得很高的，他还是那么年轻呵，积以时日，加以组织的培养，他的进步与成长是不可限量的。

也是在这次参观展览和采访过程中，我产生的第三个感想就是：雷锋永生！因为他是一个新的历史时期，即和平建设时期产生的新的英雄，用今天的表述来说，就是：雷锋是一种新的英雄模式。在这个时期，没有急风暴雨的阶级斗争，没有大规模的战争，不产生冲敌阵、炸碉堡、流血牺牲那种英雄，而是产生雷锋这样的，到处帮助别人、处处做好事，从做日常的小事中产生一种英雄式行为。他是"伟大出于平凡"。他的这种精神，反映了、体现了、代表了那个时代。他是"时代之子"。他的这种精神是永生的。我把这个想法，直接表现为主题和通讯的题目：永生的战士。

二

那么，雷锋的这种精神可以永生吗？会是永生的吗？

几乎从20世纪70年代末和80年代初起，一直到现在，都不断有新闻界的朋友向我提出这样的问题："现在还需要学雷锋吗？""雷锋现在还有价值吗？如果还有，是什么样的价值呢？"或者是："雷锋精神过时了吧？""雷锋精神和现在提倡的东西是相违背的吧？"我对问题中的前者，回答是肯定的；对问题中的后者，回答则是否定的。

20世纪80年代初期，有一位《解放军报》记者，曾向我提问："现在'包'字也进军营了，如果雷锋在，他会去承包吗？承包成功，他会拿奖金吗？会拿那由于超标而可以获得的高额提成吗？"我的回答是，雷锋会搞承包。因为，凡是党提出和提倡的政策、事情，雷锋都会积极响应，实际去做，带头去做。既然是政策规定的收入他也会去取得。但不同的是，第一，雷锋在承包中，不会弄虚作假，不会坑蒙拐骗，而是踏踏实实、老老实实、实事求是地去实行；第二，在与人竞争中，他会友好地、积极帮助竞争对手；第三，更重要的是，他得了钱以后，会做什么？他会把钱用于帮助他人，用于希望工程，用于慈善事业，等等。

因此可以说，雷锋精神既是时代的产物，那么，其表现形态就会打上时代的烙印；而当时代变换了，时代精神也转换了，社会活动的主题也变了，那么雷锋精神也会在时代背景不同的情况下，采取符合时代精神的形态表现出来。雷锋精神是"一个"，而表现形态却因时而异。

至于说，雷锋精神是不是过时了，是不是和时代精神、现行政策相违背，那就是包含了一种对雷锋精神的误解了。

雷锋精神的实质是毫不利己、专门利人，是助人为乐；更扩大了说，是前面申说过的，他对新社会的超乎常人的爱，对人们的超乎常人的爱，那么，爱的根基是一直存在的，但在不同的时代、不同的境况中，会有不同的表现。虽然现在提倡按劳分配，提倡等价交换，提倡给予应得报酬，等等，但是，这是在市场上、在贸易商业场所和行为中的基本原则，不是囊括所有社会生活的普遍的原则，也不是人际关系中的唯一原则。在整个社会中，帮助他人、不取报酬，以至助人为乐，直至见义勇为、舍身救人等，直至为国家、民族的利益、声誉和财产流血牺牲等，依然是需要的，是提倡的，是光荣的。所以，在现今这个时代，雷锋精神会采取不同的社会行为方式表现出来。事实上，这些年来，依然不断出现雷锋式的行为和人物，他们所表现出来的雷锋精神，其表现形式，并不都在形式上、内容上以至细节上，都与雷锋当时的行为雷同，而是具有时代的特点，加入了时代的精神。这是雷锋精神的发扬、发挥和发展，是雷锋精神的延续和提高。

三

前面所述，已经涉及市场经济条件下，是否还需要雷锋精神这个问题了。

对这个问题的回答应该是肯定的，应该是：不仅还是需要的，而且是应该提倡的，而且其迫切性和时效性更强，其社会作用更大、更有意义了。

正因为现在社会心态注重报酬、注重按劳取酬、注重等价交换，在市场经济条件下，在制度层面上，也严格执行按劳付酬，执行市场原则，那么是不是就不需要甚至反对无偿的劳动、义务的劳动和对他人的帮助呢？是不是就取消了，甚至像有些人那样取笑义务帮助他人、为他人服务及见义勇为呢？事实恰好相反，正是在这种社会条件下，雷锋式人物、雷锋的助人为乐行为、雷锋精神，就更加需要，更加为人们所期望。现在，有的人感叹，在公交车上没有人为老年人让座，有的人见死不救，有的人遇事袖手旁观，因而感叹"现在没有雷锋了""希望雷锋再生"！这正说明现在不仅仍然需要，而且更加需要雷锋精神。

而且，雷锋的那种对社会的亲和感，那种对社会、对人们的热爱，那种对国家、民族、人民的热爱和责任感，也都是我们现在所十分需要的。

我们还可以推断，在将来的社会里，社会进步了，人们的关系和谐了，生活水平也大大提高了，雷锋精神会得到更好的发扬，其境界也会更高。

从这些意义上说，雷锋精神是永生的！

雷锋精神的当代意义*

雷锋精神的精髓就是毫不利己、专门利人，助人为乐，无私地奉献——为了他人、为了社会、为了国家。他的思想、情感、心理的核心或者说是高层次蕴意，就是当时——20世纪50年代末到60年代初中期所倡导的，也成为全社会信奉的思想与道德的律令与信念："人人为我，我为人人"的共产主义道德。不过其虽然被全社会倡导和信奉，但真正付诸实践的终究是极少数人，而少数人中实行得好的，却又是少数；但是，雷锋，确实是真真切切、忠诚热情、完全彻底地将其付诸日常的实践了。他在平常素日，在劳动现场，在节假日，在途中，在街道上，无论在哪个地方，只要遇到需要帮助的人和事，他就毫不犹豫地上前给予帮助。无私的付出，无报酬的劳动，不求任何回报的帮助，等等，这种精神，是时代精神的具体体现，是优秀社会心理的人格化、个

---

*　原载《沈阳日报》2011年3月3日。

体化的体现。它曾经也一直感动着人们、激励着人们、教育着人们、影响着人们。之后，有很多雷锋式人物出现，有无数雷锋式人和事产生。

然而，在进入20世纪90年代以至在21世纪，人们却越来越多地提出疑问："现在，还需要学雷锋，需要雷锋精神吗？"甚至有的人提出："现在，雷锋式的无报酬、不求回报的付出，助人为乐，是不是和市场经济原则、和利润原则相矛盾？"我曾经多次接受媒体采访，回答这样的提问。我的回答，都是肯定的。

是的，现在仍然需要雷锋式人物，需要学习雷锋，需要雷锋精神。这不仅不与当前的社会道德需求矛盾，而且，正是在当前的社会体制变化的时期，更加需要雷锋式人物、雷锋式行动，需要学习雷锋精神。这种精神，在当代社会具有了它的新的意义，也产生了新的社会需求。在发展市场经济的时期，在按照市场经济的发展规律和社会性质，按劳分配、等价交换、利润原则、有酬劳动等，都是发展经济、商业机制及财富增值的基本原则。但是，它们都是经济领域里的原则，虽然也是社会活动、社会交往、人际关系的通行原则，但却不是，也不应该是全社会各个领域的必守原则，不是统帅、规定全社会所有领域、所有行为的准则。整个社会的运行，还有且也需要其他非商业化、非利益化的准则，还需要社会化的、公益性的、福利性的、利他的、慈善的等社会道德准则，这不仅是社会有机运行的需要，也是人性自身产生的需要。正因为社会分层化的发展，各阶层间的利益分殊化、收入差距拉开拉大，贫富分化，因此，除了国家体制内的收入分配的调控、社会福利事业的发展、公众慈善事业的发展等之外，还需要企业、团体、非政府组织和个人的"社会投资"、福利事业、慈善事业的发展。这才体现出社会正义与公平、公正。这样的社会大行为、大事业、大举措，既有利于社会弱势群体、低收入阶层以至贫困阶层的生活、福利和安家立业，又有利于经济发展、社会进步和公平、公正的实现。而且，以企业、团体、非政府组织及个人的身份、名义、行为，实施社会投资，捐助资金，实现社会公平，会使社会得以稳定、发展和进步，创造出富裕、安全、安定的社会环境。这种结果，会使"施与者"——"出钱使社会安全稳定的人与组织"得到更好的发展环境，从而得到明显的和隐形的回报。而要创造和实现上述的社会状况，就需要个人、组织和组织的领导者，具有雷锋精神、实施雷锋式社会行为。这就是雷锋精神的当代意义。不过这只是比较显性的意义和社会价值。

我们还可以和应该分别地和更深层次地来探讨这个问题。

从企业、工商业集团、营利性非政府组织等方面来看，它们的发展、利益的获得，都需要社会的稳定和普遍的富裕，即大多数人的生活稳定和富裕，这样，它们才拥有有财力的消费群体、稳定发展的市场，才有利润可以获得，才可以发财。因此，它们就要养育市场，要使消费群体具有财力，这就要求从自身的利益中，抽出一部分来回报社会、扶助弱势群体、救济贫困人群，从事社会救济事业、慈善事业。而从事这种工作，这种付出、"牺牲"，从主观状态来说，是很不相同的。而不同的主观状态，见之于实践层面的优劣程度、实际效应就会很不相同的。有的是不得不为；有的是出点力、拿点钱，形同割肉，正如俗话所说"出血"；但有的却是自觉地，或者是在自觉程度很高的状态下来做的。那么，其结果，前者是敷衍，甚至是"走过场"，形同虚设；而后者却是有真心实意，付出多而实在，工作有序，见实际，有实效。从总体结果上来看，前者是收效甚微，后者则使弱势群体、贫困阶层得实利或实效，社会也因而稳定发展；反过来，付出者也从社会之稳定发展中，得到发展自身的良好环境和富裕、安定的消费群体，互惠互利，双赢两胜。我们从这种设想中，可以体察到，雷锋精神在其中能够起到很大、很好的作用。也就是说，如果当事者、主事者都是具有雷锋精神的，或者都是学习雷锋精神来做事的，那么工作就会做得更好，对社会也更有利。

我们还可以从个体的角度来探讨这个问题。假设有一位富翁，家财万贯，但他小气吝啬、一毛不拔，只知道和愿意将财产遗留给子孙后辈。因此，他与社会是疏离的，他的人际关系不仅受到局限，而且，情感和人事的交流，也是稀少和"无情意"的。这样，他的生活内涵和意义都会是单薄的、寡情寡义的，从而人生的意义和乐趣也大大受到影响，更不要说在客观上他对社会的无用、无意义、无价值了。但另一种富翁，我们假设他是具有现代意识、现代观念的人，他懂得现代社会没有也不可能存在绝对孤立的个人，每个人都被客观地卷入社会大潮中，也可以说是社会大家庭中，因为他懂得，他的财富来自社会，懂得是社会的发展、人们的富裕程度的提高和消费能力的增长，他才有财富的来源，因此，他积极、大方地回报社会，投资公益事业、发展慈善事业、资助有困难的人们、救济贫困群体和弱势群体。那么，一方面，他做了有益于社会的人，社会尊重、尊敬他，他自己也不仅心安理得，而且心情愉快，觉得人际关系中以至社会上回复给他一份宝贵的温暖，使他的人生具有意义，而且，他也会从社会"回收"到报酬和经济利益。而如果他再进一步，具有雷锋精神，他的种种有益社会的行为都更自觉、更积极、更及时，那么，他的行为的成就会更大，而自身的美好感受也会更加强烈。因此，他生活的意义和价值也得到增长，生活的意义、人生的价值、人际关系与社会融洽度等，都达到良好状态甚至是最佳值。这就表现了雷锋精神的现代意义，它给全社会和各阶层的人们以温暖、人生意义与社会价值，给社会以稳定与和谐。

黑格尔曾经提出过一个著名的命题：人们的贪欲是历史前进的杠杆。而恩格斯对这个命题是肯定的，不过他的肯定只限于剥削阶级产生之后的历史时期。黑格尔的原意是：人的对于财富和权力的欲望，会调动他的潜在的一切积极性，使他去挣钱、积累财富，为此他就要发展经济，发展生产，经营商业，从而推动社会经济发展，给社会增加财富，也使社会增加了就业机会，使劳动力能够获得出卖劳动力的机会，增加收入、维持生活，因此，他就推动了历史前进，成为其前进的杠杆。黑格尔说，这是"上帝"利用了人们的贪欲心，来推动历史前进，他称这为"理性的狡黠"。每个从事各种事业的人，意识到自己的历史责任的人，是极少数；多数人就是被利益驱动，去达到自己发财的目的，但客观上却推动了社会经济发展，推动了历史前进。在这种社会、历史的状况中，我们又可以窥见雷锋精神的社会、历史、时代的作用。它可以增强人们的历史责任感、社会义务感和奉献社会的自觉性、积极性，使他们不仅客观上推动经济的发展、社会的进步，而且，主观上也懂得和自愿去为社会奉献自己的力量。具有这种觉悟的人越多，社会就越进步、越稳定、越和谐。全社会中，这种雷锋精神越普遍，我们的国家就越能发展、社会就越能进步。这就是雷锋精神现代意义的最深层的表现了。

遗憾的是，我们现在这种意识到自己的历史责任，能够以雷锋精神去承担社会责任，献身各种有益社会的行为、事业的人，太少了；人们比较普遍地追逐金钱、积累个人财富，让贪欲发展，而回报社会的精神很差。这又从反面证明了我们现在需要雷锋精神，雷锋精神很具有现代意义和社会价值。

学术随笔十篇

思想漫笔*

1. 里尔克与卡夫卡的孤独

卡夫卡说，他的名字的意思是"穴鸟"。

他在日记中写道："像一只受惊的小动物，自掘一条蜿蜒的甬道，以遁避世俗的损害。""洞穴最可爱的地方在于它的寂静。"

他还说："我经常想，我最理想的生活方式是带着纸笔和一盏灯待在一个宽敞的、封门堵户的地窖的最里面的一间里。……然后我回到我的桌边，深思着细嚼慢咽，紧接着马上又开始创作。那样我将写出什么样的作品啊！我将从怎样的深处把它挖掘出来啊！"

而里尔克呢？《里尔克》（霍尔特胡森著，魏育青译）中写道："里尔克最本源、最重要的体验是在喧嚣尘世间的孤独感。他一生都在旅行，漂泊四海，不停地寻找着自己的'第二故乡'，或者说真正的故乡。""在马不停蹄地寻找心目中真正的故乡！上下求索试图确定人在宇宙间的方位和归属的同时，他又将孤独感奉为神明，对他来说，孤独感甚至是创作的必要条件和保证。"

孤独感对于作家来说，是如此的重要。其实，对于一般人，它也同样的重要。"万人如海一声藏"，一个精神世界丰富的人，独处沙漠而不感孤独，而在万人丛中，却又能保持内心的孤独感。孤独感，是人的一种心境，一种精神生活的境界，是精神对于物质、尘世，对于人间喧嚣、蝇营狗苟、追名逐利的一种超脱和超越。唯能如此，才可保持头脑清醒、心地纯净、精神超拔，而能反思，立高观远，见人所未见。是故

* 原载《沈阳日报》2011年3月4日。

里尔克、卡夫卡以孤独"穴居"，而能省视尘世，而能写出映世、惊世、醒世之作。我们常人，则以具心理上的孤独感而能脱俗超拔，为醒人、净人、真人。

然而，这种"哲人式孤独"，是入世之中、之后的孤独，是深入之中、之后的超脱、超越，是"弓身"之中、之后的站立，是相对孤独、时段性孤独，是身在众中、心通公众的孤独。

现代人不可能有绝对的孤独。

2. 平淡才是真

谢烨（诗人顾城妻）在被丈夫杀害前，在给她母亲的信中说："我是一个俗人，是一个女人，后悔要搞什么事业……只是好好地生活。"

王姬说："在美国生活这几年，磨炼了许多日子，反倒喜欢平淡，平平淡淡是真，最后还是拾回中国几千年传统的思想至理。我不看重璀璨。由平常而璀璨，又由璀璨而平常，都看开了，都一样接受。"

陕西作家邹志安，年方四十有余，不幸身患绝症。临终前，他的母亲——一个目不识丁的七十多岁的农妇——前来看望，对他说："娃儿，你往远里看，往高里看，往长里看，世上的事都是空的！"

肯尼迪的夫人杰奎琳，其夫在总统任上遇刺身亡之后，再嫁；第二任丈夫又去世后，又嫁一富商。虽然她比他更富有，但杰奎琳却过着凭自己的劳动（当杂志编辑）收入为生的平淡生活，不谈过往，不接受任何采访，不写回忆录，拒绝高价约稿，也不许儿子应邀去饰演其父。

不是不要辉煌，也不是不要璀璨，更不是不要事业。不是说人生、世事皆空，而是不要不必要的辉煌、璀璨，更不要刻意去追求，尤其不要执意去追求非己能为的、事实上也达不到的那些虚幻的事物。她们都是过来人。人生实践提示过了，纯粹个人的，都是空的；而群体的、社会的、历史的才是实际的、实在的。个人——一己只有融入这些，才能有所为。对于个体来说，平淡是可取的，而辉煌、璀璨都只能是一时的。

平淡，尤其在成功、辉煌、璀璨时的平淡的外化生活、风格、气度，平淡的心，是高境界。能如斯则能善。能真亦能善，则美矣，如斯而真、善、美皆备。

3. 科学文化的发展呼唤"文化英雄"

学术科学文化的真理，需要一种舍身亡命的精神去追求，才能有所成，或者说才能成大器，大有所成。大而言之，人类学术科学文化事业之发展，真理之发现、认识及运用于人类进步事业之发展，也正是靠了前赴后继的、大批的生活于不同时代、不同民族的这种献身科学、献身文化的斗士们的牺牲和奉献，才得以成功。而一个民族的兴盛发展，亦要依靠这种人的努力和献身。

然而，在人类文化的历史天平上，"计价"却是不公平的。往往是那些背离真理的人，那些危害民族的人，那些人类社会、国家、民族的蛀虫，如鲁迅所说，那些"狮子身上的虮子"，却常能福禄寿喜、荣华富贵，不可一世，而其妻女友朋也趋炎附势、得意市井。有的甚至死后还得到风光大葬，为人欣羡。而那些大有益于人类、社会发展，做大贡献于民族的，以至人类的学术-文化事业的宏才大师，或坚苦卓绝、毕生奉献于这种事业的人，却往往生而贫穷困厄，不为人重，甚至为人们所鄙弃；死而两袖清风，孤村野树、荒草坟茔，凄凉冷落无人问。这是多么的不公平啊！

然而，这一切都是表面的价值、短暂的价值、历史的勿勿过客的价值的对比。活着时的风光，死而如烟云，即使炽盛哀荣，也只是闹个三朝五日，终归是烟云散尽，一抔黄土。而历史、后辈却记载着、纪念着、怀想着、追忆着，并且继承着，那些思想、学术、文化领空上的耀眼的明星，虽然他们生无金钱、幸运，死无风光。这又是多么的公平啊！

然而，这里的"公平论"，却又是多余之论。对于那些为学术文化献身的人们来说，公平与否，生前与死后如何，原是从不在他们的考虑之内的。不计报酬、不算个人功利、不求尊荣、何论富贵、无视世俗、轻蔑物议，这正是他们的英雄本色。其实，他们是真正的英雄，我们可以称之为"文化英雄"。

"我们头上的星空、心中的道德律"[*]

"我们头上的星空、心中的道德律"——这是贝多芬写在他的"谈话簿"上的格言。他在这句格言的后面,写上了康德的名字,并在后面加了三个叹号。

好像是上帝的一种捉弄或者说是"恶作剧",他让以创造优美乐音给世人带来深沉的审美愉悦的"乐圣"贝多芬,早早地失聪,使他要靠自己的想象,在自我寂静中,去创造无比优雅动听的音乐。而在日常交往中,他不得不使用自制的助听器,或者谈话簿,来和人交谈。

我在波恩一个僻静的小街处的一幢小楼,即贝多芬的故居的楼上,看见了这个助听器,那不过是用硬纸壳卷成的小喇叭筒;而那谈话簿也只是一个普通的笔记本而已。但那里面藏有"乐圣"的多少思想、感情的碎片?我很想看到他记录康德格言的那页文字,我想,虽然不懂德文,但两行字、三个叹号和康德的名字我应该是可以识得和拼出音来的。但是,它藏在玻璃柜里,我不能翻阅,只是久久地站在玻璃柜前想象和思索。据说,贝多芬创作著名的交响乐作品,是受到过康德的那句格言的启发的。我想象,"乐圣"是在什么方面和怎样地接受了哲学家的思想的启迪呢?

当我回到楼下,在寂静的小楼旁的小小庭园里徜徉时,从楼上传来了微弱的、细如柔丝的音乐声,这是贝多芬的田园交响曲的旋律。我心中充满忧郁和惆怅,但又含着丝丝温馨与慰藉,那是一种审美的愉悦。我默念着贝多芬写下的康德的格言,心意沉滞,思绪游移。在异国的土地上,心溢乡愁。这是为什么呢?

那是20世纪90年代初(1992年),我应德国海因里希·伯尔

---

* 原载《沈阳日报》2011年4月22日。

（1973年诺贝尔文学奖获得者）基金会邀请，在德国居留三个月，访学和写作。其时，正当国内热议"教授卖馅儿饼"，学术界、文化界人士纷纷下海经商，正所谓"十亿人民九亿商，还有一亿在着忙"。正当商朝汹涌时，我接受德国国际广播电台记者采访时，被问及对此的看法。我回答说：我可能是保守的，我不赞成这样的"挣钱路数"。教授就是要安于清贫；要下海，也可以、也好，但那就不要当教授，而要去当商人。同时，我想起了康德的格言。现在，连在本应该是学术–文化殿堂的最高学府里，从事文化科学知识的传播和创造的人，也都低下头追逐金钱而不去眺望星空和省视内心的道德律了吗？……

其实，我把康德的话说成是"格言"，是不准确的，使它的深邃、广阔的含义狭隘化了。我曾多次看到人们引用康德的这句格言，后来我才发现康德的这段话，实际是见于他的哲学名著《实践理性批判》中。全文是长长的一段论述。可惜，我不能在这里全文摘抄，仍然只能摘取片断，但究竟比"格言"式的话语，全面而深刻得多了，而且更值得我们玩味和深思：

> 有两样东西，我们越是经常持续地思考，它们就越使我们的心灵充满日新又新的惊异和无限增添的敬畏，这就是我们头上的星空和心中的道德律。……

> 从前面那个无限星空构成的世界来看，我作为一个被造的动物其存在小得几乎可以忽略不计，仅是宇宙中一粒浮尘而已，其来于星空又复归于星空，被莫名其妙地赋予生命的时间极为短暂。而从道德律来看，则刚好相反，由于我的人格，我这个理性存在者有了无限的价值；道德律使人的生命摆脱了人的动物性乃至整个感觉世界对他的局限。道德律为人的存在设计终极目标，这就可以做出人具有超越性的推论，这终极目标就是不以肉体生命的时空局限来限制人的发展，而是使人的生命的价值可以无限延伸。

这里，我们看到的就不是短小的格言，而是完整的生命哲学的论述。康德把"我们心中的道德律"的意义和价值，提到了极高的地位。他首先确定了人在宇宙中的地位，那是极为渺小的，渺小到可以不计；但当一个人具有了心中的道德律之后，有了生命的终极目标，就超越了自然的局限性，就脱俗了、升华了，就是一个自觉的存在了。他的人生的意义、生命的价值，就超越了自然存在的局限。

不过，早就有黑格尔的慨叹，他说，现在——当然是他那个时代的"现在"，人们太"驰骛于实际"，而"不遑注目头上的星空"！

而我们现在的"现在"，人们却已经几乎躺卧在"实在"——实际、实利、实惠等之上，根本就无视并轻蔑"头上的星空、心中的道德律"了，并且嘲笑、轻蔑、鄙弃那些属意"头上的星空、心中的道德律"的人们。

然而，在人生和世间的冥冥中的"总结算"中，过于"驰骛于实际的人们"，最终总是收获空虚、寂寞及无奈，甚至获罪。不是有因贪图实利而跌入深坑以至死亡之谷中的许许多多先例吗？不是已经有这种慨叹么："唉，我现在穷得除了钱，什么都没有！"有一个年轻又贫穷的女学生，因为穷困而在宿舍中孤独创作，却意外获得了巨大成功，而且立即暴富，走出校门就坐拥巨量资财，在京华购房买车，进入富人行列。然而她慨么，自己最愉快和最干净的时光，是在穷困中挣扎和拼搏的时期。试想，也许，——或者肯定地说，如果他们时时眺望星空而且省视心中的道德律，那就会使心灵充实起来，并且知道如何对待和"处置"金钱，而创获人生的真价值、生命的终极意义。

关于"书话"的书话*

中国自古就有写书话的传统，那些堪称典范的古典散文中的有些篇章，那些风韵飘逸的诗话、词话及丰富繁杂的笔记小说，都有不少可以类属书话的佳作，谈书、论人、评文、钩沉、述掌故、叙历史，流利潇洒、韵味隽永。不过，这都不是自觉的书话写作与规范的书话作品。也许可以说，真正意义上的书话作品，是从现代才有的吧。

谈起现代书话，虽然现在已渐趋沉寂，但曾经颇热，而且成就可

* 原载《辽宁散文》2014年第5期。

观，影响不小。其作者大都是作家、学者，或者"一身二任"者，而其作品则可视为他们的作品或著述的分支。比如书话名家周作人、西谛（郑振铎）、阿英（钱杏邨）、晦庵（唐弢），以及旅居港台的梁实秋、叶灵凤等，年轻晚辈则有黄裳、姜德明等，便都是。也有的还同时是藏书家，如郑振铎、钱杏邨、黄裳、姜德明他们。

书话写得最漂亮、有文采的，要数晦庵（唐弢）吧。至少我是最爱读他的《晦庵书话》：有史料、有掌故、有人事、有见闻、有亲历，千把来字，娓娓道来，文采斐然，篇篇超出书话范围，而成精致散文。想当年，20世纪50—60年代，《晦庵书话》在《人民日报》副刊连载，真个是不胫而走，誉满文坛。听李希凡讲有一年他与唐弢皆为政协委员，开会休息时，二人相偕散步，李盛赞《人民日报》的书话，问："晦庵是谁？"唐弢笑而答曰："就是鄙人哪。"晦庵写的都是关于现代文学作品的，因此其书话也就成为这门学科的鲜活的研究资料。在这方面，阿英写于20世纪30年代的《夜航集》更是即时的"书话纪实"，其为史料，价值更大了。在这方面，姜德明是后起之秀，他的《书边草》《书梦录》《书味集》，也是资料丰富、掌故连连，于名作大家，连及作家逸作等，多所述说与钩沉，于冷僻掌故与文坛逸事，也不乏剔抉，文字也类乎散文，可读性强。

现代书话之作，出现时间最早、文字也最老到而声誉最高的，莫过于周作人了。不过现在的热评周氏书话，却同近些年文坛翻案颇有关系：把个周作人翻得声位不断升级以至出现周作人热，某些人、某些方面甚至"抑鲁捧周"（抑树人、捧作人），大有另竖对抗旗帜之势。不过，周作人的书话确实不同凡响，特别是颇具学问，知识渊博、学底深厚、思路开阔，文化含量高，这都是他的书话的优胜之处；而且，他写得要言不烦，言简意赅，意味蕴藉，读起来味道隽永。这都是应该肯定的。不过对有些吹捧，却不敢恭维。如有的文章解说周氏某些书抄式的书话，写得如何如何了不得，凭空说道；而他的文章实际只是开篇提个头、引过书名，便是抄书一段，随机煞尾；有的则是连抄数书、数段，终篇。故当时就遭"文抄公"之讥。倒是周氏本人还实事求是一点，据说他有言：文抄公嚒，抄什么书、抄哪一段、如何摘法，也非易事；而他之所抄，皆非凡品，也常不为人所知，或者是非习见之书，此等处所，就是学问所在。这话有道理，他所抄之书，确实少见多味。

我很爱读的书话，除唐弢的佳作外，顶数梁实秋的《梁实秋读书札记》，杜渐的《书海夜航》和叶灵凤的《读书随笔》一、二、三集。梁氏的读书札记，以大学者写小文章之姿，涵盖古今中外，涉及知识领域广——诗歌、戏剧、文学等，有"引荐"、有"掘藏"、有考订、有论辩，还有剖析评论，驾轻就熟，中西贯通，文笔又清新流丽，文化层次上高出一般读书札记一层，十分引人阅读，足可供人欣赏。如《莎士比亚与性》等三篇札记、《玛丽·兰姆》之介绍、《纯文学》之议论，足称西方文学评论；而《读杜记疑》《登幽州台歌》《万取千焉，千取百焉》等作，又俨乎国学评议；至于《寒梅著花未》则是文学短论，而《四君子》更是一篇清雅散文。

杜渐在书海里夜航之作，却没有如梁氏之作那般轻舟泛清溪、舟中书香清新、水上落英缤纷、两岸风光旖旎，足可留连观赏那般飘逸潇洒；杜氏之作，另具格调，别有风韵。他的书话，篇幅长、容量大、知识性强，夹叙夹议，带有一种学术性，如《堂·吉诃德的武士英魂》《唐·璜的原型及其他》《从〈风月物语〉看中日文学渊源》等篇都是如此。他还以介绍国人知之甚少的外国作家作品而引人入胜。那篇《永恒的童心》写得多么引人：一个少女，为了安慰她生病的小朋友而写文绘画，编造了一个兔子、刺猬、鸭子和松鼠的小小的快乐花园世界，这些"慰问信"，后来竟成为一本书，以《小兔子彼得的故事》为名问世，且风靡世界，至今已被译成许多种语言，那些插图竟然同大师的名作一起，挂在伦敦塔狄美术馆，供人欣赏。但更有趣而令人玩味思索的是，作者后来嫁到乡间，隐居山村，操持家务，当崇拜者前来拜访并向宛如农妇的她致意时，她却对赞誉之词说："胡说，没那回事！"这位女作家的名字叫比阿特里斯·波特（Beatrix Potter）。《书海夜航·二集》后面还有《书海掇拾》，是短短的书籍介绍小文，多涉外国文学，也甚可读。

20世纪30年代活跃在上海文坛的作家兼画家叶灵凤，后来在香港以书话闻世，他的《读书随笔》一、二、三集，可谓别具风格。从内容上讲，涉及古今中外、文学艺术、历史地理，丰富繁杂，有内容介绍、史料钩沉、版本考索、作家逸闻等。尤其于中国现代文学史，更有不少作者亲历的与著名作家交往的逸闻逸事，如《达夫先生的气质》等八篇有关郁氏的随笔，相当集中；此外还有关于鲁迅、郭沫若、郑振铎、林语堂及倪贻德、张光宇、谢澹如、罗家伦等人的文章，都有逸闻逸事，可属珍贵史料之作。文章大都短小，娓娓道来，亲切引人，使读者于趣味的阅读中增长知识、见闻，享受书趣，于不知不觉中获益受惠，充分体现了书话的特点与作用。这些随笔，原来曾有各自的名目，如《霜红室随笔》《晚晴杂记》等，表明作者写作这些随笔，是在晚年，而《香港书录》则全是谈关于香港的书，内容专门而珍贵。`

陈原的《书林漫步》和王西彦的《书和生活》类同而内容有别。所谓类同，是它们都带有专业性、学术性，有的甚至是正宗的论文模式，虽然如此，但都同书籍有关，所以还是可作书话看。如陈原的《语言的污染与净化》，长达20多页，可谓长文；王西彦的《读巴尔扎克札记》专辑，更是文学笔记系列。

略述往昔书话如上，却甚感如今书话的式微，几乎不见报刊书肆，几疑其绝迹文坛。尤其现在出现纸质书籍消亡论，怕是书话真的要寿终正寝了吧？令人遗憾而感伤！

【以上文字，写于20世纪80年代晚期，至今20多年过去，"书话"作品依旧寥寥，未见振兴，难道真的会要绝迹了么？这一中国传统散文模式的丧失，真个是文学的一大损失！】

胡适的文化性格点滴

近些年来，鲁迅和胡适分别在海峡两岸开禁。在台湾，不仅不再会因读鲁迅而坐牢，而且鲁迅选集、文集、语录出了许多种，连那些收有直接指斥当年国民党政府的文字的杂文集，也分别出单行本，其装帧甚至都高出于大陆本。在大陆，胡适的著作也以多种编撰形式出版（出学术文集、书信集、序跋集等），胡适的传记也出了好几种，且有专门的胡适论集问世。

于是，大陆的人们对胡适有了更全面的了解。这种对胡适的"翻案"，倒不像有些人对周作人、梁实秋等人的重新估价那样，来了个"翻烧饼"，似乎他们一切皆好，而且常常拿鲁迅作显在或隐在的参照系，即俗话所说"当垫背的"，而褒一贬一。在总体上，这次对胡适的价值重估，还是比较客观、比较冷静、比较注意科学性的。

在这种对胡适的新的评论中，强调了，或者说注意阐述了他的学者的一面，特别是他"但开风气不为师"的一面。在这方面，胡适确实表现得很突出，他在中国现代文化的创建方面，功不可没。这不仅是他的学德功业的一个重要方面，而且成为他的文化性格的一个重要方面。他在新文化运动的发动上，在新诗的创作上，在古典小说的研究上，在新的学术研究意识、方法和学术话语的创建与提倡上，确实都是"开风气之先"的。而这种"开风气之先"，对于一个民族的文化建设与发展，其意义和作用是多么大啊！历数浩茫历史长河，有多少人能够起到这种作用呢？

近年读胡适的几部学术论著及论述胡适的书籍，尤其是读唐德刚的《胡适口述自传》（华东师范大学出版社，1993）和胡适晚年的学术秘书胡颂平的《胡适之先生晚年谈话录》（新星出版社，2006）二书，突出地感觉到，胡适的博学多识、治学严谨、对后生学子的关怀提携这几点，给人印象非常深刻。尤其从他20世纪50年代初在纽约当穷寓公时的潦倒中表现出的清高与淡泊，在晚年当台湾地区科学研究机构"一把手"时的悉心于学术建树这两方面来看，他确实在根底上是一位学者，虽然他终身热衷政治，但他是以一个自由主义知识分子的心性来问政，而不是以一个政治家更不是政客的品性去从政和"玩"政治。这也许可算是胡适作为一位"开风气之先"的现代学者的"高洁"处，但也是带来他一生的悲哀之根由。

拿胡适同鲁迅相比，显然是两种不同的文化性格。他们自小就不一样。鲁迅小时候读《鉴略》，未曾受到什么值得一说的影响，只不过获得一些历史知识罢了。胡适却不同，他读过《纲鉴易知录》之后，"历史"这一文化课题就深印脑底，十一岁的小小年纪，就自编了一份《历代帝王纪年歌诀》，他自己说，这成了他"研究中国历史的第一步"，是他"整理国故的破土工作"。鲁迅小时候读了《玉历钞传》，便在心理和情绪上，建立了一个既美丽又充满恐怖魅力的"鬼神世界"，爱那里的鬼而人、人而鬼、鬼而情，以及他们之中存在的不事权贵、敢于复仇与反抗的精神。直到临终前不久，他还深情地写了《女吊》那篇可谓"天鹅绝唱"的歌颂"反抗与报复'女神'（女鬼）"的美文。而胡适读了同一本书，却从此怕鬼，内心充塞着恐惧感，直到长大读了范缜的《神灭论》，这才在精神上解脱，从有神论进到无神论。鲁迅有一个"幻灯片事件"，自它发生后，他就决心弃医从文，从"要使人民健壮"的路上，走上"唤醒民众心灵觉醒"的征程。胡适也有一个"分苹果事件"。他在美国康奈尔大学学农，是为了"以农报国"。一次实习课，要求将几十个苹果按品种分类，美国学生半个小时就交卷了，而他竟分了几十分钟，还大都分错，于是他得出结论，学生选择学业只应根据个人兴趣，不必考虑社会需要，这才能够得到"有为"的效果，于是弃农学文。直到20世纪60年代他向台湾青年"传道"，仍然这么讲。鲁、胡二人都有一个母亲包办的不幸婚姻。鲁迅实行了彻底的反叛，离弃"母亲的礼物"——原配朱安，而与学生许广平相携白头。胡适却放弃同美国女子、终身未嫁的韦莲司的纯洁爱情，又割断曾与之在杭州栖霞岭同居数月、有过"实际上的婚姻"，也是终身未嫁的远房表妹曹佩衡的恋情，而与小脚文盲江冬秀相处终身。他写诗说："宁愿不自由，也就自由了。"与鲁迅相比，这是多么不同的两种文化性格，因此也就导致了他们的不同性格的创作与学术-文化。

胡适晚年的忘年交，也是他在纽约当寓公时的患难朋友，后来是《胡适口述自传》的记录、整理和注释者，美籍华人学者唐德刚，是很了解胡适的。他说，胡适非常爱惜自己的"羽毛"，"是个冷静到毫无火气的白面书生，他是不会搞革命的，抛头颅、洒热血是永远没有他的份的"（《胡适口述自传》注释）。这是胡适文化性格的另一面。它与胡适上述的表现，是一致的。

但是，胡适有两件事，却很好地表现了他的文化性格的另一种崇高风貌。一件是——在他的传记里都提到过的——他对于沈从文和夫人张兆和的美好婚姻的成全和促成。当初在中国公学，老师沈从文爱上了美丽而上进的学生张兆和，情书封封，但均未收到回信。一天，张持一包书信向校长胡适状告老师沈从文"不规矩"，胡适不但不批评"不规矩"的老师，反劝学生好好想想这种真挚的追求的意义。另一件事，是林语堂写出来告知世人的。1920年林在哈佛读官费生，去时答应时任北大文学院院长的胡适，学成回国后到北大英语系教书。不想到了美国，官费没有按时汇到，林便向北大校长蒋梦麟打电报告急，很快就收到了两千美元的汇款（林语堂说这款数在当时近似天文数字），得以完成学业，回国后即向蒋校长致谢。蒋懵然，问："什么两千块钱?"原来这钱是胡适自己掏腰包寄给林的。胡适的这种"文化义举"，确实难能可贵，而他扶持的正是两位文学与文化上的杰出人物，这"可贵"的"文化含义"的分量就更重了。在这样两件事上，很突出地表现了胡适作为一代文化大师的文化性格与文化品格及其深刻意义。这一点，令人仰望；而与今日之时世比，则令人感叹而深思！

义利之辨

义利之辨，这是我国传统的关于道义-道德与利益-利害的关系，以及如何正确处理这种关系的命题。由于自古就提出了"道德规范与物质利益"这一矛盾对立的命题，历代学者、思想家都曾经就此发表过自己的看法，提出自己的答案与理论，以至于形成了一个名为"义利论"的理论范畴。历史上，人们在不同的时代条件下，不断地重新认识和讨论这个命题。

我们今天是在建立、发展市场经济体制的历史条件和社会环境中，来重提这个历史性的，同时又是时代性的论题。这不能不富有时代的意义。

传统文化中，关于"义利之辨"的言论历代均有。最早的，见于以记录春秋和战国时期周、鲁等国贵族言论为主的著作《国语·晋语》，其中说"义以生利"。孔子则说："君子喻于义，小人喻于利。"孟子更说："仁义而已矣，何必曰利。"墨子则认为："义，利也。"这些言论，有两种倾向。一是完全对立的，以孔孟为代表，是不言利，或不要利。另一种则是联系起来看，或以为"义可以生利"，或以为"义即是利"。其实，认为两者是对立的学说，也是有区别地对待，如孔子是说，对于君子是"喻于义"，对于小人是"喻于利"，并没有否认"利"的存在，只是对象不同，态度、要求则不同。而"义生利"之说和"义即是利"之说，就更是把义、利统一对待的。这些传统的文化思想资源，对于我们今天讨论这一问题，是有启发意义的。这意义就是，首先，我们不能否认"利"的存在，也不能视而不见，更取消不了它；其次，它们之间是有联系的，是不可分割的，问题只在我们如何看待和对待这种联系。

因此，我们在市场经济体制下来探讨这个问题，也就既不能否认"义"的存在，也不可否认"利"的存在。我们不能说，在市场经济体制下，一切只讲"利"，无"义"的位置。同时，我们也不能为了"义"而否弃"利"的存在权利。倒是应该看到并承认，重"利"是市场经济的原则，"利"是市场经济追求的目的，是它的发展的动力；同时，"义"也是不能否弃、不能没有的动力、目的和原则。既然如此，主要的就是如何调和、整合、规范两者的关系了。这一点，在我们的传统文化思想中，也是有其优良传统和规范原则的。比如，不要"为富不仁"，就是一个很好的原则和调整机制、整合思想。这意思是：虽然要追求财富，但是又不要因此忘掉了仁义。也就是说，忘掉、否弃"义"的"利"，是要不得的，是不可取的。又如"君子爱财，取之有道"。这可以释义为正确的爱财即追求财富，是必须"有道"的，也就是在顾及道义、道德规范的前提下去实现利益的追求、利润的获得。这里，就不仅有对于"义"与"利"的"二者兼顾"的原则，而且，提出了实行的方法和途径。

在现代条件下，又有符合市场经济规律和需要的原则。比如"双赢互利"，就是很好的二者兼顾的原则。彼此在追求财富的行为过程中，考虑、照顾对方的利益，自己既得利，又让对方也得利，这在当时、短时期内，是要放弃、减少、牺牲一些利益的，但是，大范围和长久地来看，却是对自己也有利的。因为如果对手彻底输掉了、"灭亡"了、不存在了，你就不仅没有了对手，而且也没有了合作伙伴，你的"经营"也无法进行下去了。再从全社会的范围来看，个体的、局部的经济利益的获得（挣钱、获得利润等），是社会的、整体的经济发展的需要和表现。这里面，即包含了社会的、整体的利益在其中。而社会的、整体的利益的创造和获得，就是"义"。在这个范畴里来说，就是墨子说的"义，利也"。再从另一个角度看，为社会、整体创造了利益，发展了经

济，自己也会从社会、整体获得回报。——一方面是社会经济发展了，自己能从社会中获得更好的环境、条件，从而"生意更好做"，因此获利；另一方面，则是获得具体的经营利润及社会信誉、声誉。这就是"大""小"两头都获利，也就是《国语·晋语》中所说的"义以生利"了。

从以上的情形和分析来看，我们可以说，注意、创造、追求"义"，在具体的求"利"活动和行为中，虽然"牺牲"了一定的"利"，但总体上还是获利；而在大范围、在社会格局上，在长远利益上，是获利的，是胜利与成功的。总之，"利"与"义"，有矛盾，有冲突，但却不是绝对的、不可调和的。二者在理论上和实践上，都是可以调和、整合和统一的。

记者应具学者品性*

在一次《记者摇篮》的集会上，我在发言中斗胆提出"记者学者化"的问题，大意说：文学界有人提出"作家学者化"，我觉得记者也有一个学者化的要求，而且这个要求对记者比对作家显得更重要。因为作家是运用形象思维，以想象为主要手段、以虚构为特征来从事创作的。想象力和虚构的巧妙，是作家的本领。他们对于社会生活的认识，往往"形象大于思想"，可以真实地反映生活，描画生活的"原生态"，提供读者以思考的对象，就实现目的了，结论由读者去做。同时，作家反映生活可以甚至必须经过时间的考验、思想的积淀，从容为之。而记者则不然，他们是运用逻辑思维，以事实为依据、真实地报道生活的。真实是新闻的生命。而且，记者要及时地、即时地、越快越好地、不许虚构地反映社会生活，一方面来不及细细思考、从容着笔，另一方面又要求反

---

* 原载《记者摇篮》2001年第3期。

映事物的本质，揭示其规律。因此要求记者对社会及历史具有一定深度的洞察力，在"知人论世"上具有眼力和思想。这也就是要"有学问"。在这个意义上，记者的学者化，比作家的学者化，显得更为重要。

现在，我经过一段时间的思考，仍然没有改变基本的意思，但觉得原来的提法不够科学，易生歧义，记者就是"记者"，不是学者，也不必要求其成为学者，——但如有成为学者者，当然更好，事实上老一辈记者中不少佼佼者确实是出色的学者，如瞿秋白（早年作为记者赴俄采访）、戈公振、邹韬奋、胡愈之、范长江、邓拓等。但他们首先是记者，其次才是学者，他们是以杰出记者闻世和载入史册的。出于这些考虑，我现在决定修订原来的说法，改为：记者应该具有学者的品性。庶几近于可用。

所谓"学者品性"，概括地说可以归为两点：一是具有丰富的一般知识（文化素养较高），特别是掌握一门学科的专业知识；二是有一种遇事必思考研究、寻找规律的习惯、风格。这些并不是完全关乎个人品格，而是社会分工的决定、职业需要的要求，不如此就不足以称学者，不成其为学者，苟有学者而不具备这两条的，不免遭假学者之讥。而记者如果在新闻工作素质之外，又具备这两条，则可谓"如虎添翼"，定能成为新闻高手，扬其胜券于新闻竞技场上。因为，作为记者，能够在接触到一个事件、一种现象、一位采访对象时，便能以自己丰富的知识为支撑、某项专业知识为背景，迅即大体把握对象，力争掌握完备的、系统的材料，并动脑思索，细察深究，推知来龙去脉，判断其社会的、现实的与历史的意义和价值。这样，所作报道也就不会是表面现象的速写、浮皮潦草的报告，而是能够写出有深度、有识见、有预测的作品。其佼佼者不仅可以获得当时的"轰动效应"，而且足可传诸后世：上述报界前辈如瞿秋白、邹韬奋、范长江等的《饿乡纪程》《赤都心史》《萍踪寄语》《中国的西北角》就是这种既轰动当时，又流传后世的佳作。

鉴于处在建设中国特色社会主义、实现现代化进程中的我国现代社会状况，更有加入WTO和加大改革开放力度的现实，一个现代记者，其"学者品性"中的第一条，"丰富的一般知识"将会要求其了解更多元、更广泛的领域，特别是现代的、科技的、国际的知识，即"文化素养"的标准更高了。至于学科的专业知识，我想可以列出这几门：政治学、社会学、经济学、法学、历史学。这是了解、研究、报道当今社会

生活，必然、必须触及的几门基本学科，一个记者对它们不必也不可能都精通，但需要有一般的了解，具备基础知识，而对其中的一门则有专门的知识。现在的记者，大都具有学士、硕士学位，也有获博士学位的，已经具备一门专业知识，可以说是具备"学者品性"的基础了，再稍加努力，就"百尺竿头，更进一步"了。如再勤于思考、善于思考，就更好了。至于那些在学历上稍有欠缺的同志，则完全可以用实践中的学习、用自修来弥补，而且"功夫不亏人"，只要肯努力，定能得成功。

论理工科学生学一点文科知识的重要性与必要性*

这里所说的"文科"是一个广义的概念，包含社会科学、人文科学的所有学科在内。如果说，自然科学的重点学科是数、理、化、天（天文学）、地（地理学）、生（生命科学），那么，社会科学、人文科学的重点学科则是文、史、哲、经、法、社（社会学）。这里的"文科"主要的可说是这六个学科。

理工科学生学一点文科知识非常重要，也是非常必要的。其理由如下。

1. 人类认知体系的整体性与知识的整体功能

人类面对着三大认识对象：宇宙、社会、人类自身。理解、诠释和探索这三大对象的知识形成一个人类的认知体系，这是人（主体）对客观（客体）的认知体系，是人对物的反映。一切都是从人的主体性出发的，人类这个主体是一个完整体。因此，这个认知体系是一个整体。只

---

* 原文连载于《东北大学校报》1995 年 10—11 月。

是为了认识的便利和分工的需要，在长期的认识发展过程中，形成了各种认知领域，更形成各种学科，最后形成了四大科学部类，即自然科学、技术科学、社会科学和人文科学。但是，由于"从根上"说它们是"同根生"，从发展上说，它们又是枝杈交错的，所以，它们之间是互相渗透、紧密相连，彼此促进和感应触发的。在自然-技术科学之间，这种亲缘关系是容易看到的；在自然-技术科学同社会-人文科学之间，这种亲缘关系则往往为人们所忽视。其实，仅仅从一些交叉学科就可看出这种亲缘关系。如社会医学、数理语言学、人类工程学、热力经济学、技术经济学、生物学哲学等。

人类认知体系即科学体系的这种整体性，在效用和实践上表现出一种整体功能。这可表现在两个方面：一是在整体上，在社会运用、操作上，在科学应用和实施上，能够发生和发挥整体的功能；二是在个体上，即在每个人的学习和运用上，各个学科知识能够发挥整体功能。比如世界上著名的科学家、发明家、工程学家，往往因自己在哲学、史学、文学、艺术学上的修养，或因使用这方面的知识技能而取得重大突破和成就。

2. 文科知识的基础性、普泛性与"战略性"

在人类的认知体系中，文科知识具有基础性，如识字、一般理解力与表达能力、形式逻辑、社会知识、道德观念、行为准则、审美能力等，都是人的知识的基础，无论学工、学农、学医还是学理，都要首先掌握这些知识，必须具备这些知识。每个人在婴幼时期、学龄前，更不要说在小学、中学时期，都要学习这些基础知识，其中包括语文、地理、历史、外语等。而且，对数、理、化知识的掌握，也是凭这些基础知识所构筑成的理解力、分析力和一般知识构架来实现的。这些基础知识，在人类的整体知识结构上，始终处于"知识之塔"的基础部位；在每个人的知识结构中，也始终是基础部分。因此，这个"基础"的最初的强大和以后的不断扩展、强化，对于以后的"知识与能力大厦"的扩建、巩固及不断获得强大能量，都具有重大的作用。

然而，这种"基础"并不只是保守地处在"基础"上只起一种根基作用，虽然这种作用已经够重大的了，但除此之外，它还有一种超出基础之外的普泛的作用。我们知道，无论在数、理、化的任何学科，还是医学、工程学、计算机等学科中，哲学、语言学、历史学、社会学、逻辑学、美学、文学、艺术学等学科的知识，是都能发挥其重要作用的。这种作用表现为外在和内在两个方面。外在的作用，即在运用自然-技术科学知识于生产、生活中时，这些社会-人文科学能够发挥作用；内在的作用，即科学家、工程专家、医学家等自身的社科-人文知识储备，在他的发明、创造和日常工作中发挥助力作用。

这种作用，不仅具有战术意义，即在具体工作中发挥具体的、枝节性的作用，而且，特别重要的是能够发挥战略作用，这表现在哲学观念的科学化、社会观点的正确、人生观的健康、道德水平的高尚、思维能力的强健（人的思维能力包括形象思维、逻辑思维、直觉思维、灵感思维）、认识能力的高强、理解力与表达力的高强、创造力的强大，如此等等，这些，都同社科-人文知识装备的强弱直接关联。

3. 人类两种文化的渗透、协作与整合

由于科学技术的发展，人类的知识总体和认知体系越来越分化为两种文化，即科技文化与人文文化。两者彼此隔膜。其两极分化，给人类带来极大的损失。英国的查尔斯·珀西·斯诺在20世纪50年代指出，"两种文化早在60年前就已经危险地分裂了"；又说，"事实上，科学家与非科学家之间的分裂在现代年轻人中间比30年前更难沟通"。这种文化分裂，造成的最大损失就是科技的非人文性带来了广泛的负面效应，人类的三大家园（自然家园、社会家园和心理家园）遭到破坏，带来了"文化-人"的心理、性格与才能的严重分裂（最极端的例证是希特勒的高级奴才中不少是高级科技专家，他们可以心安理得地去发明创造杀人机器，用于集中营）。文理分家、重理轻文，造成了人的才能的偏狭发展。

不过，另一股文化潮流也在兴起，这就是自然科学与社会科学的互渗与汇流。这股潮流现在越来越强大，出现了形成"大科学"的趋势。

上述两方面，从反面和正面昭示我们两种文化携手合作的必要性和重要性。两种文化渗透、协作和整合，社会、经济之发展可得大益，经济效益、社会效益、文化效益三者可以统一；在个体的才能上，两种

"文化人"可为彼此"添翼"，成为双相综合人才。

理工科学生与文科学生的截然分家、泾渭分明，会造成很大损失。

4. 在当代社会的"三大倾斜"中人文科学的作用

当代社会在人生-文化选择上有"三大倾斜"之弊，即在物质与精神之间，重物质、轻精神；在科技与人文之间，重科技、轻人文；在个体与群体之间，重个体、轻群体。这"三大倾斜"造成社会、人生、个人心理的严重失衡，由此产生物欲横流、拜金主义、社会离异、人情淡薄、功利第一、人性泯灭、唯物质追逐、个人享乐、夺天掠地以谋福利为重，出现万众之中的孤独、现代物质丛集中的荒凉、人性高度发展中的穷苦窳劣，等等。

现在，举世共识，要加强人类文化的人文性，人类文化将从高科技型向人文-科技型转化并重构。

此种时势下，理工科学生学习一些人文科学知识，正是适应未来要求、做21世纪之综合性人才之必需。

5. 文科知识为你增添高翔云空的翅膀

由于前述文科知识的基础性、普泛性和战略性的原因，更由于此处说及的人类文化发展的总趋势的原因，理工科学生掌握一定的社科-人文知识，大而言之可适应时势之所求，小而言之可为个人才智之增长"添翼"。对于社会性状之理解分析，对于经社发展趋向之掌握、思维能力之增长、人际关系之调适、心理能量之积蓄、审美情操之培养及待人接物之谈吐气质，如此等等，均可从习修社科-人文知识中求得，亦均可为人的才智之增长"添翼"，从而使人足可凭才智之羽翼，高翔于奉献社会、成就事业的云空。

6. 文理（工）科之分殊与东西方文化：高层次的文理结合

对于东方民族之中国人来说，文理分家，是处在东西方文化之不同这一背景之中。中国文化重人伦、讲"天人合一"，西方文化重科技，讲"征服自然"。东西方文化具有互补性。中国人之重理轻文，实乃受西方文化之熏染影响所致，也是近现代提倡科学的结果。但这种偏狭的文化状态，有悖于中国文化传统，又在趋向上抵逆当代人类文化的转型重构大潮。所以，在人才培养上，在个人之自我发展上，还是以在平衡、综合发展的基础上，专修一门为佳；而以"只叮在一朵花上"，只修一门专业，其他都概莫予知为下策。

7. 人的创造力与人文科学

人类的创造力是在一种完整的知识结构基础之上产生的，也是在一种健全的、具有特种品性的心理素质上产生的，同时，还必须有一种创造性的思维能力做基础。这种思维能力是在逻辑（理论）思维、形象思维、直觉思维和灵感思维这四种基本思维能力都较发展的水平上构成的。明显地可以看出，理工科知识所促进成长的主要的和基本的是逻辑-理论思维能力，一种严谨的、周密的、逻辑的、科学的思维能力。这是一种有用的、重要的思维能力。但对创造性的活动来说，仅此是不够的。爱因斯坦、居里夫人都申明相信直觉的作用，科学的发明创造及创造性的劳动，也往往得力于灵感的爆发。不少科学史上的创造与创见，得力于科学家的灵感。而形象思维、直觉与灵感思维，正是文学、艺术之所长与特征。文科的其他知识，也大都能够助此类思维之增长与发挥作用。因此，人文科学的知识，是创造的源泉之一。它除了自身的作用之外，还可帮助来自理工科知识之创造源泉发挥作用。所谓相得益彰便是。

8. 文科知识的生活-人生情趣

人文科学中关于人、关于人生、关于社会生活等的知识与描绘，其中蕴含的思想、情感，都是自然科学和技术科学所不具备，也不需要的。至于文学艺术作品中的情感世界、理性世界与美的世界，更是唯文艺所独有。而这一切，是具有一种增强认知能力、丰富思想情感、培养审美能力的作用的，并充满人间烟火气，而具有一种感人的、引人的、陶冶人的生活情趣与人生品味的力量。这既表现了人文科学知识的普泛性、人间性，又显示了它们对于人的心理、性格、气质等的养育作用。因此，读这方面的书籍，能够增知、益智、娱情、冶性，促进人的健康成长，增加生活的兴趣，"读书之乐乐无穷，瑶琴一曲来薰风"，大抵写的是读人文科学与文学艺术著作的感受。

9. 为了更好的学习效应

人的身体疲劳与心理疲劳，都可以因为改变姿态与改变所事项目，而得到调整以至消除。阅读与学习活动也是如此，可以用转换项目来使身体与心理的疲劳得到调整和消除。因此，从学习策略来说，在攻读一段时间数、理、化及一切理工科课程之后，学一点文科课程，或阅读一些这方面的著作，以及翻阅文学艺术作品，甚至看图画、听音乐，都可以使精神得到调整，心理得到平稳，生理得到整合，于是疲劳消除、知识增加、学业长进，学习效果更好；反过来也能够推动理工科的学习。这正如老子所说"将欲取之（得到好的学习效果），必先予之（给予时间学文科知识）"。

从学习的战略上说，读文科书籍，还可增强道德品质之修养、信仰信念之坚定、爱国情感之培养，融思想政治教育于阅读之中。《离骚》、唐诗、宋词、元曲，还有像文天祥之《正气歌》、岳飞之《满江红》及鲁迅之小说、杂文，还有诸多美学论著、史学论著，等等，大都会有此种作用。

10. 形成一个完整的高层次的知识结构

每个人都具有自己的特殊的知识结构。有知识的人，更有一个比较完整的知识结构。理工科知识结构，大体言之，如图1所示。

文科知识结构则是图1中的Ⅰ，Ⅱ互换，即"基础"（Ⅰ）为"比较广泛的一般的自然科学、技术科学知识"，第二层次Ⅱ为"比较广博深入的社科-人文知识"，如图2所示。

我们可以设想，如果是一个"不完备结构"，则"基础"可以是"狭小"的，如图2所示。

事实上，在现实生活中，这样的知识结构不完备者是不少的。这便限制了他的学问、事业的发展，限制了他的智能、创造性的发挥。

理工科学生学习一些文科知识，即为了能够建设这样一个比较完备的知识结构。文科学生亦如此，Ⅰ项应广泛宽厚。

◁ [理工科知识结构]

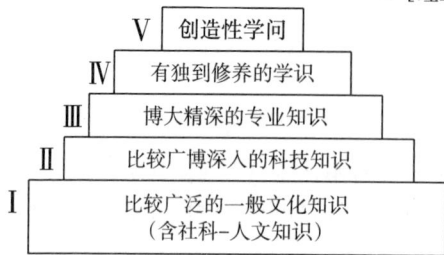

V　创造性学问
Ⅳ　有独到修养的学识
Ⅲ　博大精深的专业知识
Ⅱ　比较广博深入的科技知识
Ⅰ　比较广泛的一般文化知识
　　（含社科–人文知识）

图1

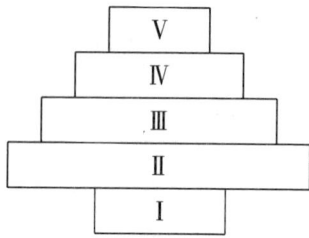

V
Ⅳ
Ⅲ
Ⅱ
Ⅰ

图2

学梦缱绻终难圆*

——学术自述

平生坎坷梦偏多。学术研究的梦缱绻一生，今生已老梦未圆。那已是48年前事，我国第一次也是最后一次招考副博士研究生，我因学历不够不能报考，后经申请并寄奉有关成果，得高教部特许应试。然而却因细故未获单位批准。一语定终身，我的副博梦醒，而向学之途似乎也梦断遗憾乡了。旋即"五七风暴"，青春葬送付劳改。"文革"期间，又被遣送内蒙古荒原插队十年。生命的浪费直至行年五十始终结。风雨载途，命运坎坷，但学术绮梦却从未废弃。这中间的艰辛困厄，无论是物质的还是精神的，也无论是生活的还是为学的，都是一言难尽。新时期以来，命运转变，条件改善，生活与研究都有了比较好的境况。但是，多年的困顿与闭锁，思想学业与生活状况一样的贫瘠荒凉。这不能不使

* 原文收入陈建功主编、冯济平编《第二代中国现代文学学者自述》，文化艺术出版社，2011，第35—49页。

我学术文化的业务受到严重的影响。在这逶迤曲折的途路中，虽然坚持了为学的进程，从事学术研究不辍，然而其局促狭隘可想而知。当然，究竟数十年，朝于斯、暮于斯，学术研究确实已经成为我的生存方式、存在状态，物质与精神的生活内涵，以至生命价值与意义之所寄；因此，体验感悟，无论深浅总应该有一些的。只是它必然地被打上了风雨平生的烙印，其意义几何？

但我愿写出我的体认、感想与不足。

1. 我的学术研究的动力"原点"

我一直认为，学术文化的价值与意义，不仅在于对现实的实际效用，而且更重要的是它为国家、民族的未来生存创造新的空间，包括物质世界的，尤其是精神世界的。因此，它在一定程度上是需要超脱的，应该具有超越和超前的品性。这样，它也就往往不仅具有与现时代合拍、契合、顺承的一面，而且还有逆潮流、警醒性、批判性的一面。为此，学术文化的创造，就需要一代又一代的学人、哲士以舍身亡命的精神去追求，才能有所成，才能成大器。这是因为人类科学文化事业之发展、真理之发现，以及它的应用于社会进步事业，是要靠"代有才人出"的历代相继的，生活于不同时代、不同民族的献身科学、献身文化的斗士们的坚苦卓绝，以至奉献生命的斗争与献身，才能得以成功地前进的。因此，这种学术文化的创造者和守护人，往往平生清贫凋落，以至身负悲剧命运。但他自己，却是获得了问题的探究、理论的思索、文化的创造及真理的追求之无尽的乐趣，甚至沉浸其中、乐此不疲。

我的这一点感受和认识，是逐渐形成并加深的，也是逐渐具有了切身切肤、血肉相关的感应。这种渐进过程，又与我的生平经历、遭际血肉相融。而且，这种对学术文化本质品性的感受与体验的加深与前进，正与我的学术研究、著述撰写的进程相契合，它们的内涵、性质、品性以至风格，也与之一致。回顾青年时代，倾心学术，是一种出于浮泛理想主义的兴趣与催动，而于名利中的"名"，非常看重。因此，有所撰著，难免肤浅浮躁之气，难脱趋时慕名的幼稚行为。后来，未及而立，"反右"风暴摧折，批判、斗争、劳改；未及不惑，"文革"浩劫来临，批斗之后插队落户，"十年荒原弃置身"。如斯二十多年大好光阴，从青春到中年的人生美好年岁，尽付东流。风雨载途，缱绻半生，这是我半百之岁的生活与命运的写照。我的正常的生活，我的真正的生命，从50岁才开始。本来，这种状况下，生活维艰，简单的生存都是难上加难（有一时期每月只发36元生活费），更何谈学术研究与做学问呢。但是，我竟坚持选择了这条路，而且坚持着走到如今。由于生活的磨难、现实的教训，此时此种抉择，已与名缰利锁脱离，是"只问耕耘，不问收获"的一种人生决定与生命投入。"生命与学术相连，学术与生命相依"。"衣带渐宽终不悔，为伊消得人憔悴"！心性所向，决定了只能走这条路。我选择这条路，作为我的生存状态和存在方式，期有所奉献于民，而无所求于世。学术研究是一件寂寞的事、艰苦的事，也是价值和意义往往被轻忽的事。荣华富贵、权势金钱都与之无缘。唯真爱者能倾注身心，坚持不懈，能持守之，能付出心血。古往今来大学问家、哲人大师，皆如此。我仰慕他们，景之仰之，虽不能至，心向往之。但是，这却是我的研究工作的原动力、加热器与减震机。正是这一"原点"，决定了我在任何时候、任何境遇下，都不放弃、不停止我的读书学习与思考研究。

正是这种选择和存在方式，不仅给我以力量——一种精神的与意志的、心理的力量，来抵御种种生活艰辛、政治歧视、人格侮辱和长期身处社会底层被视为入了"另册"的"不可接触的人"的，物质穷困与精神困顿的逆境摧折，而且给予我自尊与信心，甚至得到获取知识的乐趣、思考的乐趣、接近真理的乐趣、探讨理论的乐趣、身心解脱的乐趣。可能发生的精神危机也得以解除。这种文化消解，具有深沉的底蕴。它来自古往今来的大师、哲人、学者的思想、理论、睿智、情操，来自他们的崇高精神、思想威力和人格魅力。犹记"五七风暴"后，每日白天是繁重的体力劳动，夜晚读书，读理论书籍，读美学论著，读太平天国史，精神游弋于思想、理论、历史、审美的空间，忘乎眼前的疲累与对前途茫茫的忧虑，身心解脱，苦辛消解。"文革"期间，在边陲之地插队，十度春秋。《鲁迅全集》是唯一的精神绿洲，风雪茫茫日，孤舍荒村，炕暖屋冷，窗外狂风暴雪，万径人踪灭，四野皆威威，此时此景此情，读鲁迅，以"鲁迅视野"了解鲁迅如何解读、剖析世界、历史、社会、人生，尤其是中国的历史、社会、人生与中国人，体会鲁迅如何做人及教我们如何做人，那心灵的震撼和启迪，以及精神的提升与解脱，使人一方面深深地体验到文化的深沉控力与激励能量，另一方面也触动、鼓舞和激发我，不要执着、黏滞于一己的苦痛哀伤与夫命运之塞滞，并且萌生投身这种学术文化事业的愿望与决心，不仅不揣浅陋、不计工拙，而且不问收获，明知身为底层边缘人，"论著纵使利于世，无人问津反论罪"。这不是预设的前景，而是已有的事实；但即使如此，仍然愿意并乐于读书、思索、求证、"研究"，并且记录下已获的"果实"。这是苦难中的生之乐趣，人生意义与存在价值的精神追求。深知浅薄之作，绝不会"藏诸名山"，而只是日后如马克思所说"让原稿给老鼠的牙齿去批判"[①]；但作为精神寄托，作为理想追求，即时的价值不可低估，而未来的命运，何须过问？

"那本被我自称为'春天的第一只燕子'的'研究成果'——《鲁迅诗选释》，是在颠簸的敞篷汽车上，是在风雨道途中，用心默读、冥想，是到驻地后在农村昏黄的电灯甚至油灯下记录下来，集而成文的。那时，我在敖汉旗农业局工作，以'干事'之身，参加每年春夏秋冬走遍全旗24个公社的四季大'拉练'，故有此'风雨汽车路，默读写心储'的经历。在同一个荒原上，在同样的境遇和心境中，为撰写《鲁迅杂文读本》做准备，积累了大批系统的有关资料，这为后来撰写《鲁迅评传》奠定了思想与资料的基础。后来《鲁迅杂文读本》未写成，《鲁迅评传》却用上了这些资料，勉强可谓'失之东隅，收之桑榆'。"（《荒原上一株蒲公英——写在〈彭定安文集〉第五、六卷后面》）

凡在此等时，我常思索，——也不能不思索：这样做有意义吗？回答是肯定的。因为，除了上述的"即时的精神解脱-心灵寄托-文化消解"的不可忽视的意义之外，它的巨大而深刻的意义还在于：这种"文化耕耘"是一种思想、精神、心灵的养生，它在物质贫困、地位卑下、文化遭贬的生活环境中，却使一个人的生活质量提高，心灵向着美好的方向，与真理对话、与美结伴，扩大了精神的空间，享受人间另类美好。如马克思所说："我已经说了，我已经拯救了我自己的灵魂"[②]，我则是"我已经写了，我已经拯救了我自己的灵魂"。由此，我想到，学术文化的意义是那样的深沉不露而又切实笃定，它能为个体也能为民

---

① 马克思：《〈政治经济学批判〉序言》，载《马克思恩格斯选集》第一卷，人民出版社，1972，第84页。

② 马克思：《对德国工人党纲领的几点意见》，载《马克思恩格斯选集》第三卷，人民出版社，1972，第25页。

族、人类，开辟、创造、建设美好的文化后院、思想驿站、精神空间、心灵家园；学术文化的发展昌盛，会使浸润其惠的个体以至整个民族，产生巨大的生存力、抗逆力、创造力；个体因此能更多地奉献民族，民族因此能振兴发达。这是学术文化的伟力与价值。能够有幸从事这种专业和事业的人是真正幸福的。

2. 艰困平生的两面效应

杜甫诗句曰："文章憎命达，魑魅喜人过。"古往今来的许多事实证明，苦难的经历、缱绻的人生、不幸的遭遇，往往成就杰出的作家、学者、哲人、思想家。这是"生活的苦酒酿出了思想-艺术的琼浆"。这是符合创作与著述规律的。但是，这主要的意思，我以为却是在讲一个人生平中，能够有一段以平头百姓之身，以平常心过平常生活，以至身处边缘、置身底层，甚至命途多舛、迭遭劫难，则能直接接触社会，体察社情民心，能累积社会生活的素材，这些，能够培养反映、代表民心民意的态度与心境，足供提炼酿造思想、文化、艺术的成果，而不是单单指物质生活、物质条件的匮乏与低下，能够使人获得成就。鲁迅曾经讲过，"文艺是余裕的产物"，真正食不果腹、衣不蔽体、生活无着，是很难创作的，至于学术研究与论著撰述，更是在图书、信息、资料方面，要有一定的保证，生活要能够安定，最好有比较安稳、清静的环境。这又是学术研究与写作，同文艺创作不同的地方。而且，重要的是，要有比较宽松的环境和文化氛围，才能使文艺创作和学术研究得以展开，作家、学者的才能得以发挥。

这里，从宏观视野和长时段历史观出发，研讨"历史的脚步与规律"，主要有三点：第一，贫穷困厄固然有"造就人才"的一面，但也有"耽误人才"以至摧残人才的一面；第二，这是因为，一定的物质条件，包括生活条件和体现在"文化设备-文化资讯-文化环境"方面的物质条件，对于作家、艺术家、学者、文人等文化思索者与创造者来说，是必备的、基础性的、不可或缺的；第三，政治环境的相对宽松和文化气候的适宜，对于解除闭锁、开发智能、激扬思想才华尤为重要。

联系到我自身的命运与经历，我既有"往昔的遗憾与惆怅"，也有近二十多年，特别是晚年的"今朝的欣慰与期盼"。1998年《彭定安文集》第一至四卷的出版，以及最近将出版的文集第五、六两卷，便以郑重的事实反映了这样两个方面：文集能够出版，文集所有论著的内涵，既反映了蚌病成珠、"缱绻困厄培养成全人"的一面，也因其思想内容、文化内蕴不够理想，而透露了"个人才学"的不足和欠缺之外的，艰困生活和不幸遭际所造成的"闭锁迟滞、耽误压抑"的消极影响。

3. 理论为实践服务，就应重视理论

"为学不愿做冬烘"，这是我学思的基本态度。我的经历和青年时代所受的教育，都使我不可能抱着"为学问而学问""为艺术而艺术"的态度来从事写作，倒是一直坚决反对而且嘲笑这种态度。"理论联系实际"从青年时代起就是我心中根深蒂固的观念。我在辽宁社会科学院工作期间，一直坚持"是否联系实际和为社会实践服务，是社会科学院生死存亡的问题"这个提法。不过，对这一问题，我也逐渐地有了进一步的认识和体会。这就是不能急功近利地、狭隘地理解学术–文化为实际服务的问题。其实，强调理论为实践服务，本质上不仅强调了理论"要服务于实践"的"实践"的观念、要求，同时也强调了理论的意义、价值，强调了"理论"的观念。因为，不是什么别的事物去为"实践"服务，而是"理论"去为"实践"服务，所以，不仅"实践""服务"是重要的，而且"理论"也是同等重要的。因为没有理论，拿什么去服务呢？理论不高、不深，又怎么能服务得好呢？所以，为了为实践服务，就要学习理论，提高理论水平，真正懂得理论、通晓理论、掌握理论的精神实质。这就出现了一系列的连锁要求和活动。学习掌握理论→了解实际→理论联系实际的思考→研究得出结论（学术论著）→服务实践。无论何种著述，最终都归结于社会实践。费希特曾经说过："学者的使命主要是为社会服务，因为他是学者，所以他比任何一个阶层更能通过社会而存在，为社会而存在。"[1]这是一个学者的命运，也是，或者说应该是学者的自觉的"命运感"和责任感。也许可以将这称为"学者的社会觉悟"[2]。

---

[1] 费希特：《论学者的使命》，梁志学、沈真译，商务印书馆，1980，第37页。

[2] 同上书，第39页。

所谓理论，应该是包括三个层面。一是一般理论，即关于哲学、历史、社会、人文的一般性理论。二是专业范畴的理论，比如关于哲学的，历史的，文化的，文学的，艺术的，等等。三是每个学者所从事研究的具体对象、题目的学科的、专门的、具体的理论。这样，以理论之眼光去收集材料、分析研究资料，才能出观点、出见解；然后，以理论之光照亮材料，撰写论著，始能具思想筋骨，内涵丰厚。

4. 苦难酿就学术甜汁也酶化文化苦液

我时常想起恩格斯论费尔巴哈的一段话，大意是说，费尔巴哈后期的思想停滞，与他晚年的乡居生活有关，因为，他远离了城市，也离开了"和他才智相当的人们的友好或敌对的接触"，不能从这中间来发展自己的思想。[①]恩格斯的这一思想是很深刻的。人的思想，尤其是学者、思想家的思想，是不可能孤立发展的，他要在切磋和斗争中前进。海德格尔是另一种情形。他在"二战"后，孤居山上的林中小木屋里，几与世隔绝。但他仍然发展着、进一步阐释着自己深邃的哲思。这是因为他虽身在林间木屋中，但他保持了与附近山民的联系，他也时而"下山""入世"，做讲演，参加会议，保持了与外界的必要联系。费尔巴哈和海德格尔从正反两方面证明了思想者、学术研究者保持同外界的信息沟通和思想交流的决定性作用。从这一点上说，是不存在"纯学术"的。这里也不关乎是否存在"功利目的"的问题，因为这里没有涉及"功利"这个范畴，它只在"学者/研究–社会现实""个体思索/研究、群体切磋/争论/斗争"这个范畴和命题的界域中。从这一视点出发，我想，我长时期被封闭甚至是禁闭，长时期身处荒僻农村，而且过的是别人规避你、自己则遵守"只许老老实实，不准乱说乱动"的严规生活，同时，更不可能参与任何思想的、文化的与学术的交流和论争，始终处在正接受批斗或准备接受或预先恐惧着哪一天要被批斗的心理状态中，这样的主客观生存状态，对于学术研究，其阻滞、妨碍、促退的作用，是很明显也很巨大的。我在这里，丝毫没有拿客观原因来为自己的学术

---

① 恩格斯：《路德维希·费尔巴哈和德国古典哲学的终结》，载《马克思恩格斯选集》第四卷，人民出版社，1972，第227页。

研究成果不理想做辩护的意思。只是从学术、文化的发展上来总结经验教训和探寻其中的规律而已。总之，犹如一株柔弱又长期被弃置荒原的蒲公英，是难得正常、顺当地生长、开花和结果的。而那些"果实"中，除了"实际社会生活酿就的甜汁"，也就是"生活经历与体验"对于学术研究和思想、文化的积极作用之外，也还有"苦难酶化出的苦液"，即风雨历程所留下的消极影响所造成的思想、文化上的某种程度的迟滞与贫瘠。我常常为自己最近二十多年中的学术研究与论著思想上的不够开豁、文化底蕴的不够深厚和整体水平没有达到应有的高度而既感愧赧，又觉遗憾。

5. 我的撰著的四种"状态""模式"

我的所有论著的撰写，大体有四种情况，也可以说是四种"状态""模式"。

第一种是：涓流汇集，水到渠成。我的多数鲁迅研究的著作属于这种。我出身没落书香家庭，原本烟火炽盛之家，迭遭天灾人祸，不几年间沦为贫民。因此，在上初中时，读到鲁迅《呐喊·序言》中的话："有谁是从小康人家而坠入困顿的么，我以为在这途路中，大概可以看见世人的真面目。"这使一个饱受世态炎凉之苦的穷困少年，如电闪雷击般遭到心灵的震撼并引发人生觉醒，从此深深爱读鲁迅并且是一种"心之读"。以后数十年，更在人生风雨途中，继续不断深化这种"心之读"。"五七风暴"后，即使仅仅是"岂有豪情似旧时，花开花落两由之""寄意寒星荃不察，我以我血荐轩辕"之句，于困苦无奈之中，吟诵之，便仿佛沉埋中得一空隙，透气以存；更不用说鲁迅的思想与人格魅力，鲁迅的坚韧与斗争精神，鲁迅的做人与教我们如何做人，是如何地扶助、提携、引领我走出物质的与心灵的困顿、沉沦境地了。在尔后的艰难岁月中，虽然不能发表，我仍然撰写了论文《中国革命历程与鲁迅思想发展》，鲁迅几首诗的解读诠释，以及关于《野草》的论文。在沙漠荒原蛰居的十年，更是只有从几乎是唯一存书的《鲁迅全集》中解读的鲁迅的"思想、人格、生命境界"，是我安顿灵魂并激励我前行的绿洲。因此，在此时期，虽困居乡僻或从事底层工作，却只问耕耘不问收获地撰写《鲁迅诗注释》《鲁迅杂文读本（注释与解读）》。到1978

年从农村回到城市，这"读鲁历程"，从少年到青年、从青年到中年末尾，历时数十载，融进了自身的坎坷经历与精神成长史，积累了血肉相融的对鲁迅文本的个体性、"私人性"的理解、体察和诠释体系。这样，1980年撰写《鲁迅评传》，可谓水到渠成。记得在一个五月美好的早晨，我伏案窗前，提笔写下了第一行："在19世纪80年代，鲁迅来到了世间。"从此就一发不可收，一泻而下，情不可遏，文不待思，一日写三五千字地进行，在担负了行政领导工作的忙碌状况下，40多万字的书稿半年多竟完成了。撰写过程中，结构已经酝酿胸中，自然天成，资料一段段排列有序，见解、论点、思想久蓄而发，感情堪称奔放，浪涛起伏，文笔难说上乘但一泻而下不可阻遏，写到动情处，禁不住泪眼盈盈。确实，几十年风雨坎坷中累计下的"读鲁心得"，种种感受，都奔涌而出。

《鲁迅学导论》的撰写也是如此。自从我于1980年提出创立"鲁迅学"的倡议以后，十几年中，我除了撰写了数量较多的鲁迅研究论文外，还相继撰写、出版了《鲁迅思想论稿》《突破与超越——论鲁迅和他的同时代人》《鲁迅杂文学概论》等专著，同时，还发表了阶段性鲁迅研究概貌的评述文章，特别是撰写了关于鲁迅学的理论构造的论文。关于鲁迅学概论的学科性专著的提纲，酝酿数年，起草并修改数次。直至1999年终于执笔为文，因为久蓄胸中，也是一气呵成。这是一种理论文本，理性强、思辨性强、行文理论化，但是撰写过程仍然是"顺理成章"，一节、一章，章章节节地写下来，顺畅无碍。这自然也是水到渠成的缘故。——当然，以上所说，都是讲个人写作过程的一种态势和心情，而不是说著作本身所达到的水平和风格。

第二种是："原点"生发，广收博取。即有了一个研究课题的主题，一个想法、念头，感到是一种蕴意丰富、可供发掘深究的"原点"，便以此为中心，广泛阅读，集中收集材料，累积思想、观点、见解，消化融会，形成系统，在此基础上撰写论著。《创作心理学》是这种写作"状态""模式"的代表。19世纪80年代初，我在研究鲁迅和中国现代作家过程中，还连及歌德、托尔斯泰、屠格涅夫等作家时，总是在思考一个问题：他为什么要这么写、为什么会这么写？他们的作品的构造、情节、审美素质为何这么不同？结论是他们各自有一种独特的创作心理，是创作心理决定他们这样写。于是，我决定要研究一下作家的创作心理。产生这个思想的、理论的、文学创作的研究"原点"之后，便集中阅读相关著作、论文、资料。直接的关于创作心理的著作几乎没有，只有从"相关性"方面下功夫。在这方面，需要眼界开阔，遍及古今中外、四面八方。首先，这牵涉到众多学科，如文艺学、心理学、创造学、美学、艺术心理学、文学史、传记学、思维科学以至脑科学，等等。所有这些方面，都要程度不同、轻重不同、分量不同地阅读相关著作、论文、资料；彼分我合、彼合我分，分题集中并系统化。在这过程中，不仅收集、学习、吸纳了众多他人的营养——研究成果，而且进行了独自的思考、选择、发挥。这里需要说明一下，这种"成果""营养"，不仅有大量的"正面的"，而且也有不少"反面的"，即与自己原有的见解不同的思想、见解、观点，它们从"反面"刺激、激发了自己原有的观点，在"我"与"他"的思想、观点的碰撞中，得到启发，增长、发展、提高了自己原有的东西，此之为"相反相成"。将这些既有的成果、他人的营养经过消化，化为己有，为我所用。在此基础上，结合自身原有的"思想-理论体魄"，确立了独有的一系列理论命题-范畴，而以此为"立足点"-"基石"，向创作心理的绿色丛林寻芳探幽，创获自己的体系。①

在这种学习——收集——吸纳的过程中，我做了大量的笔记，有一般性的，特别是有专题性的。其中，有的是摘录要点、思想、观点、理论，多数是摘录中有更多的展延、发挥、变化，还有阅读中受到启发而记录下的感想、想法、理论见解等。这些笔记（其中有的收入近期由黑龙江人民出版社出版的《安园读书笔记》中），后来便成为我的写作"秘本"。我在撰写《创作心理学》的过程中，手不离"本"，其"流程"顺畅而流利，一般日"产"5000字，有时达7000字。特别令我自己也感惊异的是，这部60多万字的著述，竟没有一页一行的修改、涂

---

① 《创作心理学》中确立的主要命题和范畴有："人生三觉醒与再觉醒"：性觉醒与再觉醒、人生觉醒与再觉醒、艺术觉醒与再觉醒；"创作心理的'四大家族'"："自我家族"（本我、自我、超我）、"意识家族"（潜意识、前意识、意识）、"感情家族"（感情、情绪、情操）、"记忆家族"（记忆三阶段、三层次、"三杰"、记忆与遗忘）；"创作十魔"：创作冲动、情绪记忆与情绪激起、想象、直觉思维与灵感思维、潜意识与梦、忧患意识、悲剧心理、"两面神思维"、模糊意念、语言-言语；"创作心态十佳"：创作冲动的爆发状态、强迫状态、超越感、契合感、自由感、孤独感、灵感流星迸发、无意识状态、迷狂状态、顶峰经验；等等。

抹，在行文上算是"一气呵成"。这是一次愉快的理论跋涉，一次欢快的学术探幽，一种类乎创作的文本创获历程。

第三种是：命题作文，按题开拓。接受命题——多数来自客观，少数是"自己给自己出难题"的情况——是常有的。当命题被接受后，就按照题旨广泛收集材料，按照主题的需要不断开拓，既开拓题旨的外延与内涵，又开拓其相关学科的门类，这样形成一个主题学与文献学的网络。然后按照这个网络的提示，开列文献、资料目录，以为阅读——收集——吸取的"路线图"，而后即"按图索骥"，一步步阅读、思考、探索、研究。这一过程不是"从一而终"的，而是会在进行过程中不断补充、扩大、修订。这一总体过程结束时，整个论著的框架、大纲、论点系列都大体形成。据此可以写出详细提纲，为撰写的张本。专著《文化选择学》和长篇论文《21世纪鲁迅研究预想》，都是这样一个研究、撰写过程。这两个论题，都是根据需要制订的，没有既有的研究，没有现成的资料，没有直接的研究成果。一切要靠自己根据主题的需要去开辟、创设。这里只略述前者的预备、阅读、研究、撰写的过程。文化选择，涉及众多学科，如文化学、文化史、文化人类学、历史、原始文化研究、艺术史、选择学、心理学等。我的阅读——收集——吸纳——选择——改塑过程，就是按照前述方式进行的，然后形成自行创立的命题、范畴、"规律"，进行人类文化选择与文化成长的系统论述。其中，独自确立了一系列命题、范畴、"规律"，如：文化选择个体承传接受六渠道，文化选择的"五朵金花"，"七星高照：文化选择的'技巧'、杠杆和方式"，文化选择的三维度，文化选择的"母题"与"母体"，文化选择的三大支柱（极限圈层），文化选择的四重结构（精神圈层），文化选择的两极构造（结构圈层），文化选择的"四大家族"，等等。①

---

① 《文化选择学》中的主要命题和范畴有：文化选择个体承传接受的六渠道：遗传、胎教、婴儿习得、生活传授、社会熏陶、文化学习；文化选择的"五朵金花"：游戏、巫术、宗教、艺术、科学；"七星高照：文化选择的'技巧'、杠杆和方式"：语言、技术、仪式、神话、习俗、象征、转换；文化选择三维度：现实、历史、心灵；文化选择的"母题"与"母体"：人类最早的文化文本——生活规范，信仰体系，神话系统，仪式序列；文化选择的三大支柱：人生"三大限"（极限圈层）——性别差异、婴儿依赖、生命周期；文化选择的四重结构（精神圈层）：天、地、人、神；文化选择的两极构造（结构圈层）：太极结构；文化选择的"四大家族"：生命文化选择、世俗文化选择、艺术文化选择、科学文化选择。

第四种是：现实触发，思理观照。这是从现实生活的触发中获得主题、课题，有感而发。多数情况是通属于文化社会学范畴和现实主题的研究。这里，是一个"现实感触–获得主题"，然后思索、探讨、研究，给予理论观照的过程，也是一个理论联系实际的过程。大多数情况下，是"事实、理论"两者相互碰撞、交流、契合的过程。在这个过程中，"实际"被理论观照而显其本质；"理论"因观照实际而显其功能。我的以后几可说形成系列的论文的课题：关于文化现代化、中国传统文化向现代转换、人的现代化问题、建设文化后院问题、经济–社会发展中的文化功能发挥问题等，都是这样形成的。还有决策咨询性的文章，如《关于建设辽宁省"'中部城市群–辽东半岛'现代化经济–社会区域"的建议》《关于振兴江西的六条建议》《关于建立江西省"青山湖科技园区"的建议》等，皆属这种性质。

6. 资料、语言、个人情怀

任何学术成果，都不是平地而起、个体独自完成的，而是以前人的各种成果为前提、为基础的，后人做的都是继承、展开、发挥、发展的工作。当然也有许多开辟性的研究，但这仍然有一般的和相关的学术成果为前提和基础。因此，学术研究过程中，收集资料、学习前人既有的直接的和间接的成果，不仅是重要的，而且是必需的、必不可少的。在这方面，有几点是重要的。第一，广义意义上的资料，包括极广，其中涵盖高层次的学术成果。故收集资料应力求其广泛，应该做到广泛→丰富→全面→深入→系统；——这个表述，不仅表明几个方面，而且表示发展的序列和逐步前进、发展的层次。第二，视野开阔，目光四射，纵横捭阖，融会贯通。中外古今、上下左右（学科的）、"本体""相关"，都纳入视线，纵然做不到"无一漏网"，但应该力求做到尽量周全。第三，对于收集到的资料，做到"泛览→阅读→细读→精读"，并且"消化→接受→发展→改塑→创获"。在这个层累式的积累过程中，重要的不仅在于吸纳、接受，更重要的是能够发展，能够"改塑"，成为"为我所有""为我所用"，从既有的中间创获我自独有的新成果。

语言是存在的家园，一切思想、理论、观点，都靠语言来表述。但这种表述必须具有个性特征，具有个体性的词语、语式、总体表达方式，具有个人的风格。学术论著虽然不同于文学创作，但也应该讲究文采，具有吸引力。洪堡、胡塞尔、海德格尔这些哲学-语言大师，都反对把语言单纯当作工具。语言不仅是交流工具，而且是"说"，海德格尔认为"词"蕴含着一种"自我陈述的力量"[①]。因此，学者在经营自己的论著时，要尽量创辟自己的个性化的词语体系-话语风格。这样，能够使著述表达出比词义-话语表面所能表达的更多的内涵。我在撰写论著时，首先尽力准确地表达自己所要表达的意思，同时，还追求表达得更好、更美、更具个性，也还尽力使句式具有行云流水的风韵、恣肆汪洋的气势。——当然，这都是说的想法和愿望，实际达到的程度是与此有距离的。

据我的自我体察，亦有论者如此评论，在我的所有著述中，都贯穿着一种个人情怀，其中又贯穿着总体的人文精神、人文关怀，一种对于历史、社会、生命、人生的思索与求索。这同我的坎坷的经历有着紧密的关系，也许可以说就是我风雨载途的生命历程与人生际遇的反映。当然，我这样说，只是想说自身作品的一种品性和气质，但"具有"却不等于"有水平"。我曾经长时期处在社会最底层，这还是说所处的"社会所在"，是说"同什么人生活在一起""过一种什么样的生活"；如果从社会身份来说，则连所谓"底层"也谈不上，那是"牛鬼蛇神""黑五类"，实际上更像印度的"不可接触的人"，是处在社会之外即"入了另册"，连底层的人们也远远不如。这种人谁接触了，更不要说关心了，谁就要倒霉。曾经处于这种"非社会位置-无社会地位"的人，往往产生两种截然不同的思想和心理：一种是对社会产生怨怼，甚至仇恨所有人乃至全人类，因此，他们有的愤恨终身，郁郁而死，这是多数；少数的则报复社会，走上破坏社会的道路，那就是害人、害己、害社会，不但是他个人的悲剧，而且是社会的祸害。但也有另一种人，他们从自我同情，到同情同类，以至扩而大之，萌生阔大深厚的人道主义思想——一种深深的、怀着自身血泪的人文关怀。无论何人受到社会的蔑弃、欺压，他都感同身受。我想，这也是一种"种下的是跳蚤，收获的却是龙种"。

回顾平生，虽然以学术为业，终身不渝，但究因先天所限，又加一生颠踬困顿、负面影响深，成绩平平无所建树。白首浩歌岁月催，"翻

① 乔治·斯坦纳：《海德格尔》，李河、刘继译，中国社会科学出版社，1989，第34页。

尽残书已落晖"，人已老去，仍需努力。略述经历感想如上，词不达意，语难尽心！唯冀不致贻笑大方足矣。

2004年1月10日于沈阳

飘飞的思絮

——《离离原上草》创作手记（摘要）

1. 摘自日记

2002年12月25日

今日开始写小说。一种冲动自心底而出。这就是我在《创作心理学》中所说的"创作激起"吗？这种"冲动"力和"激起"度，越强越高，就越好。

真正是"久已哉，余之欲写小说也"！只是一直在寻找一种属于我自己的、独特的叙事方式。记得加西亚·马尔克斯写《百年孤独》，早就酝酿了，但十几年没有动手，在等待一种自己的叙事方式的出现。一天，他看到卡夫卡的《变形记》，开头就是"……忽然发现自己变成了一只甲壳虫……"，便想，"原来可以这样叙事，好，我可以写了……"他想，就像外婆讲故事那样叙事，让死人和活人在一起生活，两者相处，好像死人还活着。于是，拉丁美洲的魔幻现实主义杰作诞生了。

我是否找到了自己的叙事方式？

拟题"扁舟"或"远梦"。

2003年2月5日

故事初无总体构想，只有模糊影子，恍恍惚惚，如老子所言"惚兮恍兮，其中有象"；然而写起来，故事、人物、情节皆自动出现，跑了出来，"一泻而下"，总是不得不停"打"。也许能写成？天下奇事！

2003年2月13日

连日写长篇，甚为顺手，出乎意外。每日不写，即难平静。

2003年3月1日

今天只在电脑上敲打小说。故事进展甚慢，竟能写得这么细！往事、家事，真真假假，流泻"笔"下。有一点"创作"状态与感受。事态发展未可预料……

2003年12月24日

昨天"打"《禾江梦》——这是小眠取的书名，基本可用。比《远梦》好。如无更好者，就用它。总之此小说必须用"梦"字。盖写大梦也，人类理想之梦也。梦醒不是空，而是更好地去实现人类之理想、人生之理想。从主观上，人可以争取一个更美好的人生。

2004年1月27日

连日写小说，一天写一点，但都不好，不如意，觉得只是在"跑"故事，——不精彩、不引人的故事。只是为了转折，而不得不写这么一段。必须尽快渡过这段"泥淖"地区。

2004年1月29日

长假结束，今日开始上班，在我是都一样的，无所谓休息日。如今写长篇，又背上了一个新的"十字架"。西绪弗斯又在推另一个石头。今年还未必能推完、推到位！

故事已经发生明显的变化，转折开始了。这是必然的。当初的设想就是如此。人物的性格、品行、思想、人生价值观及以前的经历，在在都是如此发展的预备。

2004年4月12日

忽然想到正式写一点"创作笔记"。事情由罗曼·罗兰的《母与子》引起。此书的法文名为：L'ame enchantee，直译为"受魅惑而欢欣鼓舞的灵魂"。这个"受魅惑"颇有"中了魔法"之意在内。值得注意的是罗曼·罗兰对于这个题目的解释。他说（大意）：人生如梦，小说的主人翁安乃德每次开始一场新的梦幻时，感到欢欣鼓舞，如同受到魔法的魅惑，可是，梦却幻灭了。然而，一场美梦幻灭之后，她又开始另一场美梦，于是又受一次魅惑，又一次幻灭。如此连续不断地从一场梦幻过渡到另一场梦幻，直到生命的终结。哦嗬！这就是欧阳独离！就是他的命运、他的生活、他的生命历程、他的生存状态。

从一个美梦到另一个美梦，不断地受蛊惑，不断地欢欣鼓舞，又不断地幻灭，直到死亡来临。"你"的一生就是如此。一生之中，无非就是几个大的蛊惑、欢欣鼓舞、幻灭！而日常生活中，也是一场又一场的小的、小小的、小小小的蛊惑、欢欣鼓舞、幻灭。但是，很重要，在这个过程中，夹着小的、小小的成功、"胜利"、梦的实现。没有这个，就没有一切了。这个故事，这个意思，这个故事的来源，都可以写入小说。

加上西绪弗斯神话！

这是骨干、核心意念。

2004年4月11日，下午4时

第一部终于写完。最后部分写得草率。交代事情而已。无故事、无情节、无文学性，"三无"！必须修改。

2004年4月15日

修改《禾江梦》第一部。这是小说吗？可读吗？有意思吗？有意义吗？一连串的问题。写着玩儿罢了吧？

但是，这里头有我的经历，我的生活，我的情感，我的理性，我的理想，我的梦与我的生命！写得太"实"了，要有充分的虚构，要有神秘的东西，要有梦想与梦。像博尔赫斯那样。现在只有一点点、一点点，太少了。第二部会有的。应该会有的。象征、寓意、征兆、奇迹、梦、意外、偶然……不一而足。

表现方式也要特别些。

2004年4月17日

开始写第二部，感觉甚好。预计第二部会好些。许多惊心动魄之事。悲剧氛围。写出一种知识分子的命运！

2004年5月8日

一直忙碌，主要是写小说。一天可写3000~5000字，有时候（个别情况）达6000~7000字。现在，渐渐进入"主题"了，进入主要想写的部分了。成败在此一"举"了。但不管如何，我要写下去，写我所知，写我所感，写我所见所闻，写我的心、我的情，我的悲伤与感叹，我的欢乐与快慰！

2004年6月17日

《禾江梦》写作进入攻坚阶段矣。谢竹韵开始进入厄运，欧阳独离亦如斯。悲剧从此展开。波澜壮阔吗？感人吗？深刻吗？——呜呼！

2004年9月19日

把小说写成复调小说，如何？

这当然是一种很好的设想，或者说是一种期待、期望、期许！这很难。

但至少可以写得有一点复调性。此"复调"未必是彼"复调"——巴赫金理论所说的、陀思妥耶夫斯基的小说中的复调。可以是这样一种复调：多声部、多思路、多价值观……

在同一个人身上的复调，人格的分裂，或思路、思想、情感的分支、分歧，同步的分裂、分支、分歧……："复调"。

在小说人物与作者之间的分歧、分异……："复调"。

2004年10月1日

开始"突围"。稍顺利。即将进入重点部分。此皆虚构者。

2004年10月10日

生活的中心就是写小说。可惜的是，在故事的展开中，我的思想、情感始终未曾展开，我的语言之翅也未曾飞翔。始终没有创造一个"空间"，这要想办法。

2004年11月1日

上午勉力写了一点小说。能写下去。故事情节倒是不断"流"出，不畅快，也还可以，只是太平淡，起伏、斗争、矛盾不足，如何是好！

午睡起来，又勉力写一点。起了两个小标题："青春岁月且回乡"，这"且"字，似乎还可以；"沉舟的挣扎"，太实了，太露了。

雨声，太凄凉，写不下去了。

2004年11月2日

读章乃器之子章立凡主编之《记忆：往事未付红尘》中，章本人所写《梁漱溟与章乃器》一文，文末有云："世间万物的联系，因缘而起，缘尽而去，最终都归于寂灭。"

颇有人生哲理意味。人间多少事，因缘而起，缘尽而去。

此意可注入小说也。

2004年12月5日

仍是每天写小说。感觉最不好的第四章（现第五章）已改完，完全采用传统叙事手法，前后一致。内容大减，篇幅亦大减。

第二部已写到"劳改"，即将回乡。以后之事，皆虚构与想象了。但拟写出人间真情、民间真情。

2004年12月19日

写小说，进展甚好。

展开另一画面。

2005年2月1日

《禾江梦》一梦，已梦至欧阳"摘帽"回来。以后就是工作，"文革"发生，插队。第二部至此终了。拟在4月完成，应该是可以的吧。第三部，年底能否写完呢？

前天上街，特去东宇书店，已非昔日面貌，且学术著作部已撤销。特购《战争与和平》一部（2册），旧的已散缺，又欲随时翻读，故购之。《禾江梦》的叙事，颇受其影响；再就是屠格涅夫。

2005年12月31日

2005年的最后一天。全日写《禾江梦》第三部最后部分。

终于在下午差5分钟6点时写毕。整整三年零六天完成！

三年来，除了特殊原因，如出差、开会、来人、生病之外，都是朝于斯、暮于斯，春于斯、秋于斯，终于写完了！

我写了我的心，我的情，我的思想，我的理念，我的系念与希望。但结果会怎样？诚不可知。

如明年能问世，诚一生之大事也。

2006年2月28日

《禾江梦》第三部的定稿工作，昨夜完成了。至此，长篇小说《禾江梦》，计150万字，如果加上删去的原第一部分所谓"现代派叙事"，应该有160万字，全部完成了。三年，整整三年，没有写什么论文，全力以赴写小说。没有周末，没有星期天，没有节假日，没有春节休息，一切都付阙如，只忙于写小说，总算完成了。我写了我的生活，我的经历，我的人生，我的感受与体验——人生感受与生命体验。

结果如何？"我期待着"！

2007年2月14日

忽然想到小说名"离离原上草"。

电话告小眠，一听即说"这个好！"

告一友人，亦初听即赞同，说"将'离'写入了"。

终于有了一个比较满意的、恰切的名字。

2. 摘自手记

（1）写不写性？不写！此事现在颇时兴，亦有商业价值、市场效应。写得好，亦有美学价值。相信如写此，写心理、写感受，也可以写得好。但不写，觉得与这部作品的总体立意和风格不协调。总记得董桥对屠格涅夫的称赞："干干净净的屠格涅夫"。他连吻也写得隐约委婉。还有美国电影《魂断蓝桥》，写女主人翁为生活所迫沦为妓女时，画面上只有她深夜在桥上徘徊，男人没有出现，只听画外音："小姐，能陪我度过一个夜晚吗?"如此而已。

（2）《荒原狼》。

人格分裂。心灵分裂。

一个现实生活中的人出现：应对，应付，应战……凄惶悲惨。

一个人，在心理上、心灵上，以隐形人姿态出现，站在旁边，站在众人之中，站在批斗现场，冷眼观察、讥笑、嘲讽……

要写好!

（3）（2004年9月1日）。

抄自《禾江梦》原稿天头空白处，然不知抄自何处：

"美国'励志'网：

"你的命运有时可能在几小时内被完全陌生的小事所改变。

"有时候你在瞬间所做的事情会让你痛苦终身。"

生活中正是如此。此意可写入小说。

（4）普鲁斯特的《追忆逝水年华》中，"小玛德兰点心"一段描写，是著名的"段子"，评论往往引述：

> 母亲让人端上一块叫作玛德兰的、圆鼓鼓的小点心……我机械地舀了一小勺茶，里面有泡着的点心，一起送到嘴边。当这口带着点心屑的茶一碰到我的上颚，我便猛然一惊，注意到一种美妙的快感侵袭了我，使我对人生的沧桑感到淡漠，对人生的挫折泰然处之，将生命的短暂看作过眼烟云。

注意这段描写。可以学习。

（5）（2004年12月12日）。

昆德拉："生活在别处"。

好!

"不在场"的"在场性"；"在场"的"不在场性"。

我生活在这里，在这里挨批斗，劳改在这里……

但我又生活在别处，生活在我心之故乡，灵魂的王国与人格的天地里!

可以这样写。

（6）（2004年12月15日）。

哦，叙事方式!

美国黑人女作家作品的"百衲衣"叙述：一个中心方块，与其他方块（颜色不同）相连。——布鲁斯与爵士乐的结构。

重复叙事：一个事件叙述两次，前后不同。

鬼魂出现两次：复调性。

民间神话思维："历史的倒置"。

（7）（2005年1月6日）。

《易经》的"困卦"可用。用于欧阳独离赠上官元亨，亦即自赠。

《卦辞》："险以说，困而不失其所亨，其唯君子乎？贞，大人吉。"

（8）（2005年1月16日）。

看中央电视台某节目，昆曲中有一段词很好，可利用：

和尚，咳
出家受尽了波查（波折）
被师父打骂
我逃往回家
二年
养起了头发
四年
做起了人家
六年
讨了一个浑家
八年
养一个娃娃
九年 十年
只落得哎叫声和尚
我的爹爹
和尚爹爹

这就是"一个人的一生"！它在哲理上，"叙述"了人的一生。芸芸众生就是如此"过"一辈子。

（9）（2005年1月31日）。

昨日特意又购买了一部《战争与和平》，是刘辽逸所译新译本，但主要是现在想读此著。已不是一般的文学欣赏，而是喜爱它的叙事方式。事实上，《禾江梦》受到它很明显的影响。

但现在想参考的是《战争与和平》中的议论。

记得以前读时，都跳过去。现在却很想读一读。

为什么在我的小说中不发议论？有时候，兴之所至且大发一通议论？

有几种方式：

① 临时性的、随意性的发几句议论，放在开头或中间；

② 专门的大段的议论；

③ 人物口中的认识论；

④ 有意为之的理论论述——它本身是可读的理论议论。

为此，拟让欧阳独离是研究托尔斯泰的，研究比较文学的，研究接受美学的。

OK！

（10）（2005年3月2日）。

晨，偶翻《苏东坡诗词选》，得二句，可用作欧阳氏之喟叹：

门前万事不挂眼，

头虽长低气不屈！

（见《戏子由》一首）

（11）（2005年5月3日）。

读海德格尔，读其四篇论文之集合的《存在与在》。其中，第18页说到"此在"，可以进入；但不与人类一同生活，"它是一种向在之真理的接近，才进入自我准备阶段"。

此段可写入也。可为欧阳氏之思考，也是描述他的生活及他的存在——现时的存在与他自己的"在"。

题目：存在与自在。

（12）（2005年5月6日）。

《战争与和平》下册，开篇一节纯论述，可借鉴。

也可以这么写，有一节纯论述，它指引着、揭示了以后客观形象的叙事的性质和意义。

"理论小说"之风貌如此体现。问题是要写得好，有读头。

这几段话可引用：

"人自觉地为自己活着，但他不自觉地充当了达到历史的、全人类的各种目的的工具。

"人在社会阶梯上站得越高，联系的人物越多，那么，他对别人就越有支配权，他的每一行为的预先注定和不可避免就越明显。

"每一个人都有两种生活：一种是个人的私生活，它的兴趣越抽象，就越自由；一种是天然的群体生活，人在其中就必须遵守给他预定的各种法则。"（第679页）

（13）"回家（Return）"！好！写入小说。

道家及禅宗，说教之核心隐喻，就是归、回家：

① 漫游者回归故土；

② 浪子回到父亲身边；

③ 浪子回到母亲身边；

④ "旧国旧都，望之畅然"（《庄子·杂篇·则阳第二十五》）；

⑤ "云将东游"与"鸿蒙"的对话：鸿蒙劝云"返归故土"，"仙仙乎归矣……各复其根"（《庄子·外篇·在宥第十一》）；

⑥ 《妙法莲花经·信解品第四》寓言："年幼乞儿，舍父出逃，漫游经年，复归故里，父启其智，乃识乡邻"；

⑦ 新柏拉图主义的修习者关于Proclus对灵魂朝圣的三个阶段——居家、旅行、还乡：怀旧→乡愁→还乡！

（14）关于内涵的思索：

① 已经明确要使用的象征是：梧桐，竹，水——湖、河与江；

② 已经明确要使用的神话、寓言：西绪弗斯推石头，吴刚月宫砍桂树；

③ 还有：片时/千古、偶然/必然、大事件的小原因、瞬间……

④ 还有："生活应当美丽一点"；

⑤ 还有："活出意义来"；——意义，要自己寻觅、体验、发现、创造；

⑥ 还有：命运与抗争；

⑦ 还有：爱与被爱；

⑧ 还有：卑鄙与残酷；

⑨ 还有：人的尊严和与之对立的人的摧残、人性的毁灭、人的异

化、人的死亡；

⑩ 还有生与死，特别是死亡！

（15）（2006年5月15日）。

小说的结构。

外结构，或外在结构、形态结构：完整或切割的情节联系，是序列、时序和事序，目的是组合故事，展开故事。

内结构：单纯的序列之间的联系，是意象或命题，目的是多角度叙述故事、阐述命题。

现代派小说并非不注意故事，而是更注意故事的组合手段。现代派注意内外结构的结合。

《禾江梦》的外结构是外在的故事与情节的序列排比组合；但内结构含着意象、象征、命题-母题的联系、延续、发展、组合。问题是：我是否做到了？是否做得好？其次，才是读者是否领会这"苦心"？是否买账？

（16）几位文学界朋友，审读过初稿，除了基本的肯定意见之外，还中肯地提了一些意见。归纳他们的意见，主要有：

① 引用诗词多，人物多，议论多，心理独白多，书信多，对话多。——"六多"。

② 几乎每一段的开始，都有一段说明性、论说性的文字，不是小说的表现方式。

③ 对话时缺乏现场环境与状态描写、人物的表情与心理描写，多了就像电视剧。

④ 现实生活与小说故事要分开，离真事远些。历史与小说要分开，不要写历史而影响小说故事的展开。

⑤ 注意各章节间篇幅均衡问题。

⑥ 说明性的语言要少用，多用描述、表现性的语言。

处理：几多，已大删节，尤其独白、议论与书信。对话时的环境状况、人物表情、心理活动、对方反映等大大加强了。这样改后，大有变化，"有看头"了。"真事隐"，虚构和想象增加了。每段开头大都改为事件描写。

（17）写某些片段时，我自己很感动，泪水模糊了眼睛；但不知读者读时会怎么样。未有自己没有感动而感动别人的；但自己感动了，不一定读者也感动。好的作品是能打动人的，但不是凡打动人的作品都是好作品。

（18）理论小说，学院派小说，学者小说。——有意为之，但效果如何？但我把思想、理论、学术都注入了。世界名著《小世界》不是这么做了吗？昆德拉呢？试验吧。

（19）违心的离婚解脱（欧阳独离与殷芳草）；如愿的解脱离婚（谢竹韵与郑殿全）。

（20）总计删去将近30万字，第一部、第二部删得最多。在小眠帮助下，对书稿动"外科手术"，好多了。"杂草"刈除了，"枝蔓"剪除了，留下了"精干"。

（21）回过头来看，叙事方式的改变是对的。

开始的写法是"现代派"，开头就是欧阳独离突然死去，于是，与上官元亨对话，"死人与活人对话"，时空颠倒。但到第二章，"禾州世家"，传统的地域、传统的人、传统的风情、传统的文化，现代派手法不协调了，只好回到"传统"。写起来很顺手。知道自己没有那个本领，知道题材、生活、人物都不适合现代派叙事，只好回头。

现在是传统的叙事方式（表面的），内在的骨子里的现代生活、现代意识、现代思维。

得力于话本小说的叙事与语言，——它又得力于当年为舒群整理、增补其《中国话本书目》；还得力于托尔斯泰与屠格涅夫。

传统＋托＋屠＝《离》叙事方式、风格。

我写《离离原上草》：想要达到、已经达到和未曾达到的

我写长篇小说《离离原上草》，用了整整三年时间，断断续续修改又用去两年，共计五年。手写和电脑录入了160万字，若把删削部分计算进去，应该有200多万字吧。这样漫长的时间，这么冗长的篇幅，写作者在写作时，总是会有一些想法的。应该说，正是这种"想法"，激起了写作热情，支撑着写作劲头，鼓起了心头一种表达感情和理念的风帆。这个"想法"，简单说来，就是：我想写什么和不想写什么；我不那么写和我要这么写。往高了说，算是一种思想与艺术的追求吧。

有位伟人说过，重要的不仅在于说什么，更重要的是怎么说。

首先是我要诉说。诉说什么？诉说我所经历的事情。私人的经历，有什么可说的吗？有。因为我几十年风雨载途、颠沛流离的人生，虽然是"私人的事情"，却融进了社会的内涵、时代的风云和历史的进程；本是一介寒儒，一滴微不足道的水珠，但却映照着大千世界。这个在时代风云和历史风暴中变幻不居的世界，蕴含着具有中国特色的、深沉的人世沧桑、社会变迁和历史轨迹，以至人生哲理、生命意蕴。那是在历史、时代、社会的风云激荡中，浮沉跌宕的，和着血泪的，充满哀伤和欢乐、前进和挫折、理想的失落和执着的追求的人生。"路漫漫其修远兮，吾将上下而求索"，"亦余心之所善兮，虽九死其犹未悔"！诉说在这里转换为一种倾诉，倾诉在风雨人生中的情感世界和理性世界；倾诉在坎坷经历中，对社会进步的体察，对历史发展的感受，对人生际遇的体认，对生命意义的追索。这样，无论诉说还是倾诉，个体都只是一个具体而微小的尘芥，一个人格化的载体，一个社会符号，他的存在和存在的价值都只是因为他身上映照着社会、时代、历史面貌。因此，私人的经历和个人的倾诉，都成为社会的叙事、时代的映照和历史的呈现。

说什么呢？总体上说，就是通过自身的经历与人生，来达到社会叙事、时代映照和历史呈现的目的，实现历史和现实、个体和社会、私人和公众的结合。

在这种叙事的时代范围内，"政治运动"是一种社会主流、全民生活的重头戏，尤其是知识分子群体的人生与生命的关节点。因此，以知识分子命运为叙事重点的《离离原上草》的"说什么"中，"运动"就成为一个叙事重点，一个故事和人物命运的转折点。"过关"是一个命运转折的象征，死还是生，起跌浮沉，皆取决于此。工作、生活、恋爱、婚姻、家庭，苦难或是幸福，哀伤或是欢乐，成功或是失败，都取决于人物在"运动"中的表现和遭遇。这是一种非常特殊的生活、非常特殊的人生。小说的主人公被人们讥刺地称为"运动员"，但他不是"己欲为之"，更非"罪有应得"，他是跌入或者被投进"火坑"。各种人在"运动"中的表现，也成为人格与人性突出而深层的"现场表演"，具体、生动、鲜活，淋漓尽致，"显尽人性诸色"。

我写这些，就是想要跳出"私人叙事"的狭小圈子，提供时代的、社会的、公众的生活状态，提供一种我们曾经有过的生活场景，特别是让后人知道"我们曾经这样生活""我们曾经有过这样的人生"。而对昨天的回顾与反思，就是对今天的肯定与赞颂。小说，尤其是长篇小说，是历史的记录、社会的档案、生活的写照，是民族的集体记忆，是人民群众的心态映照。这里是多重的结合：传统与现代，历史与现实，个人与集群。

在"怎么说"上，我有过长期的思考。我酝酿写长篇小说，可谓"盖有年矣"，而延宕二三十年才"一朝动笔"，除了多种客观因素之外，重要的原因就是存在叙事方式如何确定的问题。在总体的设想、设计上，我试图写罗曼·罗兰所说的那种"长河小说"。大幅度的叙事，像滔滔大河，滚滚流泻，时间绵延长、空间跨度大、人物众多、社会涉及面宽广。叙事上、故事进展上，不写个人的细碎经历，不写纯粹个体性的痛苦哀伤，不写私人的恩怨仇雠，不编离奇的故事，不凑曲折的情节，不过多地写家庭、恋爱、婚姻。以平常心写平常故事，但"平常"里头有"不平常"，即社会内蕴和历史潜流。

我想要采取既符合我所要处理的创作题材属性，又具有个人特色的叙事方式，要不同于一般流行的叙事。但我始终没有找到自己认为合适的叙事方式。我开始写时，采用的是一种"纯"现代主义手法，主人公一出场就是死亡，然后是死人与活人的对话。在这种"阴阳两隔""生死异途"中，展开故事，展开历史画卷、社会图景。第一章如此写来，是比较顺畅的、有特点的。但第二章回忆往昔，传统的社会、传统的地域风俗与风光、传统的文化场景、传统的人物面貌与关系，"现代主义手法"不灵了，不契合了，不适应了。而一采取传统叙事方式与笔法，则"行云流水"，写作状态和作品状况都觉顺畅。于是"回过头来"，传统叙事占了上风，但有所"变异"。虽为"传统"，却又不完全是传统模式：一方面是"传统"得很，甚至采用了话本小说的某种体式和语言风格，比一般"传统"还"传统"，还"后退"一步（这与我认为话本小说、拟话本小说的艺术素质、审美特质今天仍可借用、吸纳有关）；另一方面，又在叙事内涵上，贯注现代思维、理念、观念以至行为准则，即总体上的"现代因素、现代意蕴"，因此也就带动了叙事语言与方式上的"传统之外与传统之中的现代素质"。

总体叙事的贯穿理念是"出走——离家——流浪——回归"，回归心之故土、文化故乡。这既是中国传统中庄子、"禅"的境界，又是现代意念。

梦、意象、象征，在整个小说的叙事进行中，占有的篇幅不算很多，但我想使它们起到关键的作用、激活"亮"的意蕴：梦幻、白日梦、"走火入魔"、幻觉、"鬼打墙"；意识流及其中的两个自我的意识交锋；梧桐、竹、梅，湖、河与山水的象征意蕴；等等。

渔鼓道人的时不时出现，他的神秘和不可知性，他的"寓言、预言"；水仙、雪绒花这样的民间人物的象征意义与心之向往……

写不写性？我有过严肃认真的考虑。写性现在是一种文学时尚，有的作品写得很有"性感""性趣"。我知道，写性会获得读者，会有销路，会有市场效益和效应，出版社也愿意接受。而且，《离离原上草》的叙事过程中，有许多地方和场合，很可以写性，也适合写性。几对恋人和他们之中某些人的生活交叉，也有写性的机会。我并不反对写性。而且，我自信，如果写起来，可以写得自然、生动，甚至优雅，甚至美。我可以写灵与肉的一致，写性心理，写高峰体验对于生命与创造的积极作用。但正因为它是时尚，而我就是想要回避时尚，所以决定不写。我唯恐涉性的写作和叙事，会冲淡了我的含着历史苦难与反思的创作立意。

在"怎么写"中，我还有与当今文坛状况对话的想法：与当下时尚写作理念的对话，与时兴的文学价值观念的对话。比如，彼写"欲望"的骚动和追逐，我写"理想"的追求与执着；彼持"下半身"写作理念和写"下半身"，我持"心灵"写作理念和写"思想"；彼标榜"私人写作"，我坚持"公众写作"。我坚信，文学要反映人民的生活和心声，要有思想追求，要有审美追求。

当然，这一切都是我"想要达到的"，但未必是已经达到的，甚至全部是未曾达到的！

曹雪芹说《红楼梦》是"满纸荒唐言，谁解其中味？"

我想，我则是"满纸感悟语，谁知其中意？"不是人们不解，是我的拙笔未曾表达好，言不达意，力不从心，因而使人们不明其意，也就不解其中意。这是我深深的遗憾。

但有的评论（文字的和口头的），指出了其中的一些"意旨"与"意图"，这使我欣慰，感觉是自己的创作中有些"表明了内心、内在的意图"（部分的），不是"囫囵一片说不清道不明"，完全"枉费心机"，因而甚感欣慰，也心怀感激。

决策建议三项

关于建立江西省"青山湖科技园区"的建议*

前言：一个"梦"的产生

我曾漫步在美国加利福尼亚州的硅谷，面对它的狭长的山谷中公路两边的现代建筑，却不见烟囱的耸立，不见浓烟的滚滚，感受到山谷的幽静，自然和人文环境的高雅，想起它的经济、科技和工商业方面的威名，世界闻名的科技园区的声誉，我惊讶它的"文静雅致"的城市风貌。

几时我们能有自己的硅谷？

我也曾漫步在南昌青山湖的宽阔然而嘈杂混乱的街道上，透过往来的烟尘，我欣喜于它（以至南昌和江西）的巨大的、划时代的、结构性的变化，但也为它尚未充分发挥自己得天独厚和后天创立的已有的条件，仍未更多奉献而颇感遗憾。于是我忽然想到大洋彼岸的硅谷。青山湖，你具备这个条件；江西，需要一个自己的"硅谷"。

这也许可称为"灵感"的突发和"引爆"？在带着乡愁离别南昌以后的长途跋涉中，我酝酿着这份斗胆的建议。

野人献曝，其"计"待察，其心可鉴，其情可谅。

现代人应该多"梦"，共产党人永远怀着理想。"青山湖科技园区"——该是一个可能实现的、江西人的现代科技"梦"。

建议江西省下决心在近期内有领导、有计划、逐步然而以较快速度地兴办一个以高技术为主要特征的科技园区，区址就在南昌市青山湖地区，故可命名为：江西青山湖科技园区。

---

* 原载《企业经济》1990年第5期。

理由及主要设想分述为下：

1. 建立科技园区：经济–社会发展的一种现代方式与手段

建立一个足以带动全盘、以科学技术为先导、以高技术为特征的科学技术园区，是当今经济–社会发展的一种现代化方式与手段。这已经不是一种推断、预测或理论论证，而是被众多事实证明了的结论。

美国的硅谷最为出名，它带动了最近二十多年来美国的新技术、新产业的快速发展，对全世界的经济与科技发展也产生了影响。此外还有：日本的"筑波"、法国的"苻蒲亚·安蒂波利斯"、苏联的"新西伯利亚科学城"、韩国的"济州岛尖端科技园区"和"板桥科技谷"、新加坡的"肯特岗"及我国台湾的"新竹"等。

这些闻名世界的科技园区，都为它们各自所属的国家和地区的经济、科技、社会"三位一体"的发展发挥了重要作用，做出了重大贡献。

我国也在建设北京"中关村科技园区"。它已经在我国的经济、科技、社会发展中发挥了重要的作用。

我国有些省区也在程度不同地建设全国性的或本地区的科技园区。

可以说经济–科技发展方面的竞赛，很重要的一个方面就反映在科技园区的建设上，因此在某种意义上也可以说，经济–科技发展的竞赛，重要的一方面就是科技园区的竞赛；或者，反过来说也可以。

2. 优势与推动力：科技园区的作用

美国学者这样写道："硅谷生产出的财富，超过了从加利福尼亚的母矿中所采掘出来的全部黄金价值。"[1]

也许夸大了，但含着真实与真理。

为什么会如此呢？

---

① 埃费雷特·M·罗杰斯、朱迪思·K·拉森：《硅谷热》，范国鹰 等译，经济科学出版社，1985，第343页。

因为科技园区是知识密集、人才密集、信息密集、技术密集的。集中就是力量，就产生新的力量。马克思和系统论都认为和证实了总体的能量大于部分之和。因为形成整体就产生综合的、互渗互助的新的能量。

科技园区是高技术发展的。它是高技术的，就是说不仅是产业发展建立在高技术的基础之上，而且开辟着新的高技术，开辟着新的高技术的生产应用，而且所有从业人员也是高技术水平的，研究力量集中且也是高水平的。

科技园区是科技综合体。它把多方面的科学的、技术的力量都结合起来了，在高技术的导引下整体地发展。——这里要特别提出，其不仅有自然科学、生产技术间各学科、各门类间的综合，而且有自然科学与社会科学间的综合。这种综合符合马克思指出过、列宁发挥过的，当今世界科学潮流中正在日益强化的自然科学与社会科学互相渗透以至一体化的趋势。

科技园区又是科学技术的，特别是高技术、新技术的窗口。窗口之功用有二：出口与进口。外之输出产品、技术、信息、知识；内之引进这一切。

科技园区是教学、科研、生产之结合的社区。三者互相推动、互相帮助、互相竞争，分工合作，"三位一体"。这又是一种综合体，优势自在。

科技园区还是科技与经济建设、社会发展有效结合的新生。它带来了科技与生产的结合、科技与社会发展的结合，可以实现研究、开发、生产、服务、销售、培训一体化。

因此，科技园区被称为"智慧之壶""产业发展的原油"；我们还可以补充：它是"文化之舟"，是"人才学校"，是"技术培训所"，是"科技之花、财富之源"。

3. 科技兴赣：江西需要兴办一个科技园区

江西的振兴和发展，亟须科技发挥先导的作用，要靠科技兴赣。为此，就需要兴办一个本省的科技园区，以为科技的先进区，科技兴赣的先导区、示范区。

江西的现代科技、现代工业相对落后，科技文化也相对落后，因此，兴办一个科技园区，可以树立一个榜样，示范全省；也需要"集中人力、财力、智力"，突出发展科技，发展科技与经济的结合体。

江西加工工业落后，但是矿藏丰富而且具有特点，可成为优势。这个优势又产生两个"次生"优势：一是采矿业、冶金业和初、中级加工业的优势发展，提出了率先运用高技术、新技术的要求，这是一种强大的推动力；二是新兴冶矿业具有巨大的高技术、新技术的吸收力。为此，要兴办科技园区，以此为科技开发与研究的基地和前沿；又以矿冶业地区（赣南、赣西）为生产和产品开发的基地与前沿；两者结合，相得益彰，互相推动。

兴办科技园区，使它成为江西科技网络的中心、科技信息的中枢、科技与生产结合的基地、新技术的先进窗口，使它的信息、智力、能量覆盖全省、带动全赣、联系全国、迈向世界。

兴办科技园区，建立一个科研、教学、生产"三结合"的基地，集中本省科技力量、科技文化的智能，"握紧拳头"，发挥综合力量。

4. 青山湖区：理想的区址

让南昌青山湖区竖起一面科技园区的旗帜，因为它具备这些条件：

（1）基础结构。

这里已经基本上具备了科研、教学、生产"三集中"的结构和"三结合"的势能。这里有这样一些机构、部门：江西科学院、江西社会科学院、省环保科研所、省粮食建筑设计院、省粮油科研所、省轻化工研究所、省水利规划设计院、省纺织工业设计院、省煤矿设计院、省电力设计院、省中医药研究所、江西大学、江西师范大学、江西工业大学、江西人民出版社、江西省科技活动中心、江西广播电视大学、省图书馆、省美术馆、省彩电中心。它的周围环绕着工厂、企业。这里基本上形成了科研、教学、生产三者紧密联系的体系结构，具备兴办科技综合体的条件。

（2）技术能力。

以上众多的科研、教学、生产机构，拥有大量的、高水平的科技力量，是本省科技文化精华，是全省集中地，能力足称全省之冠。

（3）环境构架。

①地理条件：交通便利，内有洪都大道穿过，成为主要通道；更有铁路贯穿，"走向全国"；区内新建筑很多，且待开发面积很大，"空白"很多，可以开辟新天地的潜力很大，向西与中心城区隔路相望，可以利用其服务设施，且向东、向西发展余地很大，"海阔天空"。

②北有青山湖风景区，生态环境优越而佳美。

③人文环境：前述诸多科研、教学和文化单位形成了一个高层次的人文生态环境，有利于兴办科技园区。

（4）生活质量。

这里交通便利，相对"宽松"（人口密度、建筑拥挤程度等），新建筑多，文化设施多，居民文化层次高、平均工资收入水平线较高，濒临青山湖学区，文化、社交活动条件较好，与外界文化联系较广、较多、较频，等等，生活质量是比较高的，为兴办科技园区提供了主客观的"生活"性条件。

综上所述，青山湖区在环境质量指标、智力密度、工业化程度、信息流通条件、人文生态条件等指标方面，都具备条件。

青山湖区可被选为江西省科技园区的区址。

5. 总体构想和具体建议

（1）总体构想。

如何兴办一个区域性科技园区，有其常规性要素、结构与办法，此处不赘述。只就特殊性方面提几点属于总体架构的设想：

①"建设者"：由省、市两级合办，在省领导下，市具体领导设计、筹建；省、市两级投资并可吸引"外资"（省区外和海外、国外）；组织统一领导的联合机构。

②建立科技园区的特殊行政机构；在它统一领导下，协调"三位一体"的多单位、机构的生产与科研工作。

③科技园区具有某种特区性质，实行特殊政策。

④制定园区发展规划，利用现有条件，实行组织手段，实施系统工程，先提出"一年计划"，然后"三年规划""五年规划"。

⑤根据本省工业发展、经济条件、科技状况确立技术政策、科学政

策，明确攻关方向，确定重点项目，有计划地开展科研，实行科研与经济综合发展方案。

⑥建立"科技一条街"（不考虑在洪都大道上），将其作为技术窗口，实行科研、生产、服务、供销一体化。

（2）具体建议。

①制定特殊政策：投资、行政管理、城区基础设施、税收、人员管理、社区文化设施等，都实行特殊政策。

②适应智力密集、人才密集的特点，增加、提高园区的文化设施和质量。

③由于科技人员、知识分子在人口结构比中的比值高，在生活供应、设施、交通条件等方面，均求高水平、高质量，以提高生活质量，发挥社区智能的作用与动力效应，达到提高科技、经济、社会发展的目的。

④承认社区生活内涵、生活方式、婚姻家庭结构及闲暇时间的消费等方面的特殊性，采取系列化特殊措施（如建设高文化含量、高质量的文化市场，发展公共关系，开展多类学术交流活动等），从亚文化角度，推动园区建设，促进其出成果、出产品、出人才之作用。

（3）为兴办青山湖的科技园区，发动献计献策，动员多方开展讨论；举行学术论证会；用招标方式征集"总体设计方案"。

（4）选拔政治上强、文化层次高、懂科学技术、有事业心的干部组成领导机构，领导设计，组织实施。这是关键一环。同时，组织智囊团和咨询组织，前者为虚设，定期召集开会，提建议、论证方案；后者为常设性组织，但非实体机构，定期或不定期聚会，讨论问题。两者均在省委领导下工作。

【按：江西南昌已经建设"南昌青山湖高新科技园区"，每年创收的经济效益巨大。】

关于建设辽宁省"'中部城市群–辽东半岛'现代化经济–社会区域"的建议*

  谨建议省委、省政府有计划地组织力量，规划设计、建设辽宁省"'中部城市群–辽东半岛'现代化经济–社会区域"，并作为辽宁省在21世纪的重大战略举措，组织实施。这将是辽宁省在建设中国特色社会主义方面的一项具有决定意义的经济–社会建设工程。它的实施和建成，将在全国起到示范作用，并且会成为"东亚现代化模式"的一种形态。

  提出这一建议的理论和实际依据如下：

  （1）辽宁省有两个相毗连的现代城市群，即以沈阳为中心的中部城市群和以大连为中心的辽东半岛城市群。这是辽宁省得天独厚的条件。它们主要的特点和优点是：①有由特大城市—大城市—中等城市—小城市构成的城市网络；②城市化程度高；③工业化程度高；④经济发达；⑤农业发展水平也高；⑥特别是两大城市群的区间距离不远，经济、社会联系密切，有高速公路相通，几乎连成一体；⑦多年来经济合作开展较好，为今后的一体化发展奠定了良好基础；⑧有在全国居于先进地位的科技、教育、文化体系，科技机构、高等院校集中成群，人口结构的文化素质较高。

  以上8项，都是建立一体化现代化经济–社会区域的良好基础和有利条件。

  （2）城市化，是伴随现代化必然出现的"现代化现象"和进步结果。因为它会产生城市效应、规模经济效应，能够集中人力、物力、资金、智力、基础设施、技术、设备等，以取得更高的经济效益。但是，城市化又带来许多问题，如城市病、现代病、社会犯罪、环境污染、住

---

 * 原载中共辽宁省委办公厅《咨询文摘》1999年第35期。

房问题、教育问题，以及其他各种问题（包括自然环境、社会环境、生理卫生、心理疾病等）的"交叉感染"，等等。大城市尤其是特大城市，这种问题更为严重。

因此，要控制城市规模的扩张。据研究，最适宜人类生存的城市规模，是十几万到五十万人口，在可以预见的时期内，我们还不能把城市规模下降到这个水平。但是，一定要控制城市继续扩大、膨胀。理论上可以设想、国际实践上也有经验说明：可以采取一些办法来使城市的膨胀得到控制。可考虑沈阳、大连这样特大城市的"疏散"、"压缩"和"适度萎缩"的发展战略。

但是，这一发展战略是积极的，而不是消极的。它的"疏散""压缩""萎缩"部分，将会是它的近郊、远郊区，卫星城，周边小城市，以及乡、县、城镇发展的条件和"播种机"。

（3）恩格斯曾经预言：城乡对立的消灭，将引导"大城市的灭亡"（《反杜林论》）；而斯大林在《苏联社会主义经济问题》一书中，则否定了恩格斯的论断，认为根据苏联经济建设的事实，"大城市不仅不会消灭，而且还会出现大城市"。然而，近半个世纪的世界经济发展的事实和西方发达国家目前发展的实际却证明，还是恩格斯的论断正确。现在，美国、德国都出现"郊区化"的趋势。美国高科技公司"下乡"，如摩托罗拉公司的国际总部、培训部和其他某些分部，都在"乡下"，自然，他们的员工也居住在附近"农村"。其他还有不少公司在"农村"。美、德、法等国家不少在大城市工作的人，也居住在乡下，以便享受更多的阳光、新鲜空气和安静，以及同大自然接近。

（4）恩格斯所说的"大城市的灭亡"，实际意义是一种城市化现象，是城乡差别消灭、到处都是"城市"这一总体状况的从"大城市"角度所作的表述。它的另一面是，城市普泛化，大城市失去它的优越性，失去它的价值了。它的积极意义就是城市、乡村一个样子了。西方资本主义现代化所走的道路是：散→聚→散，而在这个过程中，两次转变都付出了巨大的代价，经济、社会的损失是很大的。我们现在正在经历一个城市化的过程，也在走着从"散"到"聚"的过程，但我们没有付出"广大农民破产流入城市的痛苦代价"，而是农民进城打工能够谋生，甚至发财；还有乡镇企业大批吸收农村多余劳动力，农民"离土不离乡"。在这个基础上，我们如果有计划地实现"乡镇→小城市→中等城市→大城市"的一体化网络,把大城市的"压力"、弊病、问题,"转移"、"疏散"、消解到乡镇、中小城市中去,走"散→适度地聚→散"的道路,就可避免西方所走的弯路,付出更小的代价,取得更大的效益。

(5)辽宁走这条道路,最具条件。以沈阳为中心,抚顺、辽阳近在咫尺;鞍山、本溪亦不为远。沈阳—抚顺—辽阳之间,间隙不大,几可连片;再加沈阳近郊和远郊及卫星城、所辖县市,连接成片。只要有计划、有步骤、成布局地发展建设,使乡镇、县城、市镇、小城市形成"城市网络",沈阳可以把中心区缩小、"疏散"、"萎缩",将周边区域建设起来,再加上抚(顺)、辽(阳)、鞍(山)、本(溪)周边城镇,"城市网络"的建设、发展,便形成了"'大沈阳区域'城市网络"。大连亦可依此思路,将金州、瓦房店、熊岳、大石桥、营口连成网络,并与海城、鞍山衔接,由此形成"辽东半岛区域"。两大区域合成一个整体的、统一的、互相渗透的、互助互利的"现代化经济-社会-文化区域"。

(6)形成和建设这样一个"现代化区域",现在已经具有不少条件。需要解决的是:交通条件(目前高速公路已经很好)、公共交通和交通工具、住宅条件、从幼儿园到中小学的教育体系、商业网络分布等。如果郊区、乡镇、市镇、小城市的这些条件得以改善且具有吸引力,中心城市、特大城市的缩小、"疏散"和适度"萎缩",是可以逐步做到的;"城市网络"的形成和"'中部城市群-辽东半岛'现代化经济-社会区域"的发展、建设,是可以实现的。

(7)这样做以后,这一地区的广大农村也会承接城市的"疏散""萎缩",得到城市设施和各种条件的"辐射",普遍地发展起来、装备起来,从而变成亦城亦乡、亦工亦农的"乡村-城市",同时也是良好的居住区。农工结合的社会主义农村经济-社会-文化社区,也就建设起来了。这将成为中国特色社会主义的一种模式,也是"东亚现代化模式"的一种表现。

(8)如果这项计划付诸实施,那么现在的许多建设计划,以至国营大中型企业的改造工作,也都可以纳入其内,并且能够得到许多有利条件,以推动这些计划的实现。

时任中共辽宁省委书记的闻世震在本期《咨询文摘》上批示：

【请计委在制定"十五"规划时，考虑这一建设。发挥沈阳中心城市功能作用，建设辽宁中部城市群现代化经济社会区，是一个重大发展战略。

闻世震

六月二十三日】

彭定安文集 14
社会与文化转型论

关于在开发建设时保护开封老城区的决策建议*

  1993年，我应日本国际交流基金邀请，以文化名人身份访问日本。行前，日本驻沈阳总领事馆要求我提出欲在日本与之举行学术会见的日方文化名人名单。其中，我提出欲与日本著名汉学家、鲁迅研究家竹内实会见。经日方确定，我与竹内实教授在京都会见。当与日方翻译十田智子按时到达京都时，竹内先生却晚一天回到京都。我们见面时，他向我解释推迟会见的原因。他说，他应日本某大出版社之邀，撰写一本介绍中国三大古都的专著。为此，他专程到中国访问这三大古都。但访问中，他发现其中两大古都，即北京和西安，均遭破坏，旧观不复存在，只有开封开发晚，旧城依旧完好。说者无意，听者有心。我听后心中一动。回国后，我即上书当时的河南省委书记李长春同志，将竹内实所说情况呈报，并建议河南省领导批示开封市委在开发建设时，另辟新区，保留开封古城原貌。后，李长春同志令秘书写信回复我，告知已将我的建议批示开封市委、市政府，着意保留开封古城。据悉，开封古城确已完好保存。

---

* 原文为致中共河南省委书记的建议信。